Der Autor

Dr. med. Thomas Girsberger ist Facharzt für Kinder- und Jugendpsychiatrie. Er arbeitet seit über 30 Jahren in eigener Praxis in der Nähe von Basel. Der Schwerpunkt seiner fachlichen Tätigkeit liegt bei der Abklärung, Beratung und Therapie von Autismus-Spektrum-Störungen, insbesondere dem Asperger-Syndrom.

Thomas Girsberger

Die vielen Farben des Autismus

Spektrum, Ursachen, Diagnose, Therapie und Beratung

7., aktualisierte Auflage

Verlag W. Kohlhammer

Dieses Werk einschließlich aller seiner Teile ist urheberrechtlich geschützt. Jede Verwendung außerhalb der engen Grenzen des Urheberrechts ist ohne Zustimmung des Verlags unzulässig und strafbar. Das gilt insbesondere für Vervielfältigungen, Übersetzungen, Mikroverfilmungen und für die Einspeicherung und Verarbeitung in elektronischen Systemen.

Pharmakologische Daten, d. h. u. a. Angaben von Medikamenten, ihren Dosierungen und Applikationen, verändern sich fortlaufend durch klinische Erfahrung, pharmakologische Forschung und Änderung von Produktionsverfahren. Verlag und Autoren haben große Sorgfalt darauf gelegt, dass alle in diesem Buch gemachten Angaben dem derzeitigen Wissensstand entsprechen. Da jedoch die Medizin als Wissenschaft ständig im Fluss ist, da menschliche Irrtümer und Druckfehler nie völlig auszuschließen sind, können Verlag und Autoren hierfür jedoch keine Gewähr und Haftung übernehmen. Jeder Benutzer ist daher dringend angehalten, die gemachten Angaben, insbesondere in Hinsicht auf Arzneimittelnamen, enthaltene Wirkstoffe, spezifische Anwendungsbereiche und Dosierungen anhand des Medikamentenbeipackzettels und der entsprechenden Fachinformationen zu überprüfen und in eigener Verantwortung im Bereich der Patientenversorgung zu handeln. Aufgrund der Auswahl häufig angewendeter Arzneimittel besteht kein Anspruch auf Vollständigkeit.

Die Wiedergabe von Warenbezeichnungen, Handelsnamen und sonstigen Kennzeichen in diesem Buch berechtigt nicht zu der Annahme, dass diese von jedermann frei benutzt werden dürfen. Vielmehr kann es sich auch dann um eingetragene Warenzeichen oder sonstige geschützte Kennzeichen handeln, wenn sie nicht eigens als solche gekennzeichnet sind.

Dieses Werk enthält Hinweise/Links zu externen Websites Dritter, auf deren Inhalt der Verlag keinen Einfluss hat und die der Haftung der jeweiligen Seitenanbieter oder -betreiber unterliegen. Zum Zeitpunkt der Verlinkung wurden die externen Websites auf mögliche Rechtsverstöße überprüft und dabei keine Rechtsverletzung festgestellt. Ohne konkrete Hinweise auf eine solche Rechtsverletzung ist eine permanente inhaltliche Kontrolle der verlinkten Seiten nicht zumutbar. Sollten jedoch Rechtsverletzungen bekannt werden, werden die betroffenen externen Links soweit möglich unverzüglich entfernt.

7., aktualisierte Auflage 2024

Alle Rechte vorbehalten
© W. Kohlhammer GmbH Stuttgart
Gesamtherstellung: W. Kohlhammer GmbH, Stuttgart

Print:
ISBN 978-3-17-045373-9

E-Book-Formate:
pdf: ISBN 978-3-17-045374-6
epub: ISBN 978-3-17-045375-3

Inhalt

Übersicht über das elektronische Zusatzmaterial 7

Vorwort 9

Prolog: Winnetous Stoppuhr 12

Einleitung 24

1 **Wie entsteht Autismus?** 31
  Genetik 31
  Schädigungen des Gehirns 32
  Besonderheiten der autistischen Wahrnehmung 33
  Besonderheiten des autistischen Denkens 34
  Besonderheiten des autistischen Fühlens 35
  Die Bedeutung des Stress-Niveaus 36
  Umgebungseinflüsse 37
  Gesellschaftliche Veränderungen 38

2 **Autismus-Spektrum und Entwicklungsstörungen** 40
  Ein Farbschema als Orientierungshilfe 40
  Das Konzept der Entwicklungsstörungen 46
  Vom Autismus zum Autismus-Spektrum 52
  Autism Pure vs. *Autism Plus* 53

3 **Abklärung und Diagnose** 55
  Die verschiedenen Ebenen der Diagnostik 56
  Schwierigkeiten bei der Diagnostik 59
  Die Plastizität (Veränderbarkeit) des Autismus 60
  Die Diagnosen des Autismus-Spektrums im Einzelnen 63
  Eine möglichst ganzheitliche Diagnostik 67

4 **Verlauf in Kindheit, Jugend und Erwachsenenalter** 71
  Fallbeispiel Yves (15 J.), Asperger-Syndrom 71
  Fallbeispiel Daniela (10 J.), Atypischer Autismus 74
  Fallbeispiel Ruben (15 J.), Asperger-Syndrom 76
  Fallbeispiel Juraj (42 J.), Asperger-Syndrom 80

	Alters- und geschlechtsspezifische Probleme	86
	Die verschiedenen Schattierungen des Asperger-Syndroms	102
	Autismus und Computerwelt	104
5	**Therapie und Beratung**	**106**
	Der Systemische Ansatz	106
	Arbeit an sozialen und emotionalen Kompetenzen	110
	Arbeit an Selbstkompetenzen	118
	Umgang mit Fixiertsein (Sturheit) und Verweigerung	124
	Mit Autismus den Alltag meistern	130
	Medikamente	131
6	**Komorbiditäten**	**134**
	Depressionen	135
	Ängste	136
	Zwänge	136
	Essprobleme und Essstörungen	137
	Schlafstörungen	139
	Verhaltensstörungen	140
	ADHS	140
	Autismus und Familiendynamik	141
	Körperliche Krankheiten und Beschwerden	143
7	**Schulische Integration**	**144**
	Autistisches Denken und Schule	145
	Wo liegen die typischen Schwierigkeiten in der Schule?	145
	Mögliche Lösungen für eine erfolgreiche Schulkarriere	148
	Schulbezogene Abklärungen	153
	Nachteilsausgleich	154

Anhang

Kleines ABC des Autismus – von »ADHS« bis »Zentrale Kohärenz« **159**

Zusatzmaterial zum Download **187**

Literatur **188**

Nützliche Adressen im Internet **189**

Übersicht über das elektronische Zusatzmaterial

Diese »Gebrauchsanweisungen für den Alltag« sind als Werkzeuge für verschiedene Situationen und Themen gedacht und sollten dem Alter bzw. dem Entwicklungsstand des Kindes angepasst werden. Deshalb gibt es die Versionen »klein«, »mittel« und »groß«.

> Den Weblink, unter dem die Gebrauchsanweisungen zum Download verfügbar sind, finden Sie unter ▶ Kap. Zusatzmaterial zum Download im ▶ Anhang dieses Buches.

1. Aufstehen am Morgen
   - Aufstehen und Anziehen (klein)
   - Aufstehen (mittel)
2. Benutzung des WC
   - WC-Benutzung (klein)
   - WC-Benutzung (mittel)
3. Anziehen
   - Anziehen Sommer (klein)
   - Anziehen Winter (klein)
   - Anziehen (mittel)
   - Anziehen Ausmalbild
4. Hausaufgaben erledigen (mittel)
5. Umgang mit Wut
   - Wie gehe ich mit Wut um? (mittel)
   - Wie gehe ich mit Wut um? (groß)
   - Wut-Thermometer (mittel)
   - Geschichte vom Wilden Kerl
   - Wut-Thermometer für Erwachsene
   - Ruhig bleiben (für Eltern)
6. Ein Gespräch führen (klein, mittel)
7. Gedanken mitteilen
   - Gedanken mitteilen (mittel)
   - Gedanken mitteilen (groß)
8. Umgang mit Langeweile
   - Langeweile (mittel)
   - Langeweile (groß)
   - Langeweile Ideenbox

Übersicht über das elektronische Zusatzmaterial

9. Umschalten (mittel)
10. Ich bin traurig
11. Zwei Wege – zwei Erziehungsstile

Vorwort

Das Anliegen dieses Buches ist es, Kindern und Jugendlichen des Autismus-Spektrums und ihren Eltern und Familien Hilfen anzubieten. Dieses Anliegen umfasst verschiedene Aspekte.

Vermutlich die wichtigste Hilfe ist *Verständnis!* Verständnis kommt von Verstehen. Kinder des Autismus-Spektrums verhalten sich anders, denken anders, und stoßen deshalb zunächst auf Unverständnis. Mit der Zeit kann sich dies sogar bis zur gegenseitigen Ablehnung steigern. Deshalb ist es so wichtig, dass in erster Linie die Eltern, aber auch andere Bezugspersonen diese Kinder besser *verstehen*. Diesem Anliegen ist ein beträchtlicher Teil des vorliegenden Buches gewidmet, einerseits durch theoretische Ausführungen, aber auch durch viele konkrete Fallbeispiele und lebendige Portraits, eines davon sogar in autobiographisch-erzählerischer Form (Prolog).

Wichtig sind aber auch geeignete Erziehungsratschläge. In diesem Buch wird dazu ein selbst erarbeitetes Konzept vorgestellt: »So-macht-me-das – Gebrauchsanweisungen für den Alltag«. Und schließlich können auch die betroffenen Kinder von gezielten Therapieangeboten profitieren, vorzugsweise in Form einer Gruppentherapie. Auch dazu habe ich ein Konzept entwickelt und eine Zeitlang damit in Gruppen gearbeitet, es heißt »S-P-A-S-S – Strukturiertes Programm für Kinder mit ausgeprägten Stärken und Schwächen«.

Ich arbeite seit über 30 Jahren als Kinder- und Jugendpsychiater mit eigener Praxis in Liestal, einer Kleinstadt in der Nähe von Basel, mit einem ländlich geprägten Einzugsgebiet. Ich bin, da ich eine Einzelpraxis führe, mit allen Aspekten der kinder- und jugendpsychiatrischen Arbeit vertraut: Abklärung, Diagnosestellung, Beratung, und Therapie: im Einzel-, Familien- und Gruppensetting. Meine Patienten können mittlerweile ausschließlich dem Autismus-Spektrum zugeordnet werden und die entsprechenden Anfragen kommen aus einem immer größer werdenden Einzugsgebiet.

Vom Engagement her gesehen liegt mein Arbeitsschwerpunkt innerhalb des Autismus-Spektrums nun eindeutig beim Asperger-Syndrom. Dies hat wesentlich auch mit meiner direkten persönlichen Betroffenheit zu tun. Schon beim damaligen Entscheid, mich innerhalb des großen Fachgebietes der Humanmedizin auf die Psychiatrie zu spezialisieren (1982), hat meine persönliche familiäre Geschichte wohl eine Rolle gespielt. Mir war schon immer klar, dass meine Herkunftsfamilie väterlicherseits einige Besonderheiten aufweist – um es vorsichtig auszudrücken.

Mein Vater war ein Mensch mit einem außergewöhnlichen Profil: von Beruf gelernter Elektro-Ingenieur und sehr kompetent in den Bereichen Physik und Mathematik und damit verbundenen angewandten Disziplinen (Elektrotechnik,

Weltraumtechnologie, Medizinaltechnologie). Seine Sozialkompetenz hingegen fiel im Vergleich dazu sehr gering aus, er hatte zeitlebens keine Freunde und seine erste Ehe endete 1969 mit einer Scheidung, was in der damaligen Zeit außergewöhnlich war. Im Weiteren hatte mein Vater zwei ältere Schwestern. Die eine verbrachte ihr ganzes Erwachsenenleben (fast 60 Jahre) in einer psychiatrischen Klinik (Diagnose: Schizophrenie). Die andere verließ ihr Elternhaus zeitlebens nie, lernte nie einen Beruf und war in meiner damaligen kindlichen Wahrnehmung sehr »komisch«.

Durch meine therapeutische Tätigkeit kam ich über die Jahre hinweg immer wieder intensiv mit Kindern in Kontakt, welche aus heutiger retrospektiver Sicht dem Autismus-Spektrum zuzuordnen sind. Das war mir zunächst nur bei einigen wenigen Kindern klar, bei denen ich selbst oder eine andere kinderpsychiatrische Instanz die Diagnose »Asperger-Syndrom« gestellt hatte. Die Therapie mit diesen Kindern faszinierte mich immer wieder besonders, einerseits, weil sie mir einfach sympathisch waren, und anderseits, weil sie als besonders schwierig galten und andere Fachleute schließlich aufgegeben hatten.

Irgendwann, rückblickend war das im Laufe des Jahres 2007, hat meine klinische Erfahrung mit Kindern aus dem Autismus-Spektrum einerseits sowie das damit verbundene Studium von Fachliteratur anderseits offenbar eine »kritische Masse« erreicht, wo sich mein Verständnis von Autismus fundamental änderte und es zu einigen Aha-Erlebnissen kam: 1. Autismus ist nicht so selten, wie ich (und viele andere) bisher meinten. Etliche meiner Patienten gehörten in diese Kategorie, ohne dass mir das bisher bewusst war. 2. Mein Vater sowie die eine seiner Schwestern waren in der Tat »komisch«, sie waren Menschen mit einem »Asperger-Profil«. Und die andere Schwester meines Vaters war nicht schizophren, sondern schwerhörig und: autistisch.

Mittlerweile hat sich der Schwerpunkt meiner Praxistätigkeit deutlich verändert. Ich habe aus eigener Erfahrung gelernt, dass es sich bei der Diagnostik nicht um eine akademische Angelegenheit handelt, sondern dass eine korrekte Autismus-Diagnose äußerst wichtig ist, weil erst dann die richtigen therapeutischen und pädagogischen Maßnahmen getroffen werden. Ich habe bereits viele Male konkret mitverfolgen können, wie jahrelange Leidenswege plötzlich eine neue, positive Wendung nahmen. Dies gilt insbesondere auch für mildere Formen von Autismus, und es wäre ein großer Irrtum zu meinen, eine solche mildere Form könne lediglich »milde« Probleme mit sich bringen!

Durch die Arbeit in Selbsthilfeorganisationen wie »Autismus Deutsche Schweiz«, »Asperger-Hilfe Nordwestschweiz« und »Autismusforum Schweiz« habe ich die Erfahrung gemacht, dass viele, die sich für Kinder aus dem Autismus-Spektrum engagieren, aus einer persönlichen Betroffenheit heraus handeln. Oft tun sie dies in ihrer Rolle als betroffene Eltern. Bei mir betrifft es zwar die Herkunftsfamilie, also die Generation vor mir, aber eine gewisse emotionale Betroffenheit ist auch vorhanden. Was wäre wohl aus meiner autistischen Tante geworden, wenn sie als Kind richtig beurteilt und behandelt worden wäre? Mit Sicherheit hätte sie nicht ihr ganzes Leben in einer psychiatrischen Klinik verbracht.

Durch meine konkrete Praxistätigkeit habe ich aber vor allem auch die Erfahrung gemacht, wie vielfältig die Erscheinungsformen und die Probleme von Kindern aus dem Autismus-Spektrum sind, wie viele Überschneidungen es gerade mit den

Aufmerksamkeits-Defizit-Hyperaktivitäts-Störungen (ADHS) gibt und wie oft deshalb immer noch Autismus-Diagnosen verpasst werden. Deshalb ist es v. a. auch ein Anliegen dieses Buchs, für die Vielfalt, für die verschiedenen Farben des Autismus zu sensibilisieren.

Liestal, im Frühjahr 2024
Thomas Girsberger

Prolog: Winnetous Stoppuhr

Die Geschichte, von der wir hier lesen, hat sich einst tatsächlich zugetragen. Dabei ist es keine große Geschichte. Aber sie ist es den Versuch wert, erzählt zu werden. Vielleicht schon deshalb, weil sie nicht alltäglich ist. Oder wer kennt schon einen Jungen, dessen Zeitvertreib Kopfrechnen ist? Einen Jungen, der von der Zeit so fasziniert ist, dass er immer Stoppuhren am Handgelenk trägt. Sich durch die Stoppuhr den Tag genau einteilt – sich dadurch die Einzelheiten eines Tages greifbar macht: Sei es das Morgenessen, das Gitarrespielen, das Schlafen. Alles hat seine Zeit. Alles mit der Stoppuhr vergegenwärtigt. Aber ausgerechnet dieser Junge kommt immer und überall zu spät, was für andere unverständlich ist, sie oft ärgert. Er aber ist glücklich mit seinem Leben aus Zahlen, Zeiten und Wiederholungen. Auch in den Ferien. Auch im Kino. Egal, ob die Sonne scheint. Egal, welcher Film gerade läuft.

> Der Autor dieses Textes ist heute ca. 50 Jahre alt und kam für eine Abklärung in meine Praxis. Er arbeitet als Informatiker in einer Großbank. Er wollte wissen, ob die Diagnose Asperger-Syndrom auf ihn zutreffen könnte. Im Laufe meines klinischen Interviews kamen so viele spannende Elemente aus der Kindheit des Betroffenen zur Sprache, dass ich ihm vorschlug, eine Autobiographie zu schreiben. Dies auch deshalb, weil der Junge aus der Geschichte als Erwachsener gerne Tagebuch führte und dabei immer wieder Bezug auf seine Kindheit nahm. Eine ganze Autobiographie zu schreiben schien ihm aber doch zu aufwendig und deshalb zu unrealistisch. Und so entstand die Idee, dass er seine Kindheit in Form eines literarischen Textes aufarbeitet, der in meinem Buch als Illustration und Bereicherung aufgenommen wird. Für dieses Geschenk bin ich ihm sehr dankbar.

Was wir hier lesen, wird nie Weltliteratur werden. Aber der eine oder andere Leser wird sich darin wiedererkennen. Zum Beispiel dann, wenn er selbst ein Mensch des kleinen Lebens ist. Statt mit einem Vermögen wurde der Junge nämlich von der Natur reichlich ausgestattet: mit einer guten Portion Gewitztheit, Kreativität und einer Zähheit, die den meisten aus sogenanntem gutem Hause spätestens nach der dritten Generation abhandenkommen muss. Und noch etwas hat der Junge von der Natur mitbekommen: eine sehr spezielle Art, die Dinge zu betrachten. Ein spezieller Blick für Details sozusagen. Gepaart mit einem ausgezeichneten Zahlengedächtnis. Und mit einem Antrieb, der ihn unermüdlich an den Dingen arbeiten lässt. Den Dingen auf den Grund gehen lässt.

»Dort ist das Haus der Großmutter!« Die Mutter drückte den Zeigefinger an die beschlagenen Fenster des kleinen Zuges, der sich durch den Schneesturm pflügte. Ihr Junge war vier Jahre alt und saß der Mutter gegenüber – mit dem Rücken zur Fahrtrichtung. Aufgeregt blickte er durchs Fenster. Konnte aber nichts sehen. Draußen war's bloß weiß. Einfach weiß vor Schneewechten und Schneeflocken. weiß und windig – das war sein erster Eindruck vom Winter im Hochgebirge, als er aus dem Zug kletterte und durch den hüfthohen Schnee seiner Mutter auf dem schmalen Fußweg nachstapfte. Wie er von der kleinen Bahnstation zum Bauernhaus der Großmutter gelangte, weiß er nicht mehr. Umso mehr hat sich die Erinnerung an den ersten Eindruck vom alten Bauernhaus der Großmutter eingeprägt. Die kleine, uralte Holztür, die sich oben und unten geteilt öffnen ließ, den stockdunklen Flur dahinter und die kleinen Stubenfenster – Gucklöcher mit vereisten Scheiben.

Da stand der Junge verwundert und interessiert. Sah zum ersten Mal seine Großmutter – und zum letzten Mal seine Mutter. Letzteres wusste er damals noch nicht. Mutter sagte, sie würde ihn im Frühling wieder holen. Diesmal ganz zu sich. Nun war er vorerst einmal bei der Großmutter. Nach dem Kinderheim hatte er nun ein richtiges Zuhause: ein altes Bauernhaus, Wiesen, Wälder und Berge. Sechs Monate Schnee zum Skifahren. Und sechs Monate Zeit, um durch die Wälder streifen. Und manchmal sah er Menschen. Wortkarge Bergbauern. Und Jenische (damals nannte man sie Zigeuner), die immer – und über alles – verrückte Geschichten erzählten. Und sich über ihr Leben beklagten. Nun war er alleine mit seiner Großmutter. Er hörte ihr Keuchen. Wie ein Gesang. Die Melodie von einem halben Jahrhundert Asthma. Unbewusst gesungen. Immer die gleiche Melodie. Immer abgehackt.

Die Großmutter wusste, dass sie mit dem Kleinen eine große Verantwortung übernommen hatte. Ihr war klar, dass der Frühling, den ihre Tochter meinte, noch lange auf sich warten lassen würde. Zum Glück war die Großmutter nicht alleine mit dem Kleinen im alten Bauernhaus. Ihr Mann war auch noch da, arbeitete schon über 30 Jahre auf dem Bau. Er war klein und kräftig. Ein schöner Mann – fast schon elegant seine Gestalt. Nicht gebückt vom Holzplanken Tragen und Hämmern, sondern aufrecht, stolz und flink. Vor allem, wenn er am Sonntag mit Keilhose, Krawatte und Hut vor dem Haus Ski fuhr. Oder sich mit seinen selbstgezimmerten und geschnitzten Arvenmöbeln fotografieren ließ. Am liebsten vor dem Haus. Im kurzen Frühling auf der Krokuswiese.

Großmutter und Großvater hatten schon vier eigene Kinder großgezogen. Und nun kam der kleine Junge: Er brachte wieder Leben in ihr Jahrhunderte altes Haus – und in ihr morsches Zusammensein. Wie man Kinder erzieht, das wussten die beiden. Doch so ein Kind, wie der kleine Junge, war auch für sie neu. Natürlich waren schon ihre eigenen vier Kinder alle auf ihre Art anders. Doch dieses Kind war nochmals anders. Ganz anders. Der Kleine war irgendwie anspruchslos. Er schien irgendwie mit wenig Zuwendung zurecht zu kommen. Oder gab er sich einfach mit dem zufrieden, was für ihn übrig blieb? Hatte er das im Kinderheim gelernt? Damals, als die Mutter und dessen neuer Mann des kleinen Buben überdrüssig geworden waren. Ihn loshaben wollten. Und ihn in ein Kinderheim verfrachteten. Dort würde er es gut haben. Genug zu essen. Ein warmes Bettchen. Was wollte ein so kleines Kerlchen mehr vom Leben?

Prolog: Winnetous Stoppuhr

Nachdem der Junge zwei Jahre mit der Großmutter unter einem Dach gewohnt hatte, sagte sie eines Abends zu ihrem Mann: »Fällt Dir auch auf, dass unser Kleiner immer sehr genau zu wissen scheint, was er will?« »Hmm …«, erwiderte der Großvater. »Ja – und ihm scheint nie langweilig zu werden! Das macht es einfach für uns alte Leute.« Darauf die Großmutter: »Aber warum zeichnet er hundertmal den gleichen Berg? Oder entwirft eine ganze Sammlung der gleichen Landkarten? Und überhaupt: Welches Kind zeichnet am allerliebsten Landkarten? Häuser, Hennen, Kühe – Menschen – das zeichnen alle Kinder gerne! Dieser Kleine jedoch zeichnet keine Menschen, keine Vögel, keine Kühe. Er zeichnet Dinge. Berge, Häuser, Hügel! Und vor allem zeichnet der Junge die Wege, die alles miteinander zu verbinden haben.« So viel hatte die Großmutter die ganze Woche noch nicht geredet wie gerade eben. Und der Großvater nickte. Wie immer. Und lachte laut. Wie so oft.

Frei, so fühlte sich der Junge von Anfang an. Diese Freiheit war ein Gefühl vom Leben ohne Schranken. Vom alles Können. Wenn man es nur systematisch genug anpackte, dann würde alles möglich sein. Oder genauer gesagt: Zuerst verliebte sich der Junge in eine Idee und dann begann er sie systematisch umzusetzen. Und zwar unverzüglich. Schritt um Schritt. Wie lange es dauern würde, spielte keine Rolle. Und was andere darüber dachten noch viel weniger. Eine solche Idee vermochte ihn durch den Tag zu tragen. Eine solche Idee trieb ihn in aller Herrgottsfrühe aus dem Bett. Und ließ ihn in Sturm und Wind hundertmal vor Großmutters Haus im Schnee den Hang hochsteigen und durch den selbst ausgesteckten Slalom runterrasen. Seine Welt steckte voller Slalomstangen – und unzähligen anderen Ideen.

Diese grenzenlosen Ideen wurden zum Lebensinhalt des kleinen Jungen. Genau gesagt zu dem Lebensinhalt, den Schulkameraden, Nachbarn und Lehrer zu Gesicht bekamen. Dass dieser Junge nach strikten Regeln lebte, die er sich selbst auferlegte und die ihn zu endlosen Repetitionen drängten, davon wussten die Allermeisten nichts. Wahrscheinlich auch seine Großeltern nicht. Diese Regeln waren Gebote und Verbote, Ziele und die Wege zu den Zielen. Immer verglichen und vermessen. Die innere Welt war eine Welt der Wiederholungen. Der Muster. Letztlich der Zahlen. Eine Welt, die ihn immer begeistern würde. Ein Leben lang.

Diese Zahlen, diese Wiederholungen, diese Muster erfand er nicht, er entdeckte sie, traf sie überall an. Im Sport, beim Musizieren, beim Landkartenlesen und beim Landkartenzeichnen, beim Sammeln der alten Zeitungen auf dem Abfallberg und beim Verkauf an den Altpapierhändler. Und wenn der Sechsjährige nach stundenlangem Slalomtraining alleine vor Großmutters Haus in die Schneeflocken starrte, glaubte er, auch darin Regelmäßigkeiten zu entdecken. Regelmäßigkeiten im Unregelmäßigen. Als er später in einem Buch las, dass Schneeflocken letztlich immer aus den gleichen sechseckigen Schneekristallen entstehen, war er nicht überrascht.

Der Junge lebte auf einem uralten Bauernhof, den die Feriengäste wohl kaum bemerkt haben werden, außer sie waren tatsächlich einmal mehr als fünf Kilometer zu Fuß weg vom Zentrum des Kurortes im Berner Oberland gelangt. Besonders eindrücklich war der Blick auf die ewigen Schneefelder von Eiger, Mönch und Jungfrau. Und genau dorthin blickte der Junge jeden Tag, wenn er seinen Kopf zum kleinen Fenster rausstreckte, um frische Luft zu atmen. Dann, wenn er auf dem Plumpsklosett saß, und die Güllengase ihm den Atem verschlugen.

Und noch etwas erblickte der Junge unweigerlich beim Atemholen durch das kleine Fenster: Die große Schutthalde, einen Berg aus lauter Abfall. Hunderte stinkender Kehrichtsäcke, unzählige Bleirohre oder Messingbeschläge von alten Badewannen und zertrümmerten Lavabos. Dies war der große Spielplatz des Jungen. Und schon bald sein Arbeitsplatz – er und die ganze Familie begannen, Altmetall und Altpapier zu sammeln, um es im richtigen Moment dem Schrott- und Papierhändler zu verkaufen.

Die Schutthalde – dieser Berg aus Kehricht – wurde zum Sündenfall für die ganze Familie. Denn wenn es anfangs auch bloß um das Sammeln von Kupferkabeln, Bleirohren oder um das Sammeln von Zeitungen und Zeitschriften gegangen war, so wurde der Abfallberg mit der Zeit zum »Kleidergeschäft« für die ganze Familie: Die Großmutter riss, vom starken Asthma geplagt, keuchend über die Jahre Tausende von Kehrichtsäcken auf, um ihren Jungen mit Pullovern, Jeans und Schuhen auszustatten. Ja, sogar seine Skischuhe, mit denen er als 12-Jähriger Rennen fuhr, stammten aus einem Kehrichtsack. Dabei war das Aufspüren von etwas Brauchbarem in den unzähligen Kehrichtsäcken nicht einfach. Man brauchte sozusagen ein Auge dafür, wo genau ein kleiner Schatz vergraben sein könnte. Ähnlich einem Pilzesammler im steilen Wald kletterte der Junge Tag für Tag durch den Berg mit Abfallsäcken und Bauschutt hoch und runter. Schlitzte mit Messern die Säcke blitzschnell auf und sortierte deren Inhalt in wenigen Handgriffen gleich vor Ort. Das stank oft fürchterlich aus den aufgeschlitzten Säcken. Wenn die Zeitungen für den Altpapierhandel zuerst von verfaulten Spaghetti Napoli befreit werden mussten. Oder ein schöner roter Skipullover unter abgenagten Pouletknochen zum Vorschein kam. Damals gab's noch keine Abfalltrennung. Glasscherben, Babywindeln und die begehrten Kupferkabel – alles war im gleichen Sack. Und dann die Fliegen! Es hatte Schwärme von Fliegen im Sommer, die auf dem Abfallberg aus den aufgeschlitzten Kehrichtsäcken lebten. Und waren sie nicht auf dem Abfallberg, dann waren sie ganz sicher in Großmutters Küche. Dort endeten die Fliegen letztlich an Großmutters unzähligen Fliegenfänger-Klebestreifen, die von der Küchendecke herunterhingen. Rücklings, vornüber, sogar stehend waren die Fliegen der Großmutter sprichwörtlich auf den Leim gegangen und summten noch ein paar Stunden wie verrückt weiter. Während gleich darunter am Küchentisch der Junge sein Müsli aß – Champion-Birchermüsli mit Wasser angerührt.

Der Abfallberg war zugleich Segen und Fluch für die Familie. Mehr noch Fluch: Denn es war bloß eine Frage der Zeit, bis die Familie durch ihre Arbeit auf der Schutthalde zum Gespräch wurde. Ohne dass sie es wollten, wurden sie, die am Rande des Ortes wohnten, jetzt zusätzlich zu Außenseitern. Wurde darum der Junge, als er 12 Jahre alt war, unter Vormundschaft gestellt? Das war sicher bitter für die Großmutter und den Großvater – denn nun war es klar, dass andere dachten, sie wären nicht imstande, dem Jungen eine normale Erziehung angedeihen zu lassen. Und der Junge? Er wusste nicht, warum er nun einen Vormund hatte. Er wusste aber eines dafür umso besser: wie es ist, ausgelacht oder bemitleidet zu werden. Beides ist nicht angenehm. Es war nicht angenehm, beim Bauern in der Nachbarschaft am Samstagabend jeweils mit einem Plastikkübel frischen Wurstsalat zu holen, den der Bauer als Schweinefutter von der Migros-Filiale erhalten hatte. Am Sonntag aßen alle Migros-Wurstsalat. Die Schweine des Bauern und der Junge alleine in der dunklen Küche. Für einmal kein Champion-Birchermüsli. Er liebte diesen Wurstsalat und er schämte sich dafür. Er sprach mit niemandem darüber.

Zu seiner Erstkommunion wünschte er sich eine Armbanduhr. Aber es musste eine Armbanduhr mit einer zusätzlichen Stoppuhr sein. Und so stoppte er mit Begeisterung, wie lange er brauchte, um alle drei Bände von Winnetou zu lesen, und rechnete sich sogleich aus, wie lange er für die ganze Karl-May-Buchsammlung des Nachbarn brauchen würde. Genau gesagt rechnete er sich aus, wie lange das grenzenlose Glück anhalten würde, das er beim Lesen von Karl Mays Abenteuerbüchern empfand. Dabei schien es ihm, dass er bei den drei Winnetou-Büchern auf ein unheimliches Geheimnis gestoßen sein müsse. In jedem Fall war es ein auffälliges Muster: Es fiel ihm nämlich auf, dass Winnetou nicht ein einziges Mal auf die Toilette gegangen war. Drei Bücher lang nicht ein einziges Mal gepinkelt. Wie war das möglich? Wollte Winnetou vielleicht Zeit sparen? Hatte er etwa auch eine Stoppuhr? Unter dem Lederwams versteckt – und sagte es niemandem?

Die Zeit zog den Jungen von klein auf in den Bann. Zeit traf er überall an. Sprichwörtlich auf Schritt und Tritt: Wie lange dauerte der Schulweg? Wie viele Sekunden verlor er am Schülerrennen auf den Drittplatzierten? In seinem Leben gab's von klein auf überall Uhren. Und gleichzeitig war er selbst immer unpünktlich. Es schien, als könne er den praktischen Umgang mit der Zeit nicht recht verstehen. Warum musste er als Erstklässler Punkt neun in der Schule sein? Schließlich hatte er mit Abstand den längsten Fußweg zu bewältigen jeden Morgen. Warum musste man an Weihnachten pünktlich bereit sein fürs Weihnachtsfest? Kam das Christkind mit dem 8-Uhr-Abend-Zug?

Mit der Frage der Zeit befasste sich der Junge intensiv, als er seinen ersten eigenen Kuchen buk. Dies war ein Feldversuch über die Wirkung der Zeit sozusagen. Genau gesagt »die Wirkung der Zeit im Verhältnis zur Temperatur im Backofen«. Die alles entscheidende Frage war: Warum schmeckte sein Kuchen nicht, den er 5 Stunden und 10 Minuten lang im Backofen ließ?

Dabei war der Kuchen keineswegs verbrannt, denn er hatte die im Rezeptbuch angegebene Backzeit von 30 Minuten auf 5 Stunden verlängert – sozusagen ums 10fache gedehnt, aber gleichzeitig die Backtemperatur von 220 Grad um ebenfalls das 10fache reduziert. Auf 22 Grad. Schmeckte der Kuchen nun so seltsam, weil der Backofen sich nicht exakt auf 22 Grad einstellen ließ? Oder war es, weil unser kleiner Held nicht genau nach 5 Stunden wieder zu Hause war? Er kam leider etwas später von der Schule nach Hause als geplant. Zwar nur 10 Minuten später. Aber diese 10 Minuten Verspätung verlängerte die Backzeit halt doch um 3,333 Prozent im Vergleich zu der im Rezeptbuch angegebenen Zeit (von ihm um das 10fache gedehnt). Indes: Die Enttäuschung über seinen ersten – und gleichzeitig missratenen – Kuchen hielt sich in Grenzen. Denn bereits auf dem Nachhauseweg beschlich ihn ein ungutes Gefühl, was seinen ersten selbst gebackenen Kuchen betraf. Nicht etwa, weil sein Kuchen den ganzen Nachmittag über still und heimlich im Backofen vor sich hin schlummerte, während unser Held in der Schule saß. Nicht etwa, weil die Großmutter von all dem nichts wusste. Nein, weil unser kleiner Held plötzlich einen rechnerischen Gedankenblitz hatte, der ihn ziemlich durcheinander brachte. Was, wenn man die Backzeit so ausdehnen würde, bis umgekehrt die Backtemperatur nur noch 1 Grad betrüge? Das würde konkret bedeuten, dass ein Kuchen, der 30 Minuten im 220 Grad heißen Ofen zu sein hatte, bei 1 Grad Backtemperatur einfach 220 Mal länger im Ofen zu sein hätte. Also für 110 Stunden. Warum hatten die Leute dann überhaupt noch Backöfen? Konnten sie nicht rechnen? Oder war es, weil ein Kuchen sich Dank des Backofens nach bereits einer ½ Stunde essen ließ? Hatte niemand die Geduld zu warten? Wobei: 110 Stunden auf einen Kuchen zu warten, war schon etwas lange. Schließlich waren dies ganze 4,5 Tage (inkl. der Nächte, wo man schlief, und vielleicht die Katze über den Kuchen herfiel, der Tag und Nacht auf dem Küchentisch sich quasi selbst buk).

Viele Jahre später, als er als 16-Jähriger die Lehre als Zuckerbäcker begann, bekam er eines Tages die alles klärende Antwort auf seine sehr interessante Frage, wie es ihn dünkte, nämlich auf das Backtemperatur-und-Backzeit-Verhältnis-Problem. Es gab da tatsächlich eine allumfassende Antwort, was das Verhältnis von Backtemperatur und Backzeit betraf. Die Antwort gliederte sich in 5 Teilantworten, die ihn ein Leben lang faszinierten – und von dem all die »Betty-Bossy-Bäcker« keine Ahnung hatten. Betty-Bossy-Bäcker, die stur nach Rezept vorgingen, aber nicht wirklich zu verstehen schienen, was Backen im Grunde – vom System her gesehen – bedeutete. Denn das Backen aller Arten von Kuchen unterlag immer 5 Grundgesetzen, was ein eigentliches Rezept hinfällig machte:

1. Eine lange Backzeit bedingt im Verhältnis eine tiefere Backtemperatur.
2. Eine kurze Backzeit bedingt im Verhältnis eine höhere Backtemperatur.
3. Eine lange Backzeit trocknet ein Gebäck stärker aus als kurze Backzeit.
4. Eine hohe Backtemperatur bildet bei einem Gebäck im Verhältnis schneller eine starke Kruste als eine tiefe Backtemperatur.
5. Fazit: Ein gelungenes Gebäck ist immer der gelungene Kompromiss zwischen Backtemperatur und Backzeit. Soll ein Gebäck innen »feucht« sein und außen trocken/hart (Kruste), so muss die Backzeit kurz und die Backtemperatur hoch sein. Soll das Gebäck durchgehend »trocken« sein, dann ist das Verhältnis der Backtemperatur zur Backzeit umgekehrt.

Neben der Uhrzeit als abstrakter Größe zogen ihn Zahlen magisch an. So auch die Jahreszahl im dunklen Keller der Großmutter. Um dorthin zu gelangen, schlich er regelmäßig über die knarrende Holztreppe ins dunkle Nichts hinunter, wo es erdig roch und immer gleich kühl war. Kühl und feucht. Einmal die einzige Glühbirne angeschaltet, konnte er den mächtigen Holzpfeiler genauer betrachten, der sich seit Hunderten von Jahren gegen den Stubenboden von unten entgegenstemmt. Gegen den Stubenboden, auf dem unzählige Generationen geboren und gestorben waren. Der Junge stellte sich vor, wie der mächtige Holzpfeiler das ganze Holzhaus tragen musste. Seit damals, als der Holzpfeiler die vier Zahlen eingeschnitzt bekam: Seit 1616. Vier Zahlen, aber nur zwei verschiedene Zahlenarten. Wann das 1616 wohl gewesen sein mag, fragte er sich immer wieder. Und gleichzeitig spürte er den Rhythmus, den dieses Zahlenpaar in sich trug. Von der 16 ließ sich ganz einfach die Wurzel berechnen – nämlich 4. Aber auch die Wurzel von 1616 war sehr ähnlich. Nämlich 40,2 grob gesagt. Diese Regelmäßigkeit verblüffte ihn. Gleichzeitig faszinierte ihn die Unregelmäßigkeit, die durch die schier endlose Zahlenreihe nach dem Komma zum Vorschein kam, wenn man die Wurzel aus 1616 exakt berechnete.

Gleichzeitig spürte er das optische Gleichgewicht, das von dieser schwungvoll geschnitzten Zahlenkombination ausging.

Und so interessierte er sich plötzlich für alle Jahreszahlen, die er an Hauswänden, Ställen und Brücken entdeckte. All diese Häuser, Ställe und Brücken fing er anschließend an zu kategorisieren. Und schon bald sah er, dass die ältesten Häuser in der Umgebung bunt gemischt waren mit neuen Häusern. Es gab kein eigentliches Muster. Außer, dass das Muster regelmäßig-unregelmäßig war. Das war irgendwie enttäuschend. Denn insgeheim erhoffte sich der Junge, hinter den vielen Jahreszahlen eine geheime Botschaft zu entdecken. Eine Botschaft, die zu entdecken nur er imstande war, denn die anderen schienen sich nicht besonders für solche Zahlen zu interessieren. Sah denn nur er überall Zahlen und Wiederholungen? Suchte nur er nach verborgenen Mustern?

Bevor er selbst Wurzeln berechnen konnte, übte er sich im Kopfrechnen. In der fünften Klasse veranstaltete der Lehrer eigentliche Kopfrechnen-Wettkämpfe. Das war genau nach dem Geschmack des Jungen. Meistens war er der Schnellste der ganzen Klasse. Einmal als sie 12×26 im Kopf ausrechnen mussten, verblüffte er den Lehrer. Dieser fragte ihn nämlich, warum er das Resultat so schnell wusste. Die Antwort des Jungen war ungewöhnlich. Zumindest für die anderen Schüler dieser Klasse.

Während die gesamte Klasse nämlich mühsam zuerst 10×26 berechneten und dann noch 2×26 im Kopf behalten mussten um dieses zweite Resultat (52) mit dem ersten Resultat (260) zu addieren, hatte der Junge ein schnelleres System entdeckt. Ein System sozusagen, dass das Rechnen im eigentlichen Sinn hinfällig machte. Das ging so: 12×26 ist das Gleiche wie 6×52 und das ist wiederum das Gleiche wie 3×104. Aber 3×104 ist viel einfacher auszurechnen als 12×26. Ja, 3×104 ist sozusagen weniger abstrakt wie 12×26. Genau gesagt musste der Junge nicht einmal mehr rechnen, um das Resultat von 3×104 zu wissen. Er sah das Resultat blitzartig im Kopf – bildlich – vor sich. Nämlich 312. Der Junge rechnete also nicht mehr, sondern er suchte nach Mustern. Nach einfachen mathematischen Mustern, die ihm das Kopfrechnen erleichterten.

Besonders verblüffend fand der Sechstklasslehrer des Jungen von der Schutthalde dessen Kopfrechenkünste bei Prozentrechnungen. Der Lehrer fragte: »Wie viel ist 37,5 % von 25?« Das wagte niemand in der Klasse im Kopf auszurechnen. Papier und Bleistift mussten her. Doch dann fiel schon die Antwort. Unser kleiner Held präsentierte sie freudenstrahlend dem verdutzten Lehrer: 9,375.

Wie war das möglich? Der Junge berechnete das Ergebnis im Kopf mit 4 Rechnungsschritten:

1. Schritt: Bei 37.5 % von 100 wäre das Ergebnis = 37,5
2. Schritt: Bei 37,5 % von 25 ist das Ergebnis = $4 \times$ kleiner als 37,5 (denn 25 ist $4 \times$ kleiner als 100)
3. Schritt: $37,5 : 4$ ist = wie $75 : 8$ (Gerade Zahlen sind weniger abstrakt)
4. Schritt: $75 : 8 = 9,375$

Für den Jungen war klar, dass $75 : 8 = 9$ sind ($72 : 8 = 9$). Ihm war auch klar, dass die restliche Zahl $3 : 8 = 0,375$ ist ($3 : 8 = 3$ / Rest $6 / 6 : 8 = 7$ / Rest $4 / 4 : 8 = 5$).

Die Klassenkameraden berechneten das Ergebnis mit Papier und Bleistift mit und das mit 5 Rechnungsschritten – also offensichtlich mit einem komplizierteren Lösungsweg, einem komplizierteren System:

1. Schritt: 25 : 100 = 0,25 × 37,5 (Dreisatz)
2. Schritt: 0 × 37,5 = 0
3. Schritt: 0,2 × 37,5 = 7,5
4. Schritt: 0,05 × 37,5 = 1,875
5. Schritt: 7,5 + 1,875 = 9,375

Das eigene Rechnungs-System des Jungen für seine Kopfrechnungen beruhte auf dem Verstehen des »Verhältnis der Zahlen zueinander«.

So vergingen die Jahre in dem alten Bauernhaus: Die Großeltern wurden noch älter, wurden langsam greise und plötzlich krank. Der Junge rechnete und las viel, arbeitete täglich nach der Schule auf der Schutthalde. Ferien kannte er nicht. In den Ferien arbeitete er schon als 13-Jähriger regelmäßig als Handlanger auf Baustellen. Und wenn er einmal weg kam aus seinem Tal, dann Dank der Trainingslager als kleiner Skirennfahrer.

Und trotzdem: Bis er 15 Jahre alt war, hatte er dreimal für kurze Zeit Ferien gemacht, einmal hatte er sogar das Meer gesehen. Seine Tante hatte ihn mit nach Italien genommen. Er stand am Strand und staunte über die unendlich vielen Leute in den Liegestühlen. Leute, die selten lasen, nicht rechneten und schon gar nicht arbeiteten – oder wenigstens trainierten. Ja, das Training war sein Leben neben der Arbeit. Das Training war die luxuriöse, dekadente Form des Arbeitens. Wobei er das Wort »dekadent« damals noch nicht kannte. Dieses Wort fand er viele Jahre später in einem Buch von Thomas Mann. Ein Wort, das für ihn vieles zusammenfasste, worin sich sein Leben vom Leben der anderen unterschied: Er lebte, um zu arbeiten. Die anderen arbeiteten, um zu leben, wie es schien. Und wenn er nicht arbeitete, dann trainierte er. Und so trainierte er Skifahren, Schwimmen, Gitarre spielen, Kuchen backen, Torten garnieren – schrieb als Zuckerbäckerlehrling tausendmal mit flüssiger Schokolade »Zum Geburtstag«, »Frohe Ostern«, »Schöne Weihnachten« – und kannte diese Feste selbst nicht.

Als die Großmutter nach langem Leiden starb, lebte er als 18-Jähriger ganz alleine im alten Bauernhaus. Er in der Küche, sein Großvater in der Stube. Sein Großvater war schwer erkrankt an einem Hirntumor. Sprach laut mit sich selbst, ruderte wie wild mit den Armen, wenn er sich das Gebiss aus dem Mund nehmen wollte, schrubbte mit der Toilettenbürste das Geschirr in der Küche. Niemand kochte. Niemand kam zu Besuch. Jeden Tag Champion-Birchermüsli mit Wasser angerührt. Und die Kleider von der Schutthalde.

Eines Tages saß er am dunklen Küchentisch und schrieb einen Brief ans kantonale Sportamt: Darin kündete er feierlich an, dass er sich entschlossen habe, Langstreckenläufer zu werden. Denn als Skifahrer konnte er nicht mehr an die Weltspitze gelangen, dazu hatte er zu wenig Talent, war er jetzt bereits zu alt. Mit 18 fuhr er zwar schnell, aber nicht schneller als die allerbesten 15-Jährigen. Zeit zum Aufhören also. Und so ging er nie mehr auf den Berg. Fuhr nie mehr die Tiefschneehänge hinunter, musste nie mehr Rennskis wachsen am Samstagabend. Nun wurden die

Landstraßen zur Rennpiste. Die Landstraßen, sie zogen ihn magisch an. Die Distanz als Ziel, die Stoppuhr als Tachometer, der Puls als Drehzahlmesser. Für ihn war das Rennen ein Gefühl des Fliegens. Mit 20 Stundenkilometer lautlos über den Teer gleiten, den Wind im Gesicht und den Kopf voller Zahlen. Denn Marathonlaufen war für ihn pure Mathematik:

- Um die Marathon-Distanz von 42,195 Kilometer unter 2 Stunden 30 zu laufen, musste
- jeder Kilometer in 3 Minuten 33 Sekunden bewältigt werden.
- Was auf einer 400-Meter-Tartanbahn pro Runde 85 Sekunden sind.
- Für 42 Kilometer müssen 105 solche 400-Meter-Runden in je 85 Sekunden gerannt werden.

Und so machte er sich mit 18 unverzüglich ans Werk, der Erfolg erschien im absolut sicher. Denn einen Marathon zu rennen, das empfand er als extrem banal. Letztlich war es für ihn bloß eine Frage des Fleißes. Einen Trainer oder eine Fachperson, die ihm mit Rat zur Seite hätte stehen können, hatte er bei diesem »Projekt« nicht. Er eignete sich die Trainingsmethoden durch Fachbücher an. Und so lernte er schnell, dass Top-Marathonläufer sehr dünn sein müssen. Kein Problem für ihn: Bei seinem Menüplan von 7 Tagen die Woche Birchermüsli mit Wasser angerührt war er so dünn wie Frank Shorter, Bill Rodgers, Waldemar Cierpinski und wie seine neuen Idole alle hießen. Nach vier Jahren Training reiste er ein zweites Mal in seinem Leben nach Italien – für seinen ersten Marathon. Er hatte sich seriös, aber unkonventionell vorbereitet. Mitten im Winter war er in seinem Bergtal bis zu 180 Kilometer pro Woche durch den Schnee gerannt. Jeden Tag kontrollierte er seinen Puls mit seinen Stoppuhren, stand mehrmals auf die Körperwaage, durchlief die von ihm genau vermessenen Kilometerabschnitte auf den einsamen Landstraßen – trotzte dabei eisigen Temperaturen von bis zu minus 28 Grad.

Dann stand er am Start seines allerersten Marathons. Und zwar mitten aus dem Wintertraining heraus. Anfang Februar. Weit weg von der Topform, die im Sommer möglich gewesen wäre. Er durchlief die 42,195 Kilometer in 2 Stunden 29 Minuten 58 Sekunden. Somit war die Sache mit dem Marathonlaufen erledigt. Für immer. Das Rätsel Marathon hatte er für sich mit Erfolg entschlüsselt – ähnlich einer komplizierten Kopfrechnung. Viele Jahre später stieß er zufällig auf eine Statistik, die besagte, dass von 10.000 Marathonläufern nur einer die »Schallgrenze« von 2 Stunden und 30 Minuten unterbieten kann. Und dies erst mit einer Erfahrung von mindestens 5 Marathons.

Als er dies las, wunderte er sich: Warum bloß packten all die abertausenden Marathonläufer ihre Passion so ungeschickt an? Unter 2 Stunden 30 zu rennen war doch keine Hexerei. Es war bloß eine Frage des Systems – fast wie beim Kuchenbacken. Bloß dass das Marathonlaufen noch viel banaler war. In einem Fachbuch aus der damaligen DDR wurde diese Banalität wie folgt in einer einfachen Formel zusammengefasst:

1. Trainiere möglichst intensiv. (Es geht nicht um das Wohlsein, sondern um die Wirkung.)

2. Trainiere möglichst häufig. (Übung macht den Meister.)
3. Trainiere über einen mehrjährigen Zeitraum (möglichst intensiv und vor allem häufig).

Mit dieser einfachen Formel betrieb er gleichzeitig zum Marathontraining sein Fernstudium, das er nach dem Lehrabschluss als Zuckerbäcker begann. Dabei fiel ihm nach einem Jahr etwas Sonderbares an sich selbst auf: Ein Nebenfach war das 10-Finger-System für das Schreibmaschinen-Schreiben. Dieser Kurs-Teil dauerte 1 Jahr. In den Unterrichtsheften stand geschrieben, dass jedes Mal, wenn jemand in einer Übung mehr als 3 Tippfehler gemacht habe, er die Übung wiederholen müsse.

So kam es, dass er 11 Monate lang immer wieder mit den Schreibmaschinen-Übungen von vorne anfangen musste, weil er mehr als 4 Tippfehler machte. Dies war tagtäglich der Fall. Und dies war dann besonders ärgerlich, wenn dieser 4. Tippfehler ganz am Schluss des vollgeschriebenen Blattes passierte. Nach 11 Monaten erst fiel ihm auf, dass es niemand sah, wenn er eine Übung mit 4 Tippfehlern durchgehen ließ. Schließlich lernte er ja tagtäglich alleine zu Hause – und kein Lehrer konnte und wollte seine Übungen kontrollieren. Diese Entdeckung war für ihn eine große Erleichterung. Nun war sein Fernstudium auf einen Schlag weniger kompliziert und anstrengend.

Und er wunderte sich fortan, warum ihm dieses »Gesetz des 4. Tippfehlers« bisher verborgen geblieben war. Nahm er die Vorgaben in den Studienheften zu ernst? Konnte es sein, dass er auch sonst die Dinge zu ernst nahm – oder sie falsch verstand? Was, wenn er statt mit dem Skifahren komplett aufzuhören, doch einfach zum Spaß weiter gefahren wäre? Hatte denn jemals jemand zu ihm gesagt, dass er nur als Weltklasse-Skirennfahrer weiter Spaß am Skifahren haben dürfe? Und wo stand explizit geschrieben, dass alle Marathonläufer in jedem Fall nur das eine einzige Ziel vor Augen hatten: nämlich ein Top-Läufer zu werden. Zum ersten Mal fiel ihm auf, dass nicht alles, was die anderen sagten oder schrieben, absolut auch so gemeint sein konnte. Konnte es sein, dass er die Dinge zu wörtlich nahm?

Der Großvater lebte noch immer. Seit bald 15 Jahren waren seine einst meisterhaften Schnitzereien hilflose Messerschnitte im weichen Arvenholz. Ein trauriger Anblick. Und trotzdem war es schön, dass Großvater noch lebte. Der Junge liebte seinen Großvater, wusste, dass er ihm viel zu verdanken hatte. Eines Tages – als Großvater in seinem allerletzten Winter angekommen war und für einen Moment klar denken konnte, sagte er einen Satz, der das Leben des Jungen für immer verändern sollte. Der diesem einseitigen, extrem linearen Leben einen entscheidenden Drall verpasste.

Sie hatten sich in einem Restaurant beim Bahnhof verabredet. Der Junge kam von Bern herauf, hatte dort Arbeit und Auskommen gefunden. Als der Großvater ihn begrüßt hatte, schaute er den Jungen unvermittelt scharf an und sagte ruhig: »Du kommst immer allein. Ja, du bist überhaupt immer allein. Das ist nicht gut. Tu was dagegen!« Das war alles. Den Rest der Zeit sprachen Sie nichts oder nichts Wichtiges. Aber diese Feststellung des Großvaters – diese Warnung – saß. Was, wenn Großvater recht hatte? Was, wenn das jahrelange Training als Marathonläufer nicht aus dem Grund so einsam war, weil die anderen nicht so schnell rennen konnten wie er? Was, wenn diese Einsamkeit selbst gesucht – unbewusst »gewollt« war? Was, wenn die 10 Jahre Selbststudium gar nicht so einsam hätten sein müssen? Eines war offensichtlich: Andere Menschen hatten Freunde. Er nicht.

Mit dieser Erkenntnis begann er sich für das Leben anderer zu interessieren. Was genau war für die anderen Menschen so interessant daran, stundenlang am Stammtisch im Bahnhofbuffet zu sitzen und laut zu diskutieren? Und zwar über Dinge, von denen sie im Grunde gar nichts verstanden. Warum lasen die Leute die Speisekarten in der Pizzeria jeden Samstagabend von Neuem von vorne bis hinten durch, wenn sie doch Pizza Margherita mochten? Er bestellte immer nur Pizza Margherita. Die Speisekarte trotzdem zu lesen war, »logisch« gesehen, reine Zeitverschwendung. Dass es den anderen Leuten Spaß machte, eine Speisekarte einfach so anzuschauen, blieb ihm lange verborgen. Aber nun interessierte er sich für die anderen Menschen. Der Großvater hatte ihm vor seinem Tod den entscheidenden Anstoß gegeben.

Fortan beobachtete er die Menschen um ihn herum ganz genau. Hörte ihnen zu – sah, dass nicht alles gesagt werden musste, weil es zu nebensächlich war. Jetzt – in diesem Moment – in dieser Sache keine Rolle spielte. So nebensächlich wie Winnetous Pinkelpausen.

Und er gewöhnte sich daran, dass die anderen Menschen höchst widersprüchlich waren. Von Moment zu Moment anders. Dauernd sprachen die Mädchen vom Abnehmen, um gleich anschließend Berge von Eiscreme zu essen. Überglücklich und erst noch ohne schlechtes Gewissen. Einen halben Tag später war wieder alles anders. Seine Freundin verfluchte sich, dass sie mit ihm ungeschützt geschlafen hatte. Dabei war es im entscheidenden Moment doch so klar für beide, dass sie es jetzt tun wollten. Unter allen Umständen. Ohne Wenn und Aber. In diesem Moment stimmte einfach alles. Ein Moment voller Glück. Warum jetzt ein paar Stunden später unglücklich sein? Was war in diesem Moment anders als vorhin?

Was ist überhaupt der Moment? Sicher ist: Der Moment steht im Widerspruch zum linearen Ablauf der Zeit, dem Chronos. Die alten Griechen unterschieden diese zwei Arten der Zeit ganz genau. Wer die Zeit als Chronos nutzen will, braucht eine Stoppuhr. Angefangen bei den Kirchenuhren im Mittelalter. Das Leben wird zur Fabrik. Alles läuft berechenbar, ohne Überraschung ab. Alles möglichst linear. Alles möglichst ohne zeitraubende Zusatzschlaufe. Immer geradeaus wie ein Marathonläufer. Einmal Pizza Margherita – immer Pizza Margherita.

Wer aber den Moment nutzen will, muss vor allem wissen, dass der Moment Wirklichkeiten schafft. Alles, was wir denken, sagen oder tun, ist immer auch an den Moment geknüpft. Der Moment ist wie ein offenes Fenster in einen anderen Raum, in dem wir jetzt – und nur jetzt – etwas tun oder lassen können. Ist dieses Fenster wieder geschlossen, dann ändern sich die Spielregeln. Ohne dass dies den meisten Menschen bewusst ist.

Bei seinen Beobachtungen anderer Menschen wunderte er sich anfangs oft darüber, wie Frauen sich benahmen, wenn ihnen ein Mann zu gefallen schien. Sie schauten immer wieder hin, kicherten, steckten die Köpfe zusammen. Fuhren sich mit der Hand durchs Haar, erröteten. Um im nächsten Augenblick zu behaupten, dass sie überhaupt nicht an einer neuen Bekanntschaft interessiert seien. Dabei hatten Amors Pfeile sie gerade eben getroffen.

Und überhaupt: Verliebt zu sein war ein unbeschreibliches Gefühl – noch besser als über die Landstraße zu fliegen. Wenn dann – wider Erwarten – die Verliebtheit sich verflüchtigte und sogar die ganze Beziehung aus und vorbei war, dann schwur man sich gegenseitig, dass man auch in Zukunft der wichtigste Mensch im Leben des anderen bleiben werde. Und glaubte es sogar selber; genau in diesem Moment!

Ungefähr so, wie seine Mutter, die ein Vierteljahrhundert zuvor gleich im »nächsten Frühling« ihren kleinen Sohn zu sich zurück holen wollte. In diesem Moment hatte sie dies wohl auch selbst geglaubt. Doch dieser Moment kam nie wieder. Und trotzdem wurde es Frühling. 25 Jahre später.

Einleitung

Das Thema »Autismus« hat in den letzten Jahren sowohl unter Fachleuten wie auch in der Wahrnehmung einer breiteren Öffentlichkeit ganz enorm an Bedeutung zugenommen. Dies ist darauf zurückzuführen, dass in den letzten 3 Jahrzehnten in diesem Fachgebiet viele neue Erkenntnisse gewonnen wurden. Man kann von einer eigentlichen wissenschaftlichen Revolution reden.

Der Begriff »Autismus« geht zurück auf den Schweizer Psychiater Eugen Bleuler, der im Jahre 1911 damit eines der Symptome der Schizophrenie (starke Zurückgezogenheit und Selbstbezogenheit) bezeichnete. Erst viele Jahre später (1938) wurde der Begriff erstmals in Zusammenhang mit psychisch auffälligen Kindern gebraucht, und zwar vom Wiener Kinderarzt Hans Asperger in seiner Publikation »Das psychisch abnorme Kind«. Weitere 5 Jahre später veröffentlichten praktisch zeitgleich Leo Kanner in den USA und Hans Asperger in Wien ihre wissenschaftlichen Arbeiten, die Kinder mit autistischer Symptomatik zum Thema hatten. Leo Kanner diagnostizierte bei den von ihm beschriebenen Kindern eine »Autistische Störung des affektiven Kontakts«. Seine Arbeit wurde zur Grundlage des Begriffs »Frühkindlicher Autismus«, und dieser war viele Jahrzehnte lang auch unter dem Namen »Kanner-Syndrom« identisch mit Autismus schlechthin.

Hans Asperger nannte in seiner Arbeit, die 1944 in Wien veröffentlicht wurde, die von ihm beschriebenen Kinder »Autistische Psychopathen« (▶ Anhang). Beim Studium jener Arbeit wird klar, dass Aspergers Konzept von Autismus breiter angelegt war als jenes von Kanner, welcher ausschließlich schwer beeinträchtigte Kinder beschrieb. Asperger hingegen nahm eigentlich schon das Konzept des Autismus-Spektrums vorweg: »Nun findet sich der autistische Charakter keineswegs nur bei intellektuell Hochwertigen, sondern auch bei Minderbegabten, ja bei tiefstehend Schwachsinnigen.« (Asperger 1944). Aus diesem Zitat geht auch hervor, dass Asperger in erster Linie normal begabte Kinder beschrieb, welche gemäß seinen eigenen Ausführungen später auch überwiegend eine gute gesellschaftliche und berufliche Integration erreichten. Für diese Gruppe von Kindern wurde später der Begriff »Asperger-Syndrom« geprägt.

Hier muss nun auf eine wichtige historische Tatsache hingewiesen werden: Leo Kanner veröffentlichte seine Arbeit 1943 in den USA. Sie wurde in der wissenschaftlichen Welt, welche nach dem 2. Weltkrieg und bis in die heutige Zeit sowieso stark von den USA dominiert und geprägt wurde, stark beachtet und für Jahrzehnte zum Maß aller Dinge genommen. Hans Asperger hingegen ereilte mehr oder weniger das Schicksal des Vergessens. Er hatte das Pech, in einer äußerst ungünstigen Situation seine Arbeit zu schreiben. Wien war 1944 Teil des Großdeutschen Reiches, seine auf Deutsch publizierte Arbeit wurde schlicht von niemandem gelesen, schon gar nicht in der internationalen Fachwelt.

Leider dauerte es fast 40 Jahre, bis die bahnbrechende Arbeit von Hans Asperger wiederentdeckt wurde, ironischerweise zunächst nur im englischsprachigen Raum. Es war die englische Psychiaterin Lorna Wing, welche 1981 ihre Arbeit veröffentlichte, in welcher sie sich explizit auf Hans Asperger bezog und erstmals für autistische Kinder mit guten verbalen und intellektuellen Fähigkeiten den Begriff »Asperger-Syndrom« vorschlug. Damit wurde eine ganz bemerkenswerte Entwicklung in Gang gesetzt.

Die Tatsache, dass Leo Kanner über lange Zeit das Verständnis von Autismus geprägt hatte, hat sich rückblickend auf den wissenschaftlichen Fortschritt und auf die Versorgung der von Autismus Betroffenen als sehr schädlich erwiesen. Autismus wurde lange Zeit mit einer Krankheit mit schwerer Beeinträchtigung und generell schlechter Prognose gleichgesetzt. Entsprechend wurde diese Diagnose mit großer Zurückhaltung gestellt und auch dies erst in einer Phase der Kindheit, wo die Behinderung ganz offensichtlich wurde. Ich habe dies als Assistenzarzt Mitte der 1980er Jahre persönlich miterlebt. Bei einem Elterngespräch, wo die Eltern eines offensichtlich autistischen Kindes von meinem Oberarzt und mir über die Abklärungsergebnisse orientiert werden sollten, wurde um den »heißen Brei« herumgeredet und das Wort »Autismus« nicht ein einziges Mal erwähnt.

Dementsprechend ist es natürlich auch nicht verwunderlich, dass Autismus ursprünglich als eine sehr seltene Störung betrachtet wurde. Die neuen Erkenntnisse, die in den letzten 30 Jahren gewonnen wurden und die mit der erstmaligen Prägung des Begriffs »Asperger-Syndrom« ihren Anfang nahmen, haben auch zu einer völlig neuen Bewertung der Häufigkeit (Prävalenz) von Autismus geführt.

Noch Anfang der 1980er Jahre galt Autismus als eine sehr seltene Störung mit einem Vorkommen von 1 : 2.500. 26 Jahre später machte eine englische Kinderärztin eine breit angelegte Prävalenz-Studie an über 50.000 Kindern und kam auf eine Häufigkeit von 1 : 100 (Baird et al. 2006).

Innerhalb von knapp 30 Jahren hat sich also der Begriff »Autismus« grundlegend gewandelt, von einer seltenen, klar abgrenzbaren »Krankheit« zu einem breiten Spektrum verschiedener Störungen, die insgesamt 25 Mal häufiger sind als die mit dem ursprünglichen Begriff bezeichnete Diagnose!

Es muss hier angefügt werden, dass diese Entwicklung insbesondere im deutschsprachigen Raum nicht unumstritten ist. Es gibt hier Widerstand, die neuen Erkenntnisse, die fast ausschließlich auf die äußerst vielfältige und lebendige Forschung im englischsprachigen Raum zurückzuführen sind, zu akzeptieren. Es gibt die Traditionalisten, man könnte sie auch »Kannerianer« nennen, die Autismus möglichst eng fassen wollen.

Als Beispiel möchte ich hier wieder eine persönliche Erfahrung beiziehen: Eine in meiner geographischen Region einflussreiche Fachperson hat mir gegenüber erwähnt, die wachsenden Prävalenzzahlen zum Autismus würden ihn »mit großer Sorge« erfüllen. Die Sorge bestehe darin, dass bei stark steigenden Diagnosezahlen im Bereich Autismus den Kindern mit Frühkindlichem Autismus, welche intensive (und damit auch kostenintensive) Hilfe brauchen, schlussendlich nicht die nötigen finanziellen Mittel zur Verfügung gestellt würden. Diese Sichtweise halte ich für falsch und unbegründet. Die wachsenden Prävalenzzahlen sind ja darauf zurückzuführen, dass auch jene Kinder diagnostisch miteinbezogen werden, die weniger stark beeinträchtigt sind und die keine intensive frühe Förderung benötigen, im Gegenteil: Diese Kinder brauchen keine kostenintensiven Therapien, sie brauchen in erster Linie Verständnis.

Dennoch ist eine Autismus-Diagnose bei vergleichsweise wenig beeinträchtigten Kindern ebenfalls sehr wichtig, weil sie eine entscheidende Grundlage für hilfreiche pädagogische Richtlinien (sowohl zu Hause wie in der Schule) sowie für gezielte anderweitige Maßnahmen (Logopädie, Ergotherapie, Psychomotorik, Psychotherapie) darstellt. Alle diese Maßnahmen betreffen eher die mittlere und spätere Kindheit und stehen in keiner Weise in Konkurrenz mit intensiven frühen Interventionsprogrammen, die Kinder mit Frühkindlichem Autismus benötigen.

Die Auseinandersetzung um die Definition und Häufigkeit von Autismus hat allerdings noch eine andere, sehr weitreichende Bedeutung. Es geht nämlich nicht nur um die Frage, ob Kanner oder ob Asperger »Recht hatte« oder wie häufig Autismus nun wirklich ist, sondern es geht auch um etwas viel Grundsätzlicheres. Es geht schlussendlich auch um die Frage, wie überhaupt psychische Störungen entstehen. Zeitgleich mit der Autismus-Debatte hat in den letzten 30 Jahren nämlich noch eine andere Veränderung stattgefunden, die ich aus eigener Sicht illustrieren möchte.

Als ich anfangs der 1980er Jahre mit meiner kinder- und jugendpsychiatrischen Ausbildung begann, standen sich verschiedene Psychotherapiemethoden im Wettstreit gegenüber: Psychoanalyse, humanistische Psychologie, Systemische Familientherapie usw., um nur die wichtigsten zu nennen. Psychische Störungen wurden von diesen Schulen fast ausschließlich psychodynamisch oder – neu – familiendynamisch/systemisch erklärt. Von neurobiologischen Theorien wollten viele Fachleute nichts wissen. Wenn also z.B. ein Kind ins Bett nässte oder stotterte, dann wurde von den psychodynamisch orientierten Therapeuten nach belastenden Ereignissen in der persönlichen Vorgeschichte des Kindes gesucht. Und die Familientherapeuten auf der anderen Seite fanden mit Sicherheit irgendwelche Unstimmigkeiten zwischen Vater und Mutter, welche als Ursache für die Auffälligkeiten des Kindes herhalten mussten. In der heutigen Zeit hingegen werden sowohl Einnässen wie Stottern auf der Grundlage empirischer Daten primär als konstitutionell bedingt betrachtet. Belastende Umstände gelten allenfalls als Auslöser.

Auf der anderen Seite war der Begriff »Psychoorganisches Syndrom« (POS ▶ Anhang) im Kommen und bildete Stoff für intensive Auseinandersetzungen unter Fachleuten. Im englischsprachigen Raum sprach man analog von »Minimal Brain Dysfunktion« (Leichte Funktionsstörung des Gehirns). Mit diesen Begriffen wurde ein anderes Verständnis für die Entstehung von psychischen Störungen eingeführt: Emotionale Probleme und abweichendes Verhalten können auch auf einer neurologischen Grundlage entstehen! Es sei hier erwähnt, dass auch das Störungsbild ADHS (Aufmerksamkeits-Defizit-Hyperaktivitäts-Störung) heute maßgeblich als ein neurologisch bedingtes Phänomen betrachtet wird. Das Gleiche gilt natürlich auch für Autismus-Spektrum-Störungen.

Nach meinem heutigen Verständnis von Kinderpsychiatrie und -psychologie (und damit stehe ich ganz sicher nicht allein da) ist es sogar sinnvoll, *alle* psychischen

Probleme von der Entstehung oder Disposition her auf eine neurologische Grundlage zu stellen. Am »Anfang« steht demnach eine (genetisch bedingte, neuropsychologisch basierte) Entwicklungsstörung, welche mehr oder weniger ausgeprägt sein kann (spezifisch oder tiefgreifend; auf dieses Thema soll im 2. Kapitel näher eingegangen werden). Solche Entwicklungsstörungen stellen eine erhöhte Verletzlichkeit bzw. Stressanfälligkeit dar und können, je nachdem, ob zusätzliche Belastungsfaktoren in Familie, Schule oder Peer-Gruppe hinzukommen, *irgendeine* psychische Symptomatik auslösen.

Auch wenn psychische Störungen immer multifaktoriell erklärt werden können/müssen (Konstitution bzw. Stressanfälligkeit auf der einen, Umgebungsfaktoren auf der anderen Seite), so ist es dennoch sehr wichtig, welcher Seite man den Vorrang gibt. Zu dieser Frage habe ich eine interessante Stellungnahme von Hans Asperger gefunden:

> »Es soll nur angemerkt werden, dass [...] besonders von den modernen psychologischen, besonders den psychotherapeutischen Schulen der Einfluss der exogenen Faktoren ungebührlich überbewertet wird. Wir sind, kurz gesagt, der Überzeugung, dass mehr noch als der Satz: ›Die Erlebnisse gestalten den Menschen‹ dessen Umkehrung gilt: ›Die aus den inneren Gegebenheiten gewordene Persönlichkeit gestaltet ihre Erlebnisse‹« (Asperger 1948).

Diese von Hans Asperger angesprochenen psychotherapeutischen Schulen kamen in der Nachkriegszeit ja praktisch alle aus den USA, wo ausgehend von Leo Kanners Arbeit gerade auch im Bereich des Autismus die »exogenen Faktoren« »ungebührlich« überbewertet wurden! Mehr noch: Autismus wurde hauptsächlich auf ein Fehlverhalten der Eltern und insbesondere der Mütter zurückgeführt! Aus dieser Zeit stammt auch der Begriff der gefühlsarmen »Kühlschrankmütter«, die für die scheinbare Gefühlsarmut ihrer autistischen Kinder ursächlich verantwortlich seien.

Diese Sichtweise gipfelte in der nicht selten gemachten Empfehlung, die Kinder von ihren Familien zu trennen und in Institutionen zu platzieren. Für die Betroffenen ein wahrer Alptraum! Es ist nicht übertrieben zu behaupten, dass solche Verirrungen bis zum heutigen Tag stattfinden können. Insbesondere dann, wenn bei einem Kind der autistische Anteil nicht diagnostiziert wird, ist die Gefahr vorhanden, dass den scheinbar ungünstigen familiären Einflüssen ein zu großes Gewicht beigemessen und mit der Klinikeinweisung bzw. Heimplatzierung die scheinbar beste »Lösung« vorgeschlagen wird.

Psychische Symptome und Störungen werden also primär weder durch falsche Erziehung, ungünstige Familienkonstellationen, innerpsychische Konflikte oder punktuelle äußere Ereignisse und Einflüsse »verursacht«. Vielmehr handelt es sich bei diesen Faktoren typischerweise um Auslöser. Am Ursprung steht, wenn es denn zu psychischen Störungen kommt, eine Verletzlichkeit, die das Kind mit einer Entwicklungsstörung bzw. Entwicklungsbesonderheit für abweichendes Verhalten anfällig macht.

Dies bestätigt auch das in neuerer Zeit entwickelte Konzept der sogenannten Resilienz. Man könnte sie als das Gegenteil von Verletzlichkeit bezeichnen. Die Resilienzforschung hat nämlich gezeigt, dass es viele Kinder gibt, die sich trotz widriger Umstände in Familie und Umgebung erstaunlich normal entwickeln.

Einleitung

Weil ich der Überzeugung bin, dass den verschiedenen Entwicklungsstörungen bei der Entstehung von Problemen bei Kindern eine zentrale Bedeutung zukommt, wird das entsprechende Konzept im 2. Kapitel dieses Buches ausführlicher beschrieben und mit einem anschaulichen Farbschema illustriert (▶ Kap. 2).

Im 3. Kapitel wird näher auf die verschiedenen Aspekte von Abklärung und Diagnose eingegangen. Da der Begriff »Autismus« einem starken Wandel ausgesetzt war und immer noch ist, herrscht eine große Verunsicherung. Wie soll Autismus überhaupt diagnostiziert werden? Von wem? Wo soll man sinnvollerweise die Grenze zur sogenannten Normalität setzen? Diese und weitere Fragen werden von verschiedenen Fachleuten sehr unterschiedlich beantwortet. Für Betroffene und deren Eltern bedeutet dies, dass sie sich oft nicht auf die Meinung einer einzigen Fachperson bzw. Fachstelle stützen können und sollen. Und was die Sache noch schwieriger macht: Nicht selten haben sich Betroffene und Eltern anhand von Internet und Fachliteratur so viel Wissen angeeignet, dass sie besser über Autismus Bescheid wissen als die Fachperson, die ihnen gegenübersteht und eigentlich eine zuverlässige Beurteilung vornehmen müsste!

Autismus und Asperger-Syndrom verändern sich im Laufe eines Lebens erheblich. Deshalb wird im 4. Kapitel genauer beschrieben, wie sich diese Besonderheiten in einzelnen Lebensphasen auswirken und welches die für eine bestimmte Altersstufe typischen Probleme sind. Zur Veranschaulichung werden viele Fallbeispiele angeführt, die sich darüber hinaus im gesamten Buch finden.

Diagnosen werden oft als unnütze »Etiketten« und Stigmatisierungen bezeichnet. Dabei wird aber vergessen, dass eine Diagnose in allererster Linie zum Ziel hat, geeignete Handlungsstrategien zu entwerfen. Eine Diagnose soll also die Frage beantworten helfen, welches die für ein bestimmtes Problem bzw. Leiden richtige Hilfe ist. Diesem Thema, nämlich den im Einzelfall geeigneten Hilfen und Therapien, ist das 5. Kapitel gewidmet. So vielfältig das Autismus-Spektrum ist, so vielfältig und maßgeschneidert müssen auch die gewählten Therapien sein. Für Eltern ist es außerordentlich wichtig, hierüber gut informiert zu sein, denn sie entscheiden über allfällige Therapieangebote und: Sie stehen immer auch im Zentrum der therapeutischen Bemühungen. Man könnte zugespitzt sagen: Die wichtigsten »Therapeuten« für autistische Kinder sind deren Eltern.

Das 6. Kapitel behandelt die sogenannten Komorbiditäten. Damit ist gemeint, dass bei einem Kind zusätzlich zur Diagnose »Autismus-Spektrum-Störung« oft noch mindestens eine zweite Diagnose (= Komorbidität) hinzukommt. Kinder aus dem autistischen Spektrum leiden häufig unter Ängsten, Zwängen, Depressionen, Aufmerksamkeitsstörungen usw. Erst diese Folgestörungen, die aus dem Stress entstehen, dem die betroffenen Kinder täglich ausgesetzt sind, machen ja oft Therapien im engeren Sinne überhaupt erst notwendig. Und gleichzeitig sind es diese Folgestörungen, die die zugrundeliegende autistische Problematik verschleiern und eine richtige Diagnosestellung über längere Zeit erschweren können.

Wenn davon die Rede ist, dass autistische Kinder einem täglichen Stress ausgesetzt sind, dann ist die Hauptursache dieses Stresses meist die Schule bzw. unser Schulsystem. Dieses ist, und das kann man ihm ja nicht vorwerfen, auf das »normale«, durchschnittlich entwickelte Kind zugeschnitten. Das autistische Kind kommt mit dem vorherrschenden Schulsystem unweigerlich in Konflikt, und auf die vielfältigen Gründe dafür wird im 7. Kapitel eingegangen. Es werden aber auch hilfreiche Strategien und Lösungsmöglichkeiten aufgezeigt.

Um ein so komplexes Thema wie jenes des Autismus zu erläutern, ist die Verwendung von vielen Fachausdrücken unvermeidlich. Damit das vorliegende Buch dennoch möglichst leserfreundlich gestaltet ist, wurde die Erläuterung von Fachausdrücken im Anhang in einem »ABC des Autismus« zusammengefasst.

Ebenfalls im Anhang findet sich eine Liste von nützlichen Informationen zu Vereinen und Selbsthilfegruppen, Internet-Foren sowie weiterführende Literatur.

1 Wie entsteht Autismus?

In diesem Buch wird immer wieder folgende Feststellung auftauchen: Autismus ist keine Krankheit oder Behinderung, sondern eine Besonderheit bzw. ein Anderssein. Und dennoch werden im Zusammenhang mit dem Begriff Autismus auch Begrifflichkeiten wie »Störungsbild« oder »Störung« benutzt. Dies hat damit zu tun, dass die Besonderheit »Autismus« im Austausch mit der Gesellschaft und dem damit verbundenen Anpassungsdruck unweigerlich zu Stress bei den Betroffenen führt. Und dieser Stress führt unmittelbar zu unangemessenem Verhalten und längerfristig auch zu Zuständen mit Krankheitswert. Mit »Autistischer Störung« ist also sinngemäß der Folgezustand gemeint, der bei vielen Betroffenen – insbesondere solange sie unerkannt sind – zwangsläufig entsteht.

Aber worin besteht denn nun dieses autistische Anderssein und wie kommt es dazu? Die moderne wissenschaftliche Forschung, und insbesondere die moderne Hirnforschung mit ihren nichtinvasiven bildgebenden Verfahren, hat bereits viel zur Klärung dieser Fragen beitragen können. Vieles ist aber auch nach wie vor unklar.

Genetik

Zunächst einmal ist aufgrund zahlreicher Forschungsergebnisse heute weitgehend unbestritten, dass die Vererbung beim Auftreten von Autismus eine entscheidende Rolle spielt (90 %). Dies zeigen sowohl unzählige Kranken- und Familiengeschichten, die Zwillingsforschung, und zunehmend auch Erkenntnisse aus der Genforschung selbst. Ebenso klar ist jedoch, dass die Vererbung nicht einfachen und überschaubaren Gesetzmäßigkeiten folgt und dass sie nicht auf irgendein einzelnes Gen oder einen ganz bestimmten Chromosomen-Defekt reduziert werden könnte. Es sind sicher eine ganze Reihe von Genen beteiligt und: das Vorhandensein dieser Gene bzw. Gendefekte heißt noch lange nicht, dass die betreffende Person dann auch zwingend von Autismus betroffen ist. Der sogenannte Genotyp (= die Summe der in den Genen verankerten Erbanlagen) führt nicht automatisch zu einem bestimmten Phänotyp (= die Summe der körperlichen und geistigen Eigenschaften eines Menschen). Die entsprechenden genetischen Befunde betreffen immer nur Wahrscheinlichkeiten. Vereinfacht gesagt: je größer die erbliche Belastung, umso wahrscheinlicher ist das Auftreten von Autismus, ohne dass man im Einzelfall eine Vorhersage machen kann.

In den Anfängen der Autismus-Forschung war allerdings eine andere Sichtweise vorherrschend! Im Gegensatz zu Hans Asperger, der seine Hypothese der Vererbung des Autismus sehr klar formulierte, aber leider, wie ja bereits erwähnt, lange gar nicht zur Kenntnis genommen wurde, nahm die von Leo Kanner in den USA ausgehende Entwicklung eine ganz andere Richtung. Sie gipfelte in den 1960er Jahren in der Theorie z. B. eines Bruno Bettelheim, die psychoanalytisch geprägt war und die die Ursache des kindlichen Autismus bei der »gefühlskalten« Mutter suchte! Mit dieser »psychologischen« Sichtweise wurde in der Vergangenheit großer Schaden angerichtet. Nicht nur, weil den betroffenen Müttern damit ein großes Unrecht angetan wurde (was hilfreichen Interventionen ganz sicher nicht förderlich ist!), sondern auch, weil Autismus rein defizitorientiert betrachtet wurde.

Die »genetische« Sichtweise hingegen, auch wenn das auf den ersten Blick paradox erscheint, kommt unweigerlich zum Schluss, dass die Veranlagung zu Autismus auch mit positiven Eigenschaften verbunden sein muss. Hans Asperger hat deutlich darauf hingewiesen, dass viele seiner Patienten, die er als Kinder kennengelernt hatte, später erfolgreiche Berufsleute wurden.

Im Übrigen zeigen Ergebnisse aus der neueren Evolutionsforschung, dass es sogar bei Tieren wichtige individuelle Unterschiede in jeder Tierart gibt und dass diese Individuen unterschiedliche Persönlichkeiten aufweisen. Was aber noch bedeutsamer ist: Eine Population von Tieren, bei welcher die individuellen Unterschiede zwischen den Mitgliedern größer bzw. ausgeprägter sind, hat bessere Überlebenschancen! Bisher wurde in der Evolutionsforschung immer nur darauf geachtet, welche Eigenschaften eines Individuums seine eigenen Überlebens- und damit auch Fortpflanzungschancen verbessern. Wenn man nun aber davon ausgeht, dass große interindividuelle Unterschiede in einer Population von Vorteil sind, dann heißt das, dass Menschen mit außergewöhnlichen (das heißt vom Durchschnitt abweichenden) Eigenschaften und Persönlichkeiten für die Gesamtgesellschaft von Nutzen sind. Und deshalb, das wäre eine sehr logische Schlussfolgerung, wurden in der Entwicklung der Menschheit Individuen, die eine Veranlagung für Autismus in sich tragen, von der Evolution nicht ausgeschieden. Sie wurden, weil sie neben ihren Defiziten im emotionalen und sozialen Bereich auch über besondere Fähigkeiten verfügten (z. B. Werkzeugbau), als nützliche Mitglieder der Gemeinschaft erkannt und mitgetragen.

Schädigungen des Gehirns

Abgesehen von der Bedeutung der Vererbung gibt es aber auch viele Hinweise dafür, dass bei der Entstehung von Autismus eine gewisse vorbestehende Schädigung des Gehirns eine Rolle spielen kann. Diese Schädigung kann während der Schwangerschaft (Infektionskrankheiten der Mutter, Einfluss von Nikotin, Alkohol, Drogen und Medikamenten), bei der Geburt (Sauerstoffmangel) oder in der ganz frühen Kindheit erfolgt sein. Da Kinder mit Frühkindlichem Autismus öfter intellektuell beeinträchtigt sind als Kinder mit Asperger-Syndrom und auch öfter an zusätzlichen Zeichen von Hirnschädigung leiden (Epilepsie!), ist es sehr wahrscheinlich, dass der Faktor »leichte Hirnschädigung« bei der Entstehung des Frühkindlichen Autismus neben der Vererbung eine größere Rolle spielt als beim Asperger-Syndrom. Bei letzterem dürfte hingegen die Vererbung der überwiegende Faktor sein.

Oder anders formuliert: Den Faktor Vererbung haben alle Autismus-Spektrum-Störungen gemeinsam, aber je früher sich der Autismus in der kindlichen Entwicklung bemerkbar macht und je stärker beeinträchtigend er sich auf die Gesamtentwicklung des Kindes auswirkt, desto eher ist neben der erblichen Veranlagung noch die zusätzliche Mitwirkung einer leichten Schädigung des Gehirns anzunehmen. Das entsprechende Störungsbild wäre dann der Frühkindliche Autismus.

Hier wird bewusst der Ausdruck »leichte Schädigung des Gehirns« benutzt. Damit soll ausgedrückt werden, dass sich diese Schädigung nur in geringem Maß auf die körperliche Entwicklung auswirkt und mit neurologischen Untersuchungsmethoden auch nicht mit Sicherheit nachgewiesen werden kann. Wenn keine zusätzlichen Belastungsfaktoren vorhanden sind, dann kann eine solche leichte Schädigung auch völlig unbedeutend sein.

Wenn aber ein zusätzlicher Faktor wie die erbliche Veranlagung zu Autismus hinzukommt, dann kann dies große Bedeutung bekommen, nach dem Grundsatz: Das Ganze ist mehr als die Summe seiner Teile. Das heißt, jeder Belastungsfaktor allein hätte keine gravierenden Folgen für die kindliche Entwicklung, beide zusammen aber sehr wohl.

Besonderheiten der autistischen Wahrnehmung

Spätestens bei der genaueren Betrachtung der Besonderheiten in der autistischen Wahrnehmung ist nun allerdings eine wichtige Zwischenbemerkung notwendig. Autismus wird mittlerweile v. a. deshalb nicht einfach als eine Krankheit oder eine Behinderung betrachtet (was Autismus zwar *auch* sein *kann*, aber nicht sein *muss*), weil die autistische Wahrnehmung nicht nur mit Nachteilen, sondern auch mit Vorteilen verbunden ist!

Mit Besonderheiten der autistischen Wahrnehmung sind im Einzelnen folgende Aspekte gemeint:

- Einzelheiten bzw. Details werden bevorzugt wahrgenommen, dies auf Kosten der Erfassung des Gesamtzusammenhangs, in welchem diese Einzelheiten stehen.
- Der Benutzung eines einzigen Sinneskanals (z. B. Hören *oder* Sehen) wird der Vorzug gegeben im Gegensatz zum gleichzeitigen Benutzen zweier oder mehrerer Kanäle (Hören und Sehen gleichzeitig).
- Ein bestimmter Sinneskanal wird generell bevorzugt (meist der visuelle) und andere stark vernachlässigt (z. B. der taktile).

- Bestimmte Sinnesqualitäten können überempfindlich sein (z. B. auf Lärm) und andere vermindert empfindlich (z. B. auf Kälte oder Schmerz).
- Der Wechsel von einem bestimmten Sinneskanal zu einem anderen ist nur erschwert oder verzögert möglich.

Der offensichtliche Nachteil der detailorientierten, eher eindimensionalen Wahrnehmung liegt im Vernachlässigen oder gar nicht Erkennen des Gesamtzusammenhangs sowie im Mangel an geistiger Flexibilität. Es gibt aber auch klare Vorteile: für bestimmte spezialisierte Tätigkeiten kann es sehr hilfreich sein, sich nicht von anderen Sinneseindrücken ablenken zu lassen und deshalb entscheidende Details zu erkennen, die andere übersehen würden.

Besonderheiten des autistischen Denkens

In Analogie zur autistischen Wahrnehmung neigt das autistische Denken zu Eindimensionalität:

- Konzentrierung auf eines oder auf ganz wenige Interessengebiete,
- mangelnde Flexibilität durch Verhaftetsein auf einen einmal eingeschlagenen Lösungsweg oder auf eine ganz bestimmte Erwartung,
- starke Bevorzugung des logisch-rationalen Denkens gegenüber dem ganzheitlich-intuitiven Denken,
- starke Einengung auf die eigene egozentrische Sichtweise und Vernachlässigen der Sichtweise der anderen.

Das autistische Denken führt dann im Weiteren zu Problemen mit der Zentralen Kohärenz (▶Anhang), zu Problemen bei den exekutiven Funktionen (▶Anhang) und bei der »Theory-of-mind« (▶Anhang) bzw. Empathie (▶Anhang). Zur Wahrung der Übersichtlichkeit sollen diese Begriffe hier nur erwähnt und im Anhang genauer erläutert werden. Jedenfalls passen diese Konzepte auf der Ebene des autistischen Denkens sehr gut zu den realen Problemen im Leben autistischer Menschen: Sie haben Probleme, komplexe sprachliche Botschaften zu verstehen (schwache Zentrale Kohärenz), sie haben Probleme, den Alltag in den Griff zu bekommen und Handlungen zielstrebig durchzuführen (beeinträchtigte exekutive Funktionen) und sie haben Probleme im zwischenmenschlichen Kontakt und Austausch (mangelnde Empathie bzw. Schwierigkeiten mit Theory-of-mind).

Das autistische Denken ist aber auf der anderen Seite von Vorteil, wenn es zum Beispiel darum geht, wissenschaftliche Forschung zu betreiben oder irgendeine sehr spezialisierte Tätigkeit auszuüben.

»In der ganz überwiegenden Zahl der Fälle kommt es nämlich zu einer guten Berufsleistung und damit zu einer sozialen Einordnung, oft in hochgestellten Berufen, oft in so hervorragender Weise, dass man zu der Anschauung kommen muss, niemand als gerade diese autistischen Menschen seien gerade zu solchen Leistungen befähigt« (Asperger 1944).

Besonderheiten des autistischen Fühlens

In den vorangehenden Abschnitten wurde darauf hingewiesen, dass autistisches Denken neben Nachteilen auch Vorteile mit sich bringt. Von den Besonderheiten des autistischen Fühlens (Umgang mit Emotionen) kann dies weniger behauptet werden.

Menschen aus dem Autismus-Spektrum sind meist einseitig auf das Denken und speziell das logisch-formale Denken ausgerichtet. Sie haben grundsätzlich Mühe mit ihren Emotionen wie auch mit den Emotionen der anderen.

Wenn man vom ganz kleinen Kind ausgeht, dann kann man feststellen, dass dieses noch keine differenzierten Emotionen empfinden und ausdrücken kann, sondern eher basale Zustände wie »Wohlsein« und »Unwohlsein«. Stark von Autismus Betroffene bleiben quasi auf dieser Entwicklungsstufe stehen. Im Falle von »Unwohlsein« bzw. bei negativen Emotionen können sie nicht unterscheiden, ob sie nun Wut, Enttäuschung, Trauer oder eine andere negative Emotion empfinden. Entsprechend können sie diese Emotionen auch nicht differenziert ausdrücken oder mitteilen.

Weniger stark Betroffene entwickeln zwar zumindest eine Differenzierung der basalen Emotionen wie Trauer, Freude, Wut, Überraschung usw. Dennoch haben sie große Mühe, wenn es darum geht, diese Emotionen bei sich selbst zu erkennen, sie angemessen auszudrücken oder gar anderen differenziert mitzuteilen.

Allerdings ist es sehr wichtig zu betonen, dass die beschriebenen Probleme im Bereich des autistischen Wahrnehmens, Denkens und auch des Fühlens nicht in Stein gemeißelt sind. Betroffene können in allen diesen Gebieten *lernen*. Sie können lernen, nicht zu sehr Details verhaftet zu bleiben, auch die Sichtweisen anderer zu berücksichtigen oder ihre Gefühle differenzierter wahrzunehmen und auszudrücken, um nur ein paar Beispiele zu nennen. Aber dieses Lernen geschieht nicht, wie bei den meisten Menschen, *automatisch*. Autistische Menschen brauchen für dieses Lernen Unterstützung und Anleitung, so wie andere dies für das Lesen- und Rechnenlernen benötigen. In der Zwischenzeit sind dazu auch schon viele entsprechende Therapie-Konzepte entwickelt worden, auf welche im Kapitel 5 näher eingegangen wird.

Die Arbeit an den emotionalen Kompetenzen autistischer Menschen ist allerdings nicht nur für den Umgang mit Emotionen wie Trauer und Wut von großer Bedeutung. In neuerer Zeit wird von Seiten der Hirnforschung immer mehr darauf hingewiesen, dass für ein sinnvolles Denken und Handeln Emotionen sehr wichtig sind. Das betrifft z.B. insbesondere solche Bereiche wie »Entscheidungen treffen« oder »Ziele setzen und verfolgen«. Für diese kognitiven Leistungen ist das Mitwirken emotionaler Prozesse von großer Bedeutung. Kurz gesagt: Das Treffen von Entscheidungen ist meist das Resultat eines emotional-intuitiven Prozesses und nicht ein rational-bewusster Vorgang! Insofern erstaunt es natürlich nicht, dass Menschen aus dem Autismus-Spektrum sich mit dem Treffen von Entscheidungen oft sehr schwer tun.

Die Bedeutung des Stress-Niveaus

Wenn Menschen aus dem Autismus-Spektrum mit Aussagen charakterisiert werden wie: »Sie können sich nicht in andere Menschen einfühlen«, »ihr Denken ist sehr detailorientiert und unflexibel« usw., so muss immer wieder auf drei Dinge hingewiesen werden:

Erstens: Es ist nicht so, dass diese Menschen all diese Dinge schlichtweg überhaupt nicht können, sondern diese sozialen und kommunikativen Fähigkeiten sind in Bezug auf ihr sonstiges intellektuelles Niveau *reduziert*, d.h. sie können gewisse Dinge einfach schlechter, als es ihr sonstiges geistiges Niveau erwarten lassen würde.

Zweitens: Viele Fähigkeiten, die in den Bereich der Kommunikation und des Sozialverhaltens fallen, die also eine gute Zentrale Kohärenz erfordern, sind bei Menschen aus dem Autismus-Spektrum zwar vorhanden, aber sie brauchen zur Durchführung dazu mehr Zeit. Ein Beispiel dazu ist das Erkennen von Emotionen: In einem psychologischen Test, der in Ruhe in einem Untersuchungszimmer durchgeführt wird und wo man für die Bewertung von Emotionen genügend Zeit hat (und seien es auch nur ein paar Sekunden!), können diesbezügliche Aufgaben von Betroffenen gut gelöst werden. Etwas ganz anderes ist dann aber der Alltag, wo solche »Aufgaben« intuitiv, also innert Sekundenbruchteilen gelöst werden müssen – wo man also fähig sein muss, spontan und rasch auf sein Gegenüber zu reagieren.

Und drittens: Das Funktionsniveau eines Menschen mit Autismus ist, in jeder Hinsicht, sehr stressabhängig, und zwar in einem viel ausgeprägteren Maße als bei neurotypischen (▶ Anhang) Menschen. Unter starkem Stress funktioniert sprichwörtlich gar nichts mehr und das Resultat ist Ausrasten, Ausflippen, Erstarren, Davonlaufen usw. Und schon unter mildem Stress können anspruchsvolle Aufgaben nicht mehr oder nur unter großer Anstrengung erfüllt werden.

Daraus folgt, dass der Umgang mit Stress, das Bewältigen von Stress, in der Therapie und Beratung von Betroffenen einen großen Stellenwert einnehmen sollte. Es gibt dazu verschiedene Techniken und Möglichkeiten, die im ▶ Kap. 5 genauer beschrieben werden.

Umgebungseinflüsse

Die erbliche Veranlagung sowie die beeinträchtigte Funktionsfähigkeit des Gehirns sind für die Entstehung autistischer Störungen zweifellos die wichtigsten Grundlagen. Aber dies bedeutet natürlich keineswegs, dass nicht auch andere Faktoren von Bedeutung sind, die die Umgebung des heranwachsenden Kindes betreffen.

Die Entwicklung der Beziehungen zwischen dem Kind und seinen wichtigsten Bezugspersonen (Eltern, Geschwister, Großeltern usw.) ist in jedem Fall, ob es sich nun um ein neurotypisches Kind oder ein Kind aus dem Autismus-Spektrum handelt, von großer Tragweite. Eltern, die zu ihrem Kind eine liebevolle Beziehung entwickeln können – gerade auch dann, wenn das Kind von der normalen Entwicklung und dem normalen Verhalten abweicht –, haben einen günstigen Einfluss. Eltern, denen das nicht oder nur teilweise gelingt, haben einen entsprechend weniger günstigen Einfluss. Man kann sich ja gut vorstellen, dass sich ein oder beide Elternteile von einem »schwierigen« Kind enttäuscht abwenden, von einem Kind, das ihre Bemühungen um Kontakt und Zuwendung mehr oder weniger ignoriert oder gar ablehnt. In letzterem Fall wird ein Kind mit Frühkindlichem Autismus eine wesentlich »autistischere« Entwicklung machen, als im Falle von sehr geduldigen und weiterhin positiv bemühten Eltern.

Gerade weil die Entwicklung der Eltern-Kind-Beziehung von so großer Bedeutung ist, wurden eine ganze Reihe von Therapien und Förderkonzepten entwickelt, die einerseits zum Ziel haben, das autistische Kind aus seiner Reserve und seinen begrenzten Interessen und Aktivitäten zu »locken«. Diese Konzepte zielen aber anderseits genauso darauf ab, die Beziehungen zwischen Eltern und Kind zu entwickeln und zu verbessern, denn Beziehungen gedeihen ja in erster Linie auf der Basis gemeinsamer spielerischer Aktivitäten und Interaktionen. Als Beispiele für solche Konzepte seien hier erwähnt: ABA, Angewandte Verhaltensanalyse; MIFNE, familienorientierter Ansatz; DIR/Floortime Modell; TEACCH. Diese Aufzählung ist bei Weitem nicht vollständig. Alle diese Methoden haben aber gemeinsam, dass unter starkem Einbezug der Eltern und mit viel zeitlichem Aufwand daran gearbeitet wird, den Austausch und Kontakt des autistischen Kindes mit seiner Umwelt zu fördern. Eltern, deren Kind von Frühkindlichem Autismus betroffen ist, sollten für sich selbst herausfinden, welche der angebotenen Methoden für sie selbst am besten geeignet ist. Was für die eine Familie sehr erfolgreich ist, funktioniert bei einer anderen Familie möglicherweise überhaupt nicht. Mittlerweile gibt es in jedem Land Elternvereine, wo man sich gut über die verschiedenen Angebote informieren kann (▶ Anhang).

Es ist wichtig, darauf hinzuweisen, dass bei Kindern mit Asperger-Syndrom und anderen eher leichteren Formen von Autismus die oben erwähnten zeit- und kostenintensiven Maßnahmen nicht notwendig sind. Für diese Kinder gibt es eine Reihe von anderen Angeboten, welche im ▶ Kap. 5 genauer dargestellt werden.

Gesellschaftliche Veränderungen

In den letzten ca. 30 Jahren, also in jenem Zeitraum, wo sich auch das Autismus-Konzept ganz grundlegend verändert hat, haben in der Gesellschaft eine ganze Reihe von wichtigen Veränderungen stattgefunden. Ich bin nun der festen Überzeugung und möchte in diesem Buch auch ein paar Argumente dafür liefern, dass diese gesamtgesellschaftlichen Veränderungen »nebenbei« auch das Erscheinungsbild des Autismus verändert haben.

Dies zu beachten ist deshalb wichtig, weil auch heute noch viele Fachleute Gefahr laufen, den Begriff Autismus zu eng zu fassen. Dies hat zur Folge, dass viele weniger stark Betroffene nicht oder erst sehr spät erkannt werden. »Weniger stark betroffen« heißt aber keinesfalls, dass diese Menschen nur wenige Probleme im Leben haben!

Ich möchte im Folgenden jene Bereiche aufzählen, die meines Erachtens in diesem Zusammenhang von Bedeutung sind.

- *Erziehungsstil:* Grundsätzlich ist der Erziehungsstil im erwähnten Zeitraum gewährender geworden und auf die Wünsche und Eigenheiten von Kindern wird mehr eingegangen. Für die Entwicklung eines autistischen Kindes und für die Entwicklung der entsprechenden Eltern-Kind-Beziehung ist dies zunächst ein günstiger Faktor. Später kommt aber das Kind unweigerlich in Schwierigkeiten, wenn es die beschützende Atmosphäre der Familie verlässt bzw. verlassen muss (Kindergarten, Schule).
- *Therapieangebote:* Angebote wie heilpädagogische Früherziehung, Psychomotorik, Ergotherapie, Logopädie, Psychotherapie usw. gab es zwar auch schon vor 30 Jahren, sie wurden aber wesentlich seltener aufgesucht bzw. angewandt als heute. Man kann wohl schon von einer fast flächendeckenden Versorgung reden, mittlerweile neben den Städten auch in ländlichen Gebieten. Viele Kinder, die zum Autismus-Spektrum gehören und (noch) nicht als solche erkannt wurden, erhalten wegen einer bestimmten Symptomatik eine der oben erwähnten Therapien. Dies führt zu einer positiveren Entwicklung und »nebenbei« auch zu einer Verbesserung der Beziehungsfähigkeit. Die autistische Symptomatik wird zumindest reduziert.
- *Schule:* In der Schule haben sich tendenziell ähnliche Veränderungen abgespielt wie in der Familie: Gehorsam und Disziplin werden weniger großgeschrieben und Eigenverantwortung und Individualität haben mehr Platz. Für Kinder aus dem Autismus-Spektrum ist das am Anfang der Schulzeit eher von Vorteil, vorausgesetzt, die Lehrkraft ist ihnen wohlwollend gesinnt. Mit der Zeit stellt diese zunehmende Eigenverantwortung aber immer mehr eine Überforderung dar.
- *Elektronische Medien und Unterhaltungselektronik:* Am Beispiel meiner eigenen Kinder, die nun erwachsen sind und in die Altersgruppe der 35- bis 40-Jährigen gehören, kann ich mich sehr gut an die Zeit erinnern, wo Computerspiele, Handy und Internet noch nicht die Kindheit erobert hatten. Diese Angebote waren zwar schon in Ansätzen verbreitet, wurden aber selbstverständlich als der Erwachsenenwelt zugehörig betrachtet. In diesem Bereich hat sich im hier beschriebenen Zeitraum eine Entwicklung abgespielt, die ohne Übertreibung als *Revolution*

bezeichnet werden kann, mit gewaltigen Auswirkungen auf *alle* Kinder. Kinder aus dem Autismus-Spektrum, welche definitionsgemäß enge und stereotype Interessen und Aktivitäten aufweisen, haben in Form der modernen Unterhaltungselektronik ein enorm attraktives neues Angebot erhalten. Ich möchte hier die Hypothese aufstellen, dass dies der Grund dafür ist, dass Kinder mit Asperger-Syndrom nur noch relativ selten diese klassischen ungewöhnlichen Interessengebiete (z.B. für WC-Spülungen) entfalten. Ihr Spezialinteresse ist nun oft die Welt der Computerspiele und des Internets, und auch wenn sie sich darin mit ungewöhnlicher Intensität bewegen, so fällt dies kaum als »merkwürdig« auf.

Eine meiner wichtigen Botschaften in diesem Buch lautet: Die oben beschriebenen gesellschaftlichen Veränderungen haben sich auf die Erscheinungsformen von Autismus in nicht unerheblichem Maß ausgewirkt. Kinder mit Frühkindlichem Autismus entwickeln aufgrund der günstigeren Rahmenbedingungen eher eine atypische Form von Autismus. Und Kinder mit Asperger-Syndrom zeigen ihrerseits nicht immer die ganze Palette von Symptomen, die über einen langen Zeitraum als unabdingbar für die Diagnosestellung galten.

Oder anders gesagt: Autismus ist auf der Grundlage der beschriebenen gesellschaftlichen Veränderungen vielfältiger, farbiger geworden. Begriffe wie »Atypischer Autismus«, »Grenzfall von Autismus« oder »Nicht näher bezeichnete Tiefgreifende Entwicklungsstörung« verlieren ihren ursprünglichen Sinn. Es ist unbedingt notwendig, neue Begriffe zu formulieren. Dies zeigt sich gerade auch daran, dass bei einer Gesamthäufigkeit von Autismus-Spektrum-Störungen von 1% die oben erwähnten atypischen bzw. unvollständigen Formen die Mehrzahl der Diagnosen ausmachen.

So gesehen ist nicht der Autismus im Einzelfall atypisch, sondern es sind die Diagnose-Kriterien, die »atypisch« bzw. unzeitgemäß sind. Dies ist deshalb so wichtig zu betonen, weil darin der Grund liegt, dass viele Autismus-Diagnosen immer noch viel zu spät gestellt werden und so wertvolle Zeit für geeignete Maßnahmen verloren geht.

2 Autismus-Spektrum und Entwicklungsstörungen

Der Begriff des Autismus-Spektrums ist – zumindest im deutschsprachigen Raum – noch recht neu und überschneidet sich begrifflich stark mit dem Konzept der verschiedenen Tiefgreifenden Entwicklungsstörungen. Zum Autismus-Spektrum gehören Diagnosen wie: Frühkindlicher Autismus, Asperger-Syndrom und Atypischer Autismus.

Die Entwicklungsstörungen werden unterteilt in umschriebene und tiefgreifende. Zu ersteren gehören Diagnosen wie ADHS, Sprachentwicklungsstörungen und Störungen der Motorik. Zu den Tiefgreifenden Entwicklungsstörungen gehören zunächst wiederum die Diagnosen Frühkindlicher Autismus, Asperger-Syndrom sowie in unklaren Fällen die »Nicht näher bezeichneten Tiefgreifenden Entwicklungsstörungen«, abgekürzt TES-NNB.

Um in diesem Wirrwarr von Diagnosen und Begriffen einen Überblick zu schaffen, habe ich, im Einklang mit meiner langjährigen klinischen Erfahrung, ein farbiges Modell entworfen, welches die Begriffe, von denen hier die Rede ist, anschaulich erklärt. Ich habe die Erfahrung gemacht, dass das Modell nicht nur von Eltern und erwachsenen Betroffenen, sondern auch von Jugendlichen gut verstanden wird.

Ein Farbschema als Orientierungshilfe

Im Folgenden werden mit einem Farbschema die verschiedenen Entwicklungsstörungen bzw. Autismus-Spektrum-Störungen in einen Zusammenhang gestellt und ihre Beziehungen untereinander wie auch gegenüber der Normalbevölkerung verständlicher gemacht.

Ausgangspunkt ist die Gauss'sche Glockenkurve (▶ Anhang), die die sogenannte Normalverteilung, also das Vorkommen von körperlichen oder mentalen Eigenschaften in der Bevölkerung darstellt. Ein erstes Merkmal, das hier Eingang finden soll, ist der Lern- und Denkstil, der in die beiden Pole »kreativ« und »nachahmend« aufgeteilt wird:

Auf der horizontalen Achse ist das Kontinuum von links (kreativ) nach rechts (nachahmend) dargestellt. Das Wahrnehmen und Lernen kann eher durch kreative eigene Schöpfungen oder durch Nachahmen charakterisiert sein. Der bogenförmige Verlauf der Kurve zeigt nun die sogenannte Normalverteilung auf: Extrem kreativ denkende Menschen sind ganz links angesiedelt. Die Kurve ist hier sehr flach, d. h. nur ein kleiner Prozentsatz der Bevölkerung weist dieses Merkmal in extremer Ausprägung auf. Das Gleiche gilt für das Extrem auf der anderen Seite (nachahmend). In der Mitte ist die Kurve am höchsten, d. h. hier sind die durchschnittlich denkenden Menschen zu verorten, und sie sind am häufigsten. In der Mitte sind also die »Normalen« (häufig) und am Rand die »Exzentrischen« (selten).

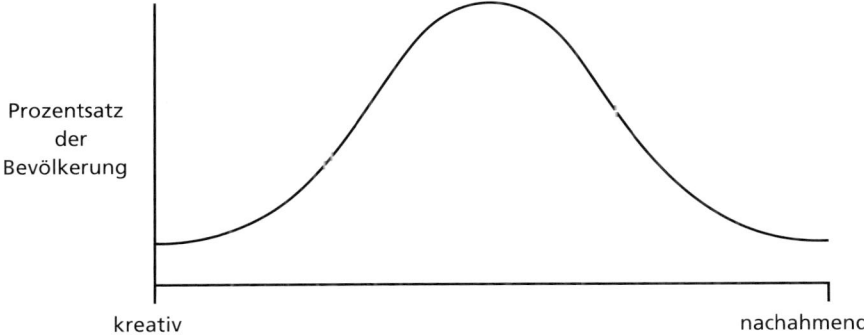

Die Einteilung der Menschen nach einem einzigen Merkmal wäre aber nicht sehr aussagekräftig, deshalb wird ein zweites hinzugezogen:

Auf der horizontalen Achse ist diesmal das Kontinuum von links (einseitig) nach rechts (vielseitig) dargestellt. Das Denken und die Interessen eines Menschen können eher einseitig oder vielseitig orientiert sein. Die Verteilung in der Bevölkerung ist die Gleiche wie beim Merkmalspaar »kreativ-nachahmend«.

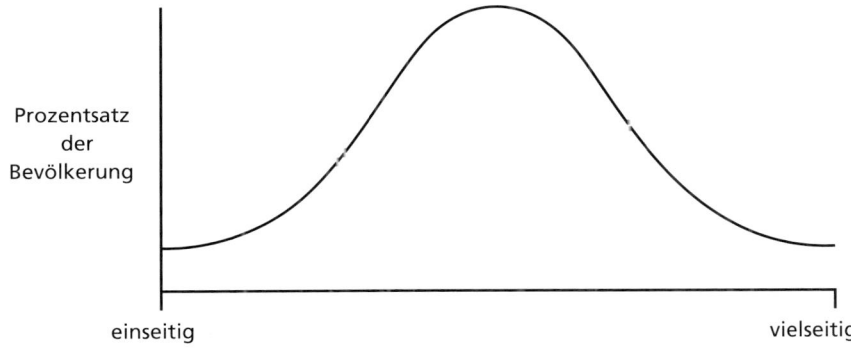

In einem nächsten Schritt werden nun die beiden dargestellten Merkmalspaare in eine einzige Grafik integriert, und dies geschieht folgendermaßen: Das zweite Merkmalspaar (einseitig/vielseitig) wird zunächst um 90 Grad gedreht.

Auf der vertikalen Achse ist nun das Kontinuum von unten (einseitig) nach oben (vielseitig) dargestellt.

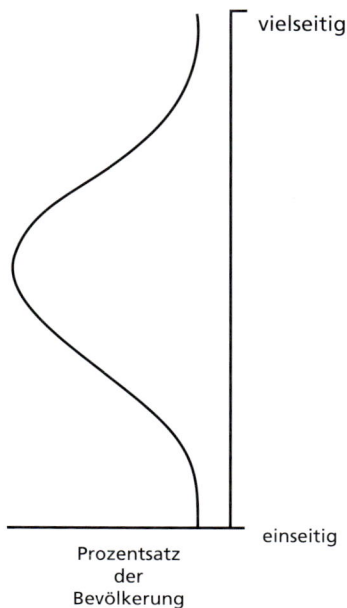

In einem weiteren Schritt entsteht nun durch Zusammenfügen der beiden Merkmalspaare in einer einzigen Grafik eine dreidimensionale Figur. Aus Gründen, die weiter unten näher erläutert werden, ist diese Figur in 4 Quadranten unterteilt und mit 4 verschiedenen Farben versehen (▶ Abb. 1).

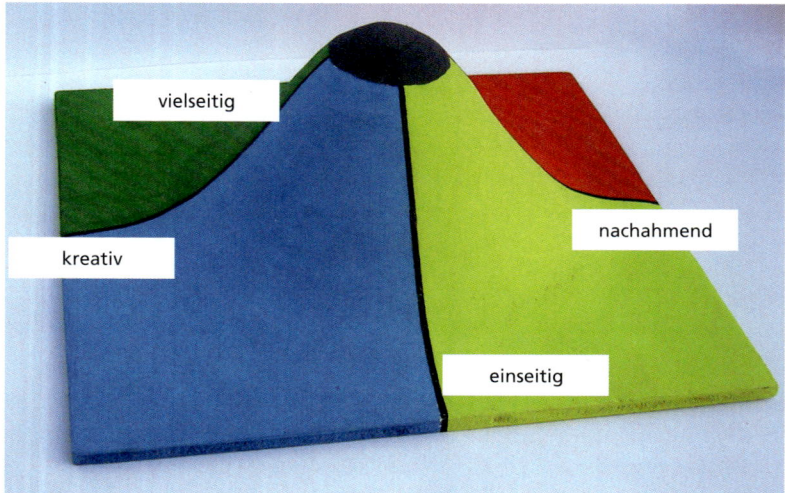

Abb. 1: Das Farbmodell der Entwicklungsstörungen in dreidimensionaler Form.

Diese Kombination von zwei Gauss'schen Glockenkurven zu einem dreidimensionalen Gebilde könnte man Gauss'sche Glocke nennen. Auf der x-Achse liegt das Merkmalspaar kreativ-nachahmend, auf der y-Achse das Paar einseitig–vielseitig, und die z-Achse (Höhe der Glocke) gibt die Häufigkeit in der Bevölkerung wieder.

In der Mitte, die übrigens dunkelgrau gefärbt ist, befinden sich die normalen Menschen (»graue Mäuse« = die große Mehrheit), welche in keiner Weise extrem sind und in Bezug auf beide Merkmalspaare ausgewogen in der Mitte liegen. Diese Menschen sind ausgeglichen, ohne besondere Fähigkeiten, aber auch ohne besondere Probleme.

Die verschiedenen Farbquadranten stellen die Grundlage dar, um die oben beschriebenen Entwicklungsstörungen einzuteilen und in einen Bezug zur Normalbevölkerung zu setzen.

Die Figur kann nun folgendermaßen gelesen werden: Die Menschen werden in Bezug auf die beiden Merkmalspaare beurteilt und erhalten entsprechend einen bestimmten Platz im Farbschema: Je weiter entfernt ein Individuum sich vom Zentrum befindet, umso ausgeprägter unterscheidet es sich vom Durchschnitt, d. h. es weist sowohl besondere Fähigkeiten wie auch besondere Defizite auf.

In einem nächsten Schritt wird nun das entstandene dreidimensionale Farbschema mit dem Konzept der Entwicklungsstörungen in Zusammenhang gebracht. Dies ist so zu verstehen, dass Menschen, die weit vom Zentrum entfernt liegen, so »extrem« denken, dass sie dadurch Probleme bekommen. Sie haben einerseits gewisse Defizite oder Schwächen, anderseits aber auch gewisse Stärken. Jedem der 4 Farbquadranten kann nun ein bestimmter Bereich der Entwicklungsstörungen zugeordnet werden (▶ Abb. 2). Es muss aber, um Missverständnissen vorzubeugen, betont werden, dass die meisten Menschen, die einem bestimmten farbigen Quadranten zugeordnet werden können, *keine* Störung aufweisen. Erst wenn die Entfernung vom Zentrum ein bestimmtes Maß erreicht hat, sind die Defizite so ausgeprägt, dass von einer Störung – einer Entwicklungsstörung – gesprochen werden kann. Die Zuordnung sieht nun folgendermaßen aus:

- Unten rechts (Farbe Gelb), wo die Merkmale »nachahmend« und »einseitig« kumulieren, überwiegen die Defizite die Fähigkeiten, allerdings sind eventuell bestimmte Fähigkeiten auf speziellen Gebieten sehr ausgeprägt. Dieser Bereich entspricht der stärksten Form der Tiefgreifenden Entwicklungsstörung, dem Klassischen oder Frühkindlichen Autismus.
- Oben links (Farbe Grün), wo die Merkmale »kreativ« und »vielseitig« kumulieren, überwiegen die Fähigkeiten die Defizite. Die Defizite liegen in umschriebenen Gebieten und entsprechen einzelnen Umschriebenen Entwicklungsstörungen. Leichtere Fälle von ADHS gehören auch in diese Kategorie.

Die Achse von rechts unten nach links oben entspricht also dem Kontinuum von Tiefgreifenden zu Umschriebenen Entwicklungsstörungen.

- Unten links (Farbe Blau), beim Merkmalspaar kreativ–einseitig, liegt das Asperger-Syndrom (AS). Die Defizite sind weniger ausgeprägt als im gelben Bereich,

das Asperger-Syndrom wird als weniger »tiefe« Entwicklungsstörung betrachtet als der Klassische oder Frühkindliche Autismus.
- Oben rechts (Farbe Rot), beim Merkmalspaar nachahmend–vielseitig, liegen die »Nicht näher bezeichneten Tiefgreifenden Entwicklungsstörungen« (TES-NNB). Auch dieser Bereich weist weniger starke Defizite auf als der gelbe und wird ebenfalls als »mitteltiefe« Entwicklungsstörung betrachtet. In diese Kategorie gehören auch das Psychoorganische Syndrom (POS) sowie schwere Formen von ADHS.

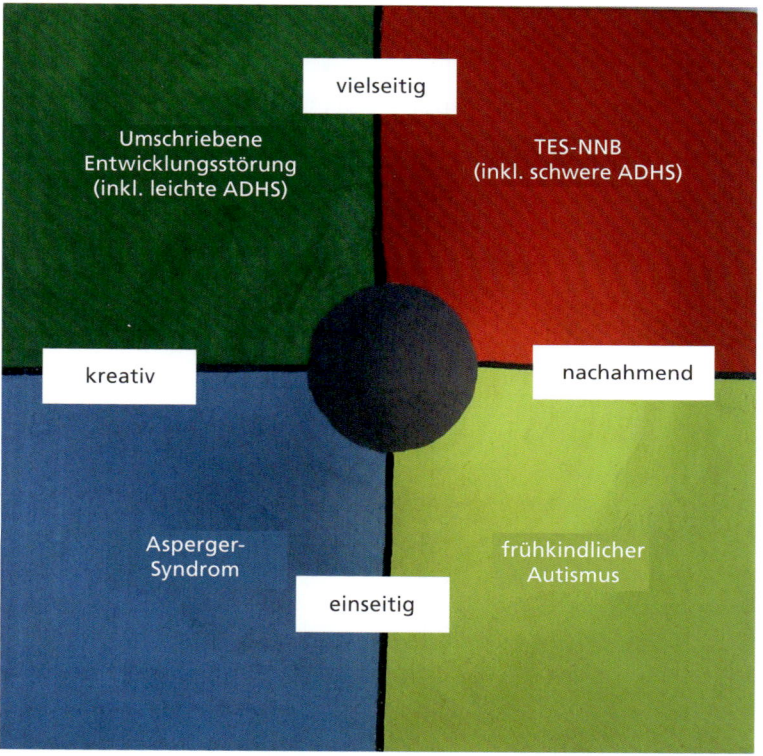

Abb. 2: Das Farbmodell der Entwicklungsstörungen mit kategorialer Gliederung.

Zwischen allen Kategorien bzw. Farben bestehen dimensionale Übergänge: zwischen Umschriebenen und Tiefgreifenden Entwicklungsstörungen, zwischen Asperger-Syndrom und Klassischem Autismus, zwischen Asperger-Syndrom und ADHS usw. Dem aufmerksamen Betrachter wird auffallen, dass das Modell in einem Aspekt an Grenzen stößt: Auch zwischen den Farben Blau und Rot bzw. Grün und Gelb werden fließende Übergänge angenommen, diese können aber aus geometrischen Gründen nicht konkret dargestellt werden. Das liegt in der Natur der Sache: Jedes Modell stellt eine Vereinfachung dar und ist deshalb anschaulich, hat aber auch seine Grenzen. Dies betrifft insbesondere auch die Prävalenz (Häufigkeit) der verschiedenen Kategorien: »Grün« ist um ein Vielfaches häufiger als »Gelb«, im Modell sind jedoch beide Bereiche gleich groß.

Auch zwischen Normalität und Entwicklungsstörung besteht ein dimensionaler Übergang, dargestellt durch die Entfernung vom Zentrum.

Entwicklungsstörungen – ein fließender Übergang

Das Schema bedeutet also, dass sich die sogenannten normalen Menschen in der Mitte befinden. Je weiter jemand von der Mitte abweicht, umso »exzentrischer« ist er/sie. Das ist mit Vor- und Nachteilen verbunden, mit Stärken und mit Schwächen. Je exzentrischer jemand ist, umso ausgeprägter sind diese Stärken und Schwächen, und wenn jemand weit genug vom Zentrum entfernt ist, dann spricht man von einer Entwicklungsstörung. Entscheidend ist allerdings die Feststellung, dass der Übergang vom Normalen zum Menschen mit einer Entwicklungsstörung fließend ist. Und: Die Normalen sind zahlenmäßig viel häufiger als die Exzentrischen. Dies kommt zum Vorschein, wenn das Schema dreidimensional (▶ Abb. 3) dargestellt wird.

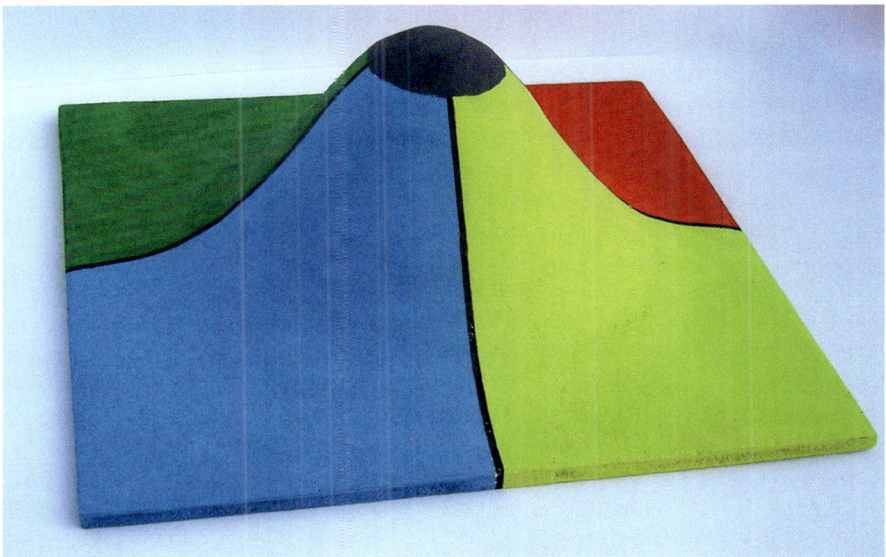

Abb. 3: In der Mitte ist die Figur am höchsten, d.h. hier befinden sich am meisten Individuen (Normalbevölkerung). Gegen den Rand flacht die Glocke stark ab, d.h. je weiter weg von der Mitte sich jemand befindet, desto »exzentrischer«/einzigartiger und eben auch »seltener« ist er/sie.

Das Konzept der Entwicklungsstörungen

Da in den internationalen Diagnose-Systemen ICD-10 und DSM-IV (▶ Anhang) anstelle des Begriffs »Autismus-Spektrum-Störungen« der Begriff »Tiefgreifende Entwicklungsstörungen« lange Zeit gebräuchlich war, möchte ich im Folgenden zunächst von diesem Begriff ausgehen und diesen zu einer Synopsis aller Entwicklungsstörungen erweitern.

Umschriebene Entwicklungsstörungen

Wenn eine von früher Kindheit an bestehende Entwicklungsstörung einen ganz bestimmten Bereich – und nur diesen – betrifft, so spricht man von einer Umschriebenen Entwicklungsstörung. Gemäß den oben erwähnten international gebräuchlichen Diagnosesystemen kann dies folgende Bereiche betreffen:

1. Die Sprache: Entsprechende umschriebene Diagnosen lauten z. B.: Artikulationsstörungen (Lispeln usw.), Störungen des Redeflusses (Stottern), expressive Sprachstörungen, rezeptive Sprachstörungen usw.
2. Die Motorik: Beeinträchtigung der Grobmotorik, der Feinmotorik, der motorischen Koordination usw.
3. Schulische Fertigkeiten: Lese- und Rechtschreibeschwäche, Dyskalkulie, Lernstörungen im weiteren Sinne.

Bei diesen Umschriebenen Entwicklungsstörungen genügen oft therapeutische Maßnahmen, die direkt auf die Verbesserung des betreffenden Bereiches abzielen: Logopädie, Psychomotorik, Ergotherapie, Physiotherapie, heilpädagogische Förderung usw. Im Übersichtsschema wird dieser Bereich grün dargestellt.

An dieser Stelle soll auch noch eine weitere Umschriebene Entwicklungsstörung erwähnt werden: die Störung von Konzentration und Aufmerksamkeit! Die entsprechende Diagnose ist mittlerweile sehr verbreitet und lautet »Aufmerksamkeits-Defizit-Hyperaktivitäts-Störung« (ADHS). In den üblichen Diagnosekatalogen wird dieser Begriff zwar nicht im Kapitel Entwicklungsstörungen aufgeführt, aber führende Fachleute wie z. B. Manfred Döpfner in Deutschland bezeichnen ADHS als Umschriebene Entwicklungsstörung, was ich sehr sinnvoll finde. Entsprechend soll im von mir entwickelten Farbschema ADHS im grünen Bereich untergebracht werden. Dies ist auch insofern stimmig, als zwischen ADHS und den anderen drei Bereichen von Umschriebenen Entwicklungsstörungen viele Überschneidungen vorkommen.

Tiefgreifende Entwicklungsstörungen

Tiefgreifende Entwicklungsstörungen betreffen im Gegensatz zu den Umschriebenen Entwicklungsstörungen mehrere Bereiche des Wahrnehmens, Verhaltens und der Emotionen und haben »tiefgreifendere« Folgen auf die Entwicklung des Kindes.

Folgende Bereiche sind je nach Störung und je nach Ausprägung mehr oder weniger betroffen:

Sprache und Kommunikation:

- Schwierigkeiten, die Sprache auch in ihren nonverbalen Anteilen (Mimik, Gestik, Tonfall) zu verstehen und auszudrücken, was zu vielen Missverständnissen führen kann.
- Tendenz, Gesagtes zu wörtlich zu nehmen und auf einzelnen Wörtern herumzureiten.
- Kommunikation findet in der Regel sehr einseitig statt: Die betreffenden Kinder reden mehr oder weniger viel, hören aber nur ganz schlecht zu und nehmen vieles, was ihnen gesagt wird, gar nicht auf.
- Im Falle des Frühkindlichen Autismus ist die sprachliche Entwicklung mehr oder weniger stark verzögert, in einzelnen Fällen bleibt die Benutzung von Sprache sogar weitgehend aus.

Wahrnehmung und Denken:

- Die Wahrnehmung ist generell zu sehr auf Details fixiert und es fehlt oft der Überblick über das Ganze. Auch dies führt zu vielen Missverständnissen und insbesondere zu Unverständnis gegenüber komplexen Situationen und Themen.
- Die Betroffenen neigen stark zu Schwarz-Weiß-Denken, es gibt für sie nur richtig oder falsch, alles oder nichts. Sie haben Mühe, mit »Grautönen« und Kompromissen umzugehen, sowie mit Umstellungen und Eingehen auf Neues.

Soziale Interaktion:

- Die Betroffenen haben große Mühe, sich in andere hineinzuversetzen (mangelnde Empathie) und/oder zu verstehen, dass es verschiedene Meinungen gibt, die einander gleichberechtigt gegenüberstehen (Theory of Mind ▶ Anhang).
- Es fehlt dementsprechend in der Interaktion mit anderen an der notwendigen Gegenseitigkeit. Die betroffenen Kinder wollen andere nicht zum Zug kommen lassen und dominieren das gemeinsame Spiel zu sehr. Beziehungen werden zwar eingegangen, gehen aber aus verständlichen Gründen oft wieder auseinander.
- Die betroffenen Kinder tendieren deshalb dazu, sich entweder mit jüngeren oder mit älteren Kindern (v.a. auch mit Erwachsenen) zu beschäftigen. Besonders schwierig ist der Kontakt zu Gleichaltrigen.
- Im Schulbereich werden diese Kinder wegen ihrer sozialen Unbeholfenheit oft zu Opfern von Hänseleien und Mobbing.

Steuerung von Emotionen:

- Kinder mit Tiefgreifenden Entwicklungsstörungen können schlecht ihre Emotionen steuern, sie neigen bei Wut zu überschießenden Aggressionen, die ihnen im Nachhinein leidtun.

- Aber auch die Wahrnehmung von Emotionen ist beeinträchtigt, sowohl bei anderen wie bei sich selbst.

Einseitige und intensive Interessen:

- Häufig haben diese Kinder eines oder mehrere Interessengebiete, welche sie mit ungewöhnlicher Intensität verfolgen und daneben anderes, v. a. auch die Schule, vernachlässigen.
- Typische Beispiele, je nach Geschlecht und Alter, sind: Computerspiele, Lesen, Konstruktionsspiele, Barbies, Autos, Dinosaurier usw. Oft werden die bevorzugten Spielsachen (Autos, Stofftiere, Puppen, Lego-Produkte usw.) mehr gesammelt und gehortet, als dass wirklich mit ihnen phantasievoll gespielt wird.

Schwierigkeiten mit alltäglichen altersgemäßen Verantwortungen:

- Hausaufgaben selbständig erledigen,
- An- und Ausziehen, sich für eine neue Situation bereit machen im Allgemeinen,
- Zähneputzen und Körperhygiene allgemein.

Es können aber auch besondere Begabungen und Fähigkeiten in Teilbereichen vorhanden sein:

- mathematisch, sprachlich, musikalisch,
- logisches/analytisches Denken,
- besondere Gedächtnisleistungen, sehr konzentriertes Arbeiten,
- besonderes Geschick im Umgang mit Tieren.

Die Tiefgreifenden Entwicklungsstörungen im Einzelnen

Aus historischen, wissenschaftlichen und auch praktischen Gründen werden die Tiefgreifenden Entwicklungsstörungen in verschiedene Diagnosen unterteilt. Nach neuesten Erkenntnissen weisen alle diese Störungen zusammen genommen eine Häufigkeit von ca. 1% auf, was wesentlich häufiger ist als bisher angenommen.

a) Frühkindlicher Autismus oder Kanner-Syndrom
Diese Störung wurde in den 40er Jahren des letzten Jahrhunderts vom Kinder- und Jugendpsychiater Leo Kanner erstmals beschrieben und als Autismus bezeichnet. Kinder mit dieser Störung sind sprachlich beeinträchtigt, ziehen sich sozial eher zurück und werden auch von Laien in ihrer Besonderheit in der Regel rasch erkannt. Diese Störung ist durch den Film »Rain Man« erstmals einem großen Publikum bekannt gemacht worden. Im Übersichtsschema wird dieser Bereich gelb dargestellt. Der Frühkindliche Autismus stellt unter den Tiefgreifenden Entwicklungsstörungen die »tiefste« Form dar und das autistische Verhalten ist am offensichtlichsten. Es liegen Symptome in allen oben genannten Bereichen vor. Bei kognitiv gut entwi-

ckelten Kindern spricht man von Hochfunktionalem Autismus, die Stärken liegen hier meistens im mathematisch-logischen Bereich.

b) Asperger-Syndrom
Das Asperger-Syndrom wurde erstmals vom Wiener Kinderarzt Hans Asperger ebenfalls in den 40er Jahren des letzten Jahrhunderts beschrieben. Völlig unabhängig von seinem Kollegen Leo Kanner nannte er die von ihm beschriebenen Kinder »autistische Psychopathen« (dieses Wort war damals viel weniger diskriminierend als heute). Asperger wies schon deutlich darauf hin, dass diese Kinder neben ihren offensichtlichen Defiziten im sozialen und emotionalen Bereich oft auch über außerordentliche Fähigkeiten verfügen können. Wegen ihrer zuweilen vorwitzigen und altklugen Art werden diese Kinder auch als »kleiner Professor« oder »wandelndes Lexikon« bezeichnet.
Bei Kindern mit Asperger-Syndrom sind aus allen oben aufgezählten Bereichen Symptome mehr oder weniger stark vorhanden. Der größte Unterschied zu den Kindern mit Kanner-Syndrom besteht in den guten bis überdurchschnittlichen sprachlichen und/oder intellektuellen Fähigkeiten. Menschen mit Asperger-Syndrom sind deshalb auch meist in der Lage, als Erwachsene ein selbständiges und manchmal auch sehr erfolgreiches Leben zu führen. Man kann zu therapeutischen Zwecken hierzu berühmte Persönlichkeiten wie Albert Einstein oder Vincent van Gogh erwähnen, denen rückblickend viele Merkmale des Asperger-Syndroms zugewiesen werden. Im Übersichtsschema wird dieser Bereich blau dargestellt.

c) Nicht näher bezeichnete Tiefgreifende Entwicklungsstörung (TES-NNB)
Großangelegte Studien haben (wie oben bereits erwähnt) gezeigt, dass alle Tiefgreifenden Entwicklungsstörungen zusammengenommen etwa 1 % der Bevölkerung betreffen. Allerdings weisen nur etwas weniger als die Hälfte davon Symptome aus allen oben beschriebenen Bereichen auf. Mehr als die Hälfte der betroffenen Kinder weisen lediglich einen Teil der erwähnten Symptome auf und können keiner klaren Diagnose aus dem Bereich des Autismus [a) oder b)] zugeordnet werden. Man benannte sie deshalb bisher mit dem komplizierten Begriff TES-NNB. Man könnte auch sagen, diese Kinder haben autistische Züge. Viele Kinder, die in der Schweiz mit der Diagnose »POS« (▶ Anhang) bezeichnet wurden, gehören genau in die hier mit Rot markierte Kategorie. Auch sogenannte »schwere« Fälle von ADHS, welche praktisch mit einem POS gleichgesetzt werden können, sind hier einzuteilen.
Ebenfalls in diese Kategorie gehört zudem ein Störungsbild, welches im deutschsprachigen Raum noch praktisch unbekannt ist und wofür es deshalb noch nicht einmal eine offizielle deutsche Übersetzung gibt: Das »Pathological Demand Avoidance Syndrome« oder PDAS.

Pathological Demand Avoidance Syndrome (PDAS)

Das PDAS (▶ Anhang) wurde erstmals Anfang 1980 in England von Elizabeth Newton als eine Tiefgreifende Entwicklungsstörung beschrieben, die sich erheblich von Autismus unterscheidet. Sie wird in neuerer Zeit aber ebenfalls dem Autismus-

Spektrum zugeordnet. Das Hauptproblem für Menschen mit PDAS besteht darin, dass sie großen Widerstand gegen alltägliche Anforderungen und Aufforderungen entwickeln, die andere an sie richten. Sie geraten unter großen Stress, wenn sie merken, dass sie die Situation nicht bestimmen bzw. kontrollieren können.

Vom PDAS Betroffene haben meist deutlich bessere soziale und kommunikative Fertigkeiten als andere innerhalb des Autismus-Spektrums, und sie wissen diese Fähigkeiten denn auch zu ihrem eigenen Vorteil zu nutzen. Probleme im sozialen Kontakt mit anderen gibt es aber trotzdem, eben weil sie die Interaktion unter Kontrolle halten müssen. Oft beherrschen sie es sehr gut, sich zu verstellen und in Rollen zu schlüpfen, bis zum Punkt, wo sich in ein und derselben Person mehrere unterschiedliche Charaktere oder Persönlichkeiten vereinen.

Eine weitere Besonderheit des PDAS besteht darin, dass das Geschlechterverhältnis – ganz im Gegensatz zum restlichen Autismus-Spektrum – ca. 1 : 1 beträgt; Mädchen sind also relativ häufig betroffen. Es ist sehr wichtig, das PDAS von anderen Diagnosen des Autismus-Spektrums abzugrenzen, um Eltern und Schule in Bezug auf pädagogisch wirksame Strategien erfolgreich beraten zu können.

Von den Entwicklungsstörungen zu den Entwicklungsbesonderheiten

Wer vorwiegend therapeutisch mit Kindern und Jugendlichen arbeitet, kennt das Problem des Umgangs mit Diagnosen. Diagnosen sollten ja in erster Linie eine Hilfe und Entlastung sein: als Wegweiser für therapeutische und anderweitige Hilfe, als Entlastung für Eltern, die die Fehler primär bei sich selbst suchten, als Erklärung für bisher unerklärliches Problemverhalten. Diagnosen sind aber auch belastend, sie suggerieren irgendwie, dass das Problem schwerwiegender ist als bisher angenommen, und sie sind v. a. defizitorientiert.

Das hier vorgestellte Schema der Entwicklungsstörungen erlaubt es jedoch unter anderem, dieses Dilemma zu überwinden, indem die psychiatrische Diagnose je nach Bedarf – zum Beispiel auch im Gespräch mit dem Kind/Jugendlichen selbst – ersetzt wird durch eine Position innerhalb des Schemas: eine Position in einem Farbquadranten, weniger oder weiter entfernt vom Zentrum. Zudem kann der Begriff der Entwicklungsstörung ersetzt werden durch denjenigen der Entwicklungsbesonderheit. Die Besonderheit besteht darin, dass der/die Betreffende kein Durchschnittsmensch ist (keine »graue Maus« = mittlerer Kreis), sondern eine bestimmte Farbe trägt und charakterisiert ist durch eine Kombination von besonderen Stärken und Schwächen.

Stärken:

- Gelb: Fokussierung auf extreme Spezialinteressen und außergewöhnliche Fähigkeiten. Solche Menschen nennt man z. T. auch »Savants«, ein berühmtes Beispiel ist eine Hauptfigur im Film »Rain Man«.
- Blau: Fokussierung auf Spezialgebiete: wissenschaftliche Arbeit, Forschung, Ingenieursberufe, Computer-Spezialisten, Jurisprudenz, Naturforscher usw.

- Grün: Kreativität, künstlerische Talente in Malerei, Musik, Dichtung usw.
- Rot: Vielseitigkeit, künstlerische Talente (mit eher nachahmendem als kreativem Stil)

Schwächen:

- Gelb: starker Mangel an Empathie, ausgeprägte Probleme im Alltag, allenfalls deutliche kognitive Beeinträchtigung
- Blau: Mangel an Empathie, erhebliche Probleme im Alltag und in Beziehungen
- Grün: Teilleistungsstörungen (Legasthenie, Dyskalkulie), emotionale Unbeherrschtheit/Instabilität, Aufmerksamkeitsdefizit
- Rot: Mangel an Empathie, Impulsivität, chaotisches Funktionieren, Aufmerksamkeitsdefizit

Ein Mensch mit Asperger-Syndrom (AS) z. B. befindet sich im blauen Quadranten. Die Ausprägung des AS kann abgestuft werden durch die Distanz zum Zentrum. Davon ausgehend können dann konkret die vorhandenen Stärken und Schwächen analysiert und daraus ein individueller Behandlungsplan abgeleitet werden.

Für eine positive Identifikation mit dem blauen Sektor werden aus therapeutischen Erwägungen zusätzlich noch typische Vertreter in Form von berühmten Persönlichkeiten erwähnt. Im Falle des AS ist dies z. B. Albert Einstein. Gemeint ist damit weder, dass Einstein alle Kriterien eines Asperger-Syndroms erfüllte, noch, dass alle AS-Kinder tendenziell berühmt werden, sondern dass es trotz einer Beeinträchtigung möglich ist, im Leben Erfolg zu haben. Typische Stärken des AS sind: systematisches und logisches Denken, Hingabe an ein Interessengebiet, Treue und Loyalität bei Freundschaften. Typische Schwächen dagegen sind: Schwierigkeiten bei der Bewältigung des Alltags, schwieriger Umgang mit eigenen und fremden Emotionen, Schwierigkeiten bei der Integration in Gruppen, reduziertes Verstehen ganzheitlicher Zusammenhänge (Fixierung auf nebensächliche Details) usw.

Hochsensitivität: die »blaue« Entwicklungsbesonderheit

Schon seit längerer Zeit gibt es in der pädagogischen Literatur ein Konzept, welches von seinen Vertretern als Hochsensitivität bezeichnet wird und das explizit nicht als pathologisierende Diagnose verstanden sein will. Es wird betont, es handle sich hier um eine Besonderheit, von der ca. 10–20 % der Bevölkerung betroffen sind. Eine prominente Vertreterin dieses Konzepts, Birgit Trappmann-Korr, zählt als typische Eigenschaften eines Hochsensitiven u. a. folgende auf: schreckhaft, berührungsempfindlich (Stoffe auf der Haut!), geruchsempfindlich, Abneigung gegen Veränderungen und Unvorhergesehenes, großer Wortschatz, Hang zum Perfektionismus, detailorientiert usw. (Trappmann 2010). Es ist dies bewusst nur eine Auswahl, aber wer seinerseits mit Kindern aus dem Autismus-Spektrum vertraut ist, weiß, dass sich diese Aufzählung anhört wie die Beschreibung eines zumindest leicht autistischen Kindes. Die Autorin kennt von den kinderpsychiatrischen Krankheitsbildern v. a.

ADHS und grenzt sich mit ihrem Begriff der Hochsensitivität davon ab. Auf das Gebiet des Autismus hingegen geht sie nicht ein.

Ich bin der Meinung, dass sich das Konzept der Hochsensitivität sehr gut in mein Verständnis des Autismus-Spektrums einfügen lässt, welches eben stufenlos bis in die Normalbevölkerung hineinreicht. Hochsensible Kinder würden in jenen Bereich des blauen Sektors passen, der nicht allzu weit vom Zentrum entfernt ist, sie würden quasi die Lücke zwischen »normalen« Kindern und jenen mit Asperger-Profil und Asperger-Syndrom füllen. Und wenn die Autorin von einer Häufigkeit von 10–20 % spricht, so würde dies auch quantitativ sehr gut passen.

Vom Autismus zum Autismus-Spektrum

Wie bereits erwähnt, hat sich im Bereich, von welchem hier die Rede ist, das Konzept des Autismus-Spektrums zunehmend durchgesetzt. Dieser Begriff entstand zunächst einmal in der klinischen Praxis und dies zuerst vor allem im englischsprachigen Raum. Mit dem Wechsel vom DSM-IV zum DSM-5 wurde das ganze Kapitel »Tiefgreifende Entwicklungsstörungen« bzw. »Autismus« neu überarbeitet (▶ Anhang). Der Begriff Autismus-Spektrum-Störung ist nun erstmals offiziell eingeführt und hat alle anderen Begriffe ersetzt. Das ändert nichts an der Nützlichkeit meines Vier-Farben-Schemas. Zunächst einmal werden bisherige Begriffe, allen voran »Asperger-Syndrom«, weiter im Gebrauch bleiben. Und auf der anderen Seite lässt sich auch der Begriff »Autismus-Spektrum-Störung« (ASS) gut in das Farbschema integrieren. Im gelben Sektor sind nun jene Formen von ASS angesiedelt, welche mit erheblichen intellektuellen und/oder sprachlichen Defiziten verbunden sind, im blauen Sektor analog dazu jene Formen mit mindestens durchschnittlichem Potential und im roten Sektor jene Formen von ASS, welche nur eine Teilsymptomatik aufweisen.

Das Diagnosesystem DSM-5 ist im Mai 2013 nach langjähriger Vorarbeit in der englischsprachigen Version erschienen und hat insbesondere im Bereich des Autismus grundlegende Änderungen vollzogen. 2018 ist auch die offizielle deutschsprachige Version erschienen und wird in diesem Buch ausführlich zitiert (▶ Anhang). Es wird dort einheitlich von Autismus-Spektrum-Störungen ohne die bisherigen Unterkategorien gesprochen. Es werden aber drei sehr sinnvolle neue Unterkategorien eingeführt, welche sich auf die Intensität des Unterstützungsbedarfs beziehen.

Das Diagnosesystem ICD-10 der WHO ist ebenfalls weiterentwickelt worden und wurde 2022 von der Version ICD-11 abgelöst. In deutscher Sprache ist diese neueste Version zum Zeitpunkt der Publikation dieses Buchs noch nicht veröffentlicht, es kann aber davon ausgegangen werden, dass sie mit dem DSM-5 praktisch identisch ist, also den gleichen begrifflichen Wandel zum Autismus-Spektrum vollzieht.

Der Begriff »Autismus-Spektrum« hat im Übrigen eine doppelte Bedeutung. Einerseits wird damit zum Ausdruck gebracht, dass es Erscheinungsformen von Autismus gibt, die sich stark unterscheiden, v. a. im Bereich der Sprache: Auf der einen Seite dieses Spektrums steht der Frühkindliche Autismus, wo die Sprache stark beeinträchtigt sein kann, und auf der anderen Seite das Asperger-Syndrom, wo die Sprache nicht selten sogar besser entwickelt ist als bei gleichaltrigen Kindern. »Autismus-Spektrum« ist aber anderseits auch so zu verstehen, dass die verschiedenen Formen von Autismus verschieden stark ausgeprägt sein können. Mildere Formen von Frühkindlichem Autismus werden »Atypischer Autismus« genannt, und mildere Formen von Asperger-Syndrom heißen »Nicht näher bezeichnete Tiefgreifende Entwicklungsstörungen«. Hier ist eine begriffliche Neuordnung dringend notwendig und ist in der Fassung des DSM-5 auch umgesetzt worden. Ich möchte aber auf die bisherigen Begriffe nicht einfach verzichten und schlage in diesem Buch unter anderem vor, mildere Formen von Asperger-Syndrom als »Asperger-Profil« zu bezeichnen und Mischformen von Asperger-Syndrom und ADHS mit dem Begriff »Egozentrisches ADHS« gerecht zu werden (▶ Kap. 3, ▶ Der egozentrische Subtypus der ADHS).

Autism Pure vs. *Autism Plus*

Es gibt unterschiedliche Ansätze, die Vielfalt des Autismus-Spektrums zu erklären und zu illustrieren. Ich möchte hier noch ein Konzept vorstellen, welches von Christopher Gillberg und Elisabeth Fernell formuliert worden ist, in einem Fachartikel mit dem Titel »Autism plus versus autism pure« (Gillberg und Fernell 2014). Wegen deren Prägnanz behalte ich die englischsprachigen Begriffe bei. Analog zum Farbschema habe ich dieses alternative Konzept wiederum in vier Quadranten eingeteilt. Allerdings handelt es sich bei dieser Darstellung um eine rein kategoriale Unterteilung, welche keine Rückschlüsse auf Häufigkeiten zulässt.

Auch gemäß Gillbergs und Fernells Konzept ist Autismus weder eine Krankheit noch eine Behinderung, sondern ein Persönlichkeitsmerkmal (englisch: *trait*), das in der Bevölkerung einer Normalverteilung folgt. Das heißt, dieses Merkmal ist wie z. B. die Körpergröße unterschiedlich ausgeprägt und ist umso seltener, je stärker die Ausprägung ist.

Aber auch bei deutlicher Ausprägung spricht Gillberg noch nicht automatisch von einer Störung. Er geht von der Annahme aus, dass dieser autistische »trait« erst zum echten Problem wird, wenn weitere Faktoren hinzukommen. Entsprechend trifft er folgende Unterscheidung:

- *Autism pure:* Dies ist die reine autistische Veranlagung, ohne zusätzliche Beeinträchtigungen. Sie stellt in der Regel kein wirkliches Problem dar und bedarf keiner Unterstützung. Es handelt sich *nicht* um eine Diagnose.
- *Autism plus:* Anders als die »reine« Form hat »Autism plus« Krankheitswert und wird als Autismus-Spektrum-Störung bezeichnet. Das »Plus« besteht in einem

oder mehreren der folgenden zusätzlichen Probleme – womit die wichtigsten genannt sind (in Klammer steht die Klassifizierung nach ICD-10):
- sprachliche Beeinträchtigung (F80)
- intellektuelle Beeinträchtigung (F70)
- Lernstörung (F81)
- Epilepsie (G40)
- ADHS (F90)
- motorische Beeinträchtigung (F82)

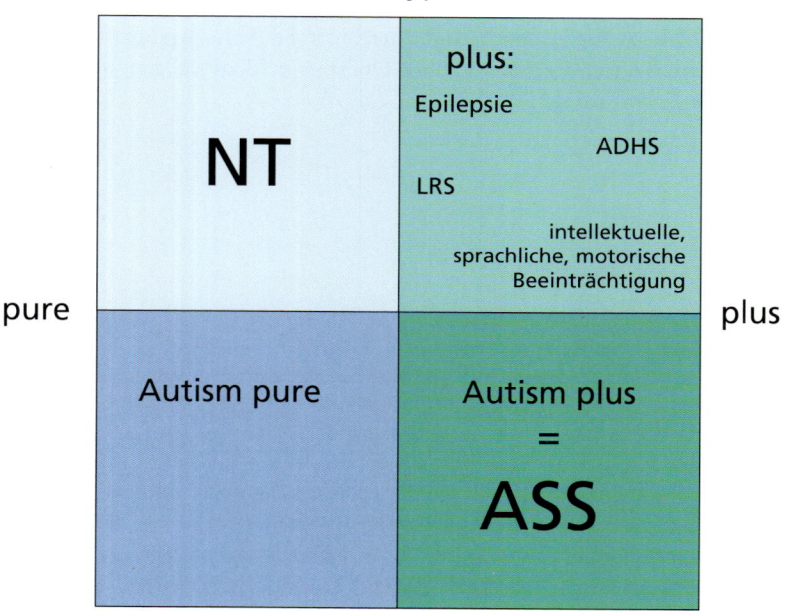

Abb. 4: Das Schema setzt in der Vertikalen die beiden Pole »neurotypisch« (das Gegenteil von autistisch) und »autistisch« einander gegenüber, und in der Horizontalen »pure« und »plus«. Kombiniert man die beiden Dimensionen, ergeben sich vier Quadranten:

- Neurotypisch (NT): keine Besonderheiten, Durchschnittsmensch
- Die verschiedenen »plus«: Sie können bei neurotypischen Menschen hinzukommen und zu diversen Problemkreisen führen, die mit Autismus nichts zu tun haben. Diese Probleme können relativ harmlos sein (z. B. eine Lernstörung) oder zu einer schweren Beeinträchtigung (z. B. intellektuell) führen.
- Autism pure: Menschen mit autistischen Zügen, welche in der Regel keine Unterstützung benötigen.
- Autism plus: Dies ist ein Synonym für Autismus-Spektrum-Störung.

3 Abklärung und Diagnose

Abklärung und Diagnosestellung ist ein Thema für Fachleute, und nicht unbedingt für Eltern, Betroffene und andere interessierte Laien (an welche sich dieses Buch ja in erster Linie richtet)! Dieser Aussage werden zunächst die meisten Leser spontan zustimmen. Wenn ich trotzdem diesem Thema in einem eigenen Kapitel recht viel Platz einräume, so hat das mehrere Gründe:

- Das ursprüngliche Arzt-Patienten-Verhältnis war extrem hierarchisch gestaltet. Diagnosen und die daraus abgeleiteten Therapien wurden den Betroffenen ohne viele Erläuterungen mitgeteilt, und es wurde als selbstverständlich betrachtet, dass die Anweisungen des Arztes widerspruchslos befolgt werden. In neuerer Zeit hat dieses hierarchische Verhältnis einer eher partnerschaftlich orientierten Beziehung Platz gemacht. Betroffene werden sowohl über die Diagnose wie auch über allfällige Therapien ausführlich informiert und in die Entscheidung mit einbezogen. Im Zweifelsfall haben die Betroffenen das letzte Wort.
- Weil das Thema Autismus starken Veränderungen ausgesetzt war und nach wie vor ist, scheint es mir umso wichtiger, dass die Betroffenen möglichst gut auch in den Diagnoseprozess Einblick erhalten und es wagen, Ergebnisse von Abklärungen, mit denen sie nicht einverstanden sind, anzuzweifeln. Das ist aber nur möglich, wenn man gut informiert ist.
- Bei der Diagnosestellung Autismus ist das genaue Erfragen der kindlichen Entwicklung seit der Geburt ein ganz wesentlicher Baustein. Niemand kennt das Kind so gut wie die eigenen Eltern und im Besonderen die eigene Mutter. Immer wieder höre ich von Müttern, dass sie schon sehr früh spürten bzw. irgendwie »wussten«, dass ihr Kind anders ist. Solchen elterlichen Beobachtungen gebührt eine hohe Aufmerksamkeit, was allerdings nicht für alle Fachleute selbstverständlich ist.
- Zudem haben die Diagnosen »Autismus« und »Asperger-Syndrom« bzw. »Autismus-Spektrum-Störung« einen anderen Stellenwert als andere Diagnosen. Man könnte sich sogar mit Recht fragen, ob die Psychiatrie überhaupt das richtige Fachgebiet dafür ist. Diese Diagnosen betreffen nämlich streng genommen nicht eine *Krankheit*, sondern die *Persönlichkeit* bzw. eine besondere Variante der Persönlichkeit. Eine solche Autismus-bezogene Diagnose ist also wortwörtlich eine viel *persönlichere* Angelegenheit als eine Krankheit im herkömmlichen Sinn. Eine solche hat man ja gewissermaßen »bekommen«, sie ist nicht, wie Autismus, ein integraler Teil des betreffenden Menschen.

Aus dem bisher Gesagten, insbesondere dem letzten Punkt, folgt deshalb meiner Meinung nach, dass niemand das Recht hat, Betroffenen *von oben herab* eine Autismus-Diagnose zuzuschreiben oder vorzuenthalten. Mehr noch als bei anderen Diagnosen muss hier zwischen den Betroffenen und der abklärenden Fachperson ein partnerschaftliches Verhältnis herrschen. Die Unzufriedenheit vieler Betroffener mit durchgeführten Abklärungen liegt genau in der Missachtung dieses wichtigen Punktes. Ich habe die Erfahrung gemacht, dass – mit ganz wenigen Ausnahmen – am Ende der Abklärung ein Konsens mit meinen Klienten bezüglich der Diagnose gefunden werden konnte. Und dieser Konsens zwischen Betroffenen und Abklärendem besteht nicht einfach in der Frage »Autismus – Ja oder Nein«, sondern vor allem auch – im Sinne einer dimensionalen Diagnostik – in der Frage der Ausprägung der autistischen Symptomatik.

Die verschiedenen Ebenen der Diagnostik

Es gilt nun zunächst festzuhalten, dass es verschiedene Ebenen der Diagnostik gibt, die unterschiedlichen Zwecken dienen. Man unterscheidet:

- die kategoriale, international abgestimmte Diagnostik; sie dient in erster Linie der Forschung.
- die dimensionale, klinische Diagnostik; sie dient in erster Linie dem Festlegen von hilfreichen Strategien bzw. Therapien.
- die Diagnostik mit Hinblick auf beeinträchtigte Funktionen, abgekürzt ICF (▶ Anhang); sie dient ebenfalls dem Festlegen von hilfreichen Maßnahmen, vor allem im Sinne von Fördermaßnahmen.
- die versicherungsrechtliche Diagnostik; sie dient der Festlegung von Kostenträgern für bestimmte therapeutische Maßnahmen.

Die kategoriale Diagnostik (ICD und DSM)

Die heute international gebräuchlichen Diagnose-Systeme ICD-10 (wird demnächst durch ICD-11 abgelöst), DSM-IV und DSM-5 werden im Anhang ausführlicher erläutert, insbesondere auch die entsprechenden Definitionen von Autismus und Asperger-Syndrom (▶ Anhang).

Mit kategorialer Diagnostik ist gemeint, dass alle Krankheiten und Störungen in klar abgrenzbare Kategorien unterschieden werden, auch wenn dies der vielfältigen Realität des Menschen und seiner Besonderheiten nicht gerecht wird. Dennoch hat diese Sichtweise ihre Berechtigung, nämlich dort, wo es um den wissenschaftlichen Austausch und die Forschung auf internationaler Ebene geht. Es macht Sinn, für die Forschung nur Individuen mit einzubeziehen, die eindeutig einer bestimmten Kategorie zugeordnet werden können.

Leider neigen viele offizielle Abklärungsstellen dazu, sich ausschließlich auf diese kategoriale Diagnostik zu verlegen, obwohl sie meist mit Forschung herzlich wenig zu tun haben. Für die Betroffenen ist dies sehr unbefriedigend und die Hauptgefahr besteht darin, vom Asperger-Syndrom und Atypischem Autismus Betroffene zu verpassen und diesen eine andere, d. h. falsche Diagnose zuzuschreiben.

Wenn Eltern der Meinung sind, dass ihr Kind bei der Abklärung in einer bestimmten Fachstelle nicht richtig beurteilt wurde, dann sollten sie nicht zögern, sich bei einer anderen Stelle eine zweite Meinung einzuholen. Dabei kann es hilfreich sein, sich bei Elternvereinen oder Selbsthilfegruppen über geeignete Fachpersonen zu erkundigen (siehe hierzu auch die Auflistung nützlicher Internetadressen im ▶ Anhang).

Die dimensionale klinische Diagnostik

Auch die klinische Diagnostik orientiert sich an den international erarbeiteten diagnostischen Begriffen und Verfahren. Sie geht aber im Unterschied zu den oben erwähnten Systemen nicht von einem Entweder-Oder aus. Diese Diagnostik erkennt die Vielfalt der autistischen Störungen an und die Tatsache, dass diese beim einzelnen Menschen durch individuelle Besonderheiten variieren können. So ist zum Beispiel ein Kind anders zu beurteilen, das schon viele sinnvolle Therapien hinter sich hatte, als ein Kind, das bisher noch gar keine Hilfe erhielt. Oder, was noch viel bedeutsamer ist: Ein Mädchen muss anders beurteilt werden als ein Junge! Alle für Autismus spezifischen Diagnose-Kriterien wurden überwiegend an Jungen erhoben. Viele Fachleute sind der Meinung, dass für Mädchen andere Kriterien und andere Maßstäbe angewandt werden müssten, was aber bisher offiziell noch nirgends umgesetzt wurde. Deshalb werden auch heute noch viele betroffene Mädchen spät oder erst im Erwachsenenalter richtig erkannt.

Das ICF – eine andere Form der Diagnostik

Ich möchte hier auf eine neue Form der Diagnostik kurz eingehen, die sich als wichtige Ergänzung zur medizinisch-psychiatrisch dominierten Diagnostik zu etablieren beginnt, z. B. in der Ergotherapie oder im Sonderschulbereich.

Die Abkürzung ICF (▶ Anhang) kommt aus dem Englischen und steht für »Internationale Klassifikation der Funktionsfähigkeit, Behinderung und Gesundheit«. Es ist ein beschreibendes Diagnose-Instrument, das wie das ICD unter der Schirmherrschaft der WHO (Weltgesundheitsorganisation) entstand. Im Gegensatz zur psychiatrischen Diagnostik werden hier keine Kategorien oder eben Diagnosen gebildet, sondern eine Fülle von einzelnen Stichworten aneinander gereiht, die in Bezug auf ein bestimmtes Individuum in Form einer Checkliste angewandt werden. Erfasst werden alle Bereiche des Menschen, angefangen bei körperlichen und geistigen Funktionen bis hin zu Bereichen des Lernens, der Kommunikation, der Selbstversorgung und der sozialen Beziehungen. In allen diesen Bereichen wird beurteilt bzw. abgecheckt, ob eine bestimmte Person – minderjährig oder erwachsen – die altersgemäßen Fähigkeiten erreicht hat oder nicht.

Ich habe das ICF in Bezug auf jene Funktionen durchsucht, die beim Kind aus dem Autismus-Spektrum (Asperger-Syndrom) einerseits und beim Kind mit ADHS andererseits beeinträchtigt sein können. Die entsprechende Liste findet sich im ▶ Anhang unter »ICF«.

Der große Vorteil des ICF besteht darin, dass es eine Art »Sprache« für die Kommunikation zwischen ganz verschiedenen Fachgebieten zur Verfügung stellt und dass die Frage, wo genau die Defizite liegen und wie sie angegangen werden können, auf einer sehr konkreten Ebene differenziert beantwortet wird.

> **Vom DSM-IV zum DSM-5 (▶ Anhang)**
>
> Die Tatsache, dass im internationalen Diagnose-System DSM beim Wechsel von der Version IV zur Version 5 das Kapitel Autismus völlig neu geschrieben wurde, spricht ebenfalls sehr für die Idee, das ICF beizuziehen: Nunmehr soll nämlich nicht mehr nach Kategorien (Asperger-Syndrom, Kanner-Syndrom usw.) unterschieden werden, sondern es wird einheitlich von Autismus-Spektrum-Störungen gesprochen. Und weiter wird im DSM-5 betont, dass es innerhalb des Autismus-Spektrums große Unterschiede in Bezug auf Intelligenz, Sprache und andere Fähigkeiten gibt. Von großer praktischer Bedeutung ist dabei die Unterteilung in drei Stufen des Unterstützungsbedarfs (moderat, erheblich, groß).

Die versicherungsrechtliche Diagnostik

Es liegt ein wesentlicher Unterschied darin, ob eine Diagnose zwischen Betroffenen und abklärender Stelle erarbeitet wird oder ob eine Diagnose einem Kostenträger oder sonstigen Auftraggeber mitgeteilt werden muss.

Die meisten Krankenversicherungen sind dazu übergegangen, zu verlangen, dass man sich in Berichten bei der Diagnose auf das ICD-10 bezieht. Für erfahrene Fachleute ist deshalb klar, dass die Diagnose, die einer Versicherung mitgeteilt wird, nicht immer identisch sein muss mit der Diagnose, die mit den Betroffenen erarbeitet wurde. Versicherungen können mit differenzierter dimensionaler Diagnostik nichts anfangen. Dazu ein Beispiel: Wenn ich z. B. bei einer erwachsenen Person, die mit dem Wunsch nach Abklärung zu mir kam, als Diagnose »Persönlichkeit mit Asperger-Profil« erarbeitet habe, dann ist völlig unklar, ob eine solche milde Form von Autismus überhaupt irgendeiner Behandlung bedarf. Wenn aber die entsprechende Person aufgrund von vielen Enttäuschungen im Leben depressiv geworden ist, dann würde die entsprechende versicherungsrechtliche Diagnose auf »Depression« lauten, ohne notwendigerweise den Aspekt »Asperger-Profil« zu erwähnen.

Schwierigkeiten bei der Diagnostik

Ich möchte nun im Folgenden auf die diversen Schwierigkeiten der Diagnostik eingehen und damit allen Eltern, Betroffenen und sonstigen interessierten Laien Argumente dafür liefern, wieso man einer bestimmten Autismus-Abklärung und der daraus folgenden Diagnose (oder eben fehlenden Diagnose) durchaus skeptisch gegenüberstehen darf.

Zum heutigen Zeitpunkt liegt zunächst ein großes Problem in der Abklärung und Diagnostik im Bereich des Autismus-Spektrums darin, dass es keine einheitliche Praxis gibt, weder international noch innerhalb eines einzelnen Landes. International gesehen werden im angesächsischen Raum (England, USA, Australien) sowie in Skandinavien wesentlich häufiger Autismus-Diagnosen gestellt als im Rest der Welt. Dies liegt daran, dass die bereits beschriebene Entwicklung vom Autismus zum Autismus-Spektrum im englischsprachigen Raum ihren Anfang nahm und lange Zeit mit wenigen Ausnahmen auf diesen beschränkt blieb. Die Häufigkeit des Autismus wurde dort innerhalb von ca. 30 Jahren um einen Faktor 25 nach oben korrigiert, von einer Häufigkeit von ca. 0,04 % auf eine solche von ca. 1 %! Dies ist natürlich nicht darauf zurückzuführen, dass Autismus soviel häufiger geworden ist, sondern dass sich der Umgang mit dem Begriff »Autismus« grundlegend verändert hat, vom Konzept einer eng umschriebenen, seltenen Störung zu jenem einer vielfältigen, relativ häufigen Störung.

Allerdings sind diese modernen Forschungsergebnisse und die damit verbundenen Konsequenzen für die diagnostische Praxis längst noch nicht überall umgesetzt worden. Die Diagnose-Praxis wird der Häufigkeit von ca. 1 % Autismus-Spektrum-Diagnosen wohl am ehesten in englischsprachigen Großstädten gerecht, und in ländlichen Gebieten im Rest der Welt wird Autismus immer noch sehr selten, zu spät oder gar nicht diagnostiziert.

Innerhalb eines einzelnen Landes wie z. B. in der Schweiz oder in Deutschland dürften sich die Schwankungen in einem ähnlichen Bereich bewegen, je nachdem, ob man in einer Großstadt oder in einer ländlichen Region lebt. So ist es geradezu normal, dass Eltern von verschiedenen Abklärungsstellen unterschiedliche Antworten erhalten, wenn die Fragestellung »Autismus« im Raum steht. Dies gilt weniger für den Frühkindlichen Autismus als insbesondere für das Asperger-Syndrom und den Atypischen Autismus.

Eine weitere Schwierigkeit bei der Abklärung und richtigen Diagnosestellung hat mit den vielfältigen Umgebungsbedingungen zu tun, die auf die Entwicklung des Kindes mit einer Autismus-Spektrum-Störung einwirken und den Spontanverlauf erheblich verändern können. Ich nenne dies die Plastizität des Autismus.

Die Plastizität (Veränderbarkeit) des Autismus

Es ist noch gar nicht so lange her, da wurde autistischen Kindern grundsätzlich die Fähigkeit abgesprochen, sich zu entwickeln und zu lernen und ihre »autistischen« Auffälligkeiten abzulegen. Entsprechend wurde ja auch mit einer diesbezüglichen Diagnose extrem zurückhaltend umgegangen.

Der beste Gegenbeweis zu dieser völlig überholten Vorstellung sind die diversen spezifischen Therapieangebote, die für autistische Kinder entwickelt wurden. Je nach Schweregrad sind diese Angebote (ABA, TEACCH und viele andere ▶ Kap. 5) sehr zeitintensiv und umfassen viele Stunden pro Woche. Die Eltern von Betroffenen würden nicht über viele Jahre so viel Zeit und notabene auch Geld investieren, wenn ihnen die sichtbaren und z. T. spektakulären Fortschritte ihrer Kinder nicht immer wieder Mut machen würden.

Ich möchte in diesem Kapitel aber auch einige Gedanken dazu ausführen, inwiefern *gesellschaftliche* Entwicklungen zu einer Veränderung und zu vermehrter Vielfalt (Vielfarbigkeit) bei den Erscheinungsformen des Autismus beigetragen haben könnten.

Von einzelnen Autismus-Experten wurde nämlich schon lange darauf hingewiesen, dass einige Verhaltensweisen, die als Kernsymptome des Autismus gelten, nicht zwingend zum Autismus gehören, sondern die Folgen des Stresses darstellen, dem Menschen mit Autismus ausgesetzt sind, wenn sie sich unseren gängigen gesellschaftlichen Normen und Gepflogenheiten anpassen müssen. Hierzu gehören insbesondere die unter dem Sammelbegriff »Stereotype Verhaltensweisen« zusammengefassten Symptome und insbesondere auch selbstverletzendes Verhalten. Reduktion von Stress bedeutet folglich eine Reduktion des »autistischen Verhaltens« und längerfristig eine positivere Entwicklung.

Es gibt mehrere wichtige Faktoren, die im oben beschriebenen Sinne für die Plastizität (Formbarkeit, Veränderbarkeit) des Autismus von Bedeutung sind: der elterliche Erziehungsstil, das Angebot an diversen Therapien sowie die langsam sich entwickelnde Umsetzung von erfolgreichen Autismus-spezifischen Angeboten in Pädagogik und Therapie.

Die Bedeutung des Erziehungsstils

Bei einem autistischen Kind kann die Interaktion und damit Beziehungsgestaltung innerhalb der Familie günstiger oder ungünstiger ausfallen, und dies hat erheblichen Einfluss auf den Verlauf der autistischen Störung.

Noch vor ca. 30 Jahren herrschte in der durchschnittlichen Familie ein eher autoritärer Erziehungsstil vor. Kinder aus dem autistischen Spektrum, welche durch Eigenschaften wie Egozentrismus, fehlende Empathie, Widerstand gegen Veränderungen usw. erzieherisch »schwierig« waren, wurden erheblich unter Druck gesetzt. Nicht selten wurden sie auch Opfer von Gewalt. Dadurch verschlechterte sich die Eltern-Kind-Beziehung und die autistische Symptomatik (Rückzug, Verweigerung, Stereotypien, Wutanfälle) akzentuierte sich, insbesondere bei den stark betroffenen

Kindern (Frühkindlicher Autismus). Deren Autismus trat also deutlicher in Erscheinung und wurde entsprechend auch eher diagnostiziert.

Jene Kinder allerdings, die eine eher milde Form von Autismus aufwiesen, passten sich dem elterlichen Druck an und wurden zur Überanpassung erzogen (d. h. sie entfernten sich eher von autistischen Verhaltensweisen und blieben unerkannt).

Mit dem Übergang zu einem mehr gewährenden Erziehungsstil und zu steigender Toleranz gegenüber dem Anderssein in neuerer Zeit vollzog sich möglicherweise folgender Wandel:

- Kinder mit Frühkindlichem Autismus kamen weniger unter Stress und die Beziehung zwischen Eltern und Kind wurde weniger belastet. Entsprechend entwickelte sich bei etlichen Betroffenen eine weniger ausgeprägte autistische Symptomatik und es erhielten immer mehr Kinder aus dem Bereich des Frühkindlichen Autismus die Diagnose »Atypischer Autismus«.
- Kinder mit Asperger-Syndrom und anderen leichteren Formen von Autismus konnten sich mehr entfalten, es entwickelten sich ebenfalls günstigere Eltern-Kind-Beziehungen und -Interaktionen. Allerdings um den Preis, dass sich die Eltern stark dem Kind anpassten. Dies ging solange gut, bis das Kind sich mehr von der Familie lösen und in die Außenwelt (Kindergarten, Schule) hinaustreten musste, und dort dann nicht mehr mit der gleichen Nachsicht rechnen konnte. Mit dem Eintritt in den Kindergarten oder die Schule traten nun erstmals Verhaltensstörungen oder Trennungsängste auf. Wegen der bis dahin wenig problematischen Entwicklung kam aber niemand auf die Idee, eine Störung aus dem autistischen Spektrum zu vermuten, sondern das Verhalten wurde als reines Ablösungsproblem (von der überbehütenden Mutter!) interpretiert.

Die eben beschriebenen Veränderungen in der Familie könnten erklären, dass in neuerer Zeit immer mehr Kinder aus dem Autismus-Spektrum diagnostiziert werden, allerdings mit immer »atypischerer« Symptomatik, weil die herkömmlichen Diagnose-Kriterien nicht mehr zeitgemäß sind und der Breite und der Vielfalt des Autismus-Spektrums nicht mehr gerecht werden.

Im »Ratgeber Autistische Störungen« (Poustka et al. 2009) wird denn auch darauf hingewiesen, dass nach neuesten Erkenntnissen die Prävalenz des gesamten Autismus-Spektrums bei ca. 1 % liegt, wobei lediglich 1/3 der Diagnosen auf den Klassischen Autismus und die restlichen 2/3 auf Asperger-Syndrom, Atypischen Autismus sowie die »Nicht näher bezeichneten Tiefgreifenden Entwicklungsstörungen« (TES-NNB) entfallen.

Das zunehmende therapeutische Angebot

Zu den beschriebenen Veränderungen im familiären Rahmen und im Erziehungsstil kommt noch ein weiterer wichtiger Aspekt hinzu: Im Umgang mit kindlichen Verhaltens- und Entwicklungsstörungen hat in den letzten 30 Jahren bezüglich des therapeutischen Angebots eine große Veränderung, ein regelrechter Boom, stattgefunden. Es haben sich eine Reihe von Angeboten etabliert, von denen die meisten Kinder mit »besonderen Bedürfnissen« (also auch unerkannte Autismus-Spektrum-Kinder) erfasst werden: Früherziehung, Logopädie, Psychomotorik, Ergotherapie, Psychotherapie usw. Gerade Kinder mit Asperger-Syndrom laufen aber Gefahr, nicht als solche erkannt, sondern auf eine Teil-Symptomatik (Sprachprobleme, motorische Probleme, Aufmerksamkeitsdefizit) reduziert zu werden und in der Folge »nur« in diesem Bereich eine Therapie zu erhalten.

Ich stelle in diesem Zusammenhang nun die Vermutung auf, dass eine solche »umschriebene« Therapie zwar durchaus sinnvoll und nützlich ist, dass sie aber auch mit einem Nachteil verbunden ist: Das Kind eignet sich in der Therapie quasi nebenbei gewisse kommunikative Fertigkeiten an, die die Diagnose »Asperger-Syndrom« verschleiern und hinauszögern. Zudem sind diese Fertigkeiten in einer Eins-zu-Eins-Beziehung zu einer erwachsenen Person entwickelt worden, was keineswegs bedeutet, dass sie auch in der Beziehung zu Gleichaltrigen (wo das Kind aus dem Autismus-Spektrum am meisten Probleme hat) zum Tragen kommen.

Wenn also bei der Autismus-Abklärung, so wie das oft noch der Fall ist, eine diagnostische Beurteilung vorwiegend anhand des Verhaltens des Kindes dem erwachsenen Untersucher gegenüber (ADOS ▶ Anhang) vorgenommen wird, dann wird dem Asperger-Kind genau jenes Setting angeboten, in welchem es sich sowieso schon sehr wohl fühlt und in welchem es in einer oder mehreren Therapien zusätzlich »trainiert« wurde.

Autismus-spezifische Angebote

Nicht selten suchen sich Eltern auch eine Autismus-spezifische Hilfe bei entsprechenden Beratungsstellen, Selbsthilfegruppen und Internet-Foren, auch wenn (noch) keine offizielle medizinische Diagnose vorliegt. Diese Hilfen können sein:

1. bessere Einschätzung der Stärken und Schwächen des betroffenen Kindes und damit Abbau von Überforderung und Stress,
2. Einbezug von Konzepten und Visualisierungs-Hilfen (TEACCH), die den Erziehungsalltag deutlich verbessern,
3. Gelassener Umgang mit den Eigenheiten des Kindes,
4. Arbeit an den sozialen und emotionalen Defiziten des Kindes mit Hilfe eines Therapeuten/einer Therapeutin.

Ich mache immer wieder die Erfahrung, dass Kinder unter dem Einfluss dieser spezifischen Vorgehensweisen rasch Fortschritte machen und in der Folge in ihrem Verhalten entsprechend weniger störend und auffällig sind. Dies verleitet dann viele Außenstehende, insbesondere auch Fachleute, die das Kind früher nicht gekannt haben, zur paradoxen Schlussfolgerung: Ein Kind mit so wenig auffälligem Verhalten kann doch nicht autistisch sein! In anderen Bereichen käme wohl niemand auf die merkwürdige Idee, aus den Erfolgen einer Therapie zu schließen, dass die anfängliche Diagnose falsch gewesen sei!

Ich möchte dies an einem einfachen, allerdings auch recht oberflächlichen Beispiel erläutern: dem Blickkontakt. Fast jeder Laie weiß, dass Menschen mit Autismus Probleme mit dem Blickkontakt haben und dass sie diesem in der Regel ausweichen. Natürlich ist das nicht falsch, aber: Ein zuverlässiges Kriterium ist dies – wenn überhaupt – nur in der frühen Kindheit. Alle Kinder werden früher oder später dazu erzogen, bei Begrüßung und Abschied dem Gegenüber in die Augen zu schauen, die Hand zu geben und freundlich zu sein. Und je älter die Kinder werden, desto besser kann man ihnen (auch jenen aus dem Autismus-Spektrum) verstandesmäßig beibringen, dass diese Begrüßungsrituale nun einmal wichtig sind, damit man nicht als unhöflich eingestuft wird. Das Kind aus dem Autismus-Spektrum hat sich also, durch gezielte Förderung und Erziehung, ein Stück Sozialkompetenz (freundlich sein, Blickkontakt aufnehmen) angeeignet. Wenn dies nun auch noch in anderen Bereichen des Verhaltens so abläuft, kann man dann daraus folgern, dass die Diagnose »Autismus-Spektrum« falsch war bzw. ist? Eine solche Schlussfolgerung wäre unsinnig, und doch begegnet man ihr häufig. Im Grunde genommen ist dies natürlich einfach eine Facette des veralteten Autismus-Konzepts, das Autismus als »unheilbar« und als in Stein gemeißelt betrachtet. Für die betroffenen Eltern sind solche Begegnungen mit unverständigen Fachleuten sehr belastend, ärgerlich und bisweilen auch verunsichernd, haben sie doch manchmal selbst noch die heimliche Hoffnung, die Diagnose könnte sich irgendwann als Irrtum erweisen.

Die Diagnosen des Autismus-Spektrums im Einzelnen

Frühkindlicher Autismus

Lange Zeit (von 1943 bis ca. 1980) war die von Leo Kanner erstmals beschriebene Form des Autismus die einzige allgemein bekannte Form dieser Störung, und sie wird deshalb auch als Klassischer Autismus bezeichnet. Hier besteht international eine weitgehende Übereinstimmung und es wurden Diagnose-Instrumente entwickelt, die eine große Zuverlässigkeit garantieren und die unbestritten sind.

Als ein Screening-Instrument für kleine Kinder im Alter zwischen 16 und 30 Monaten soll hier zunächst der M-CHAT (Modified Checklist for Autism in Toddlers ▶ Anhang) erwähnt werden. Dies ist ein Fragebogen für Eltern und enthält insgesamt 23 Fragen wie z. B. »Zeigt Ihr Kind Interesse an anderen Kindern?« oder »Hat Ihr Kind jemals den Zeigefinger benutzt, um auf etwas zu zeigen oder um Interesse an etwas zu bekunden?«. Der M-CHAT soll von Kinderärzten, Hausärzten usw. so gehandhabt werden, dass schon bei drei auffälligen Antworten eine weitere Abklärung durch einen Spezialisten vorgesehen ist, insbesondere, wenn zwei dieser Antworten auf Items entfallen, die als besonders sensitiv gelten (wie die beiden oben erwähnten).

Für die weitere genaue Abklärung sind zwei Diagnose-Instrumente entwickelt worden, die dann von Spezialisten durchgeführt werden sollen und besonders zuverlässig sind: ADOS (Diagnostische Beobachtungsskala für Autistische Störungen) und ADI-R (Diagnostisches Interview für Autismus – Revidiert).

Anhand von ADOS (▸ Anhang) werden in der Untersuchungs-Situation eine Reihe von standardisierten Spielsituationen bzw. Interview-Fragen präsentiert, die eine Beobachtung des Kindes/Jugendlichen in Bezug auf autistisches Verhalten erlauben.

ADI-R (▸ Anhang) ist als Ergänzung gedacht und stellt ein standardisiertes Interview dar, anhand dessen ausführlich auf die Vorgeschichte des Kindes, insbesondere in den ersten 5 Lebensjahren, eingegangen wird. Dies geschieht wiederum mit dem Ziel, Autismus-spezifische Verhaltensweisen, diesmal durch Befragung der Eltern, zu erfassen.

Bei der Abklärung des Frühkindlichen Autismus ist die oben beschriebene Vorgehensweise (Screening-Fragebogen in der Kinderarzt-Praxis, allfällige weitere Abklärung in einer spezialisierten Einrichtung) völlig unbestritten und zuverlässig. Allerdings besteht hier ebenfalls ein Nachholbedarf: Wurden in der Vergangenheit Autismus-spezifische Diagnosen erst ab dem 4. Lebensjahr gestellt, so besteht heute das Ziel darin, betroffene Kinder *möglichst früh* zu erkennen. Konkret heißt dies: im Laufe des 2. Lebensjahres. (Die Forschung sucht zudem nach Methoden, die eine Verdachtsdiagnose sogar noch früher stellen könnten, z. B. anhand der Analyse des Schreiens eines Babys oder anhand einer Analyse seines Blick-Verhaltens, englisch: *eye-tracking*). Auch dies ist Ausdruck eines bedeutsamen Wandels: Früher wurde eine Autismus-Diagnose eher hinausgezögert mit der Grundhaltung: es ist eine schlimme Diagnose und man kann ja eh nichts tun ... Heute weiß man, dass die Entwicklung umso positiver beeinflusst werden kann, je früher eine Diagnose gestellt und entsprechend interveniert wird. Kleinkinder mit nicht erkanntem Autismus können nämlich zunächst sehr »pflegeleicht« sein, in dem Sinne, dass sie still und selbstgenügsam sind und wenig Aufmerksamkeit auf sich ziehen. Das hat aber fatalerweise auch zur Folge, dass sie in punkto Interaktion mit anderen Familienmitgliedern zu kurz kommen. Die Interaktion mit anderen Menschen ist aber sehr wichtig zur Entwicklung der Sprache und anderer sozialer Fertigkeiten.

Asperger-Syndrom und Atypischer Autismus

Aus den im Folgenden dargelegten Gründen ist die Abklärung und Erfassung des Asperger-Syndroms und des Atypischen Autismus schwieriger als die des Frühkindlichen Autismus. Kinder mit Asperger-Syndrom ...

- können sich in den ersten 3 Lebensjahren, also genau in jener Zeitspanne, wo der Klassische Autismus definitionsgemäß in Erscheinung tritt, noch relativ unauffällig entwickeln. Sicher gibt es auch in dieser Zeit oft schon Auffälligkeiten (z. B. häufiges Schreien, Schlafstörungen, Essstörungen, Abneigung gegen Körperkontakt, usw.), diese werden jedoch meist anderen Umständen zugeschrieben. Unerfahrene Untersucher schließen angesichts dieser in den ersten Lebensjahren eher unauffälligen Entwicklung eine autistische Störung schon von vornherein aus.

- verfügen über eine zumindest durchschnittliche Intelligenz und eine besondere Fertigkeit im logisch-analytischen Denken. So gelingt es etlichen von ihnen, ihre mangelnden sozialen und kommunikativen Kompetenzen »intelligent« zu überspielen.
- verhalten sich nicht in allen Varianten von Sozialkontakten gleich auffällig. Ihr Sozialverhalten ist ganz speziell in Bezug auf Gleichaltrige (peers) beeinträchtigt. In der Folge weichen sie ihrer eigenen Altersgruppe aus und beschäftigen sich – oft recht erfolgreich – mit jüngeren Kindern (z. B. Geschwistern) oder mit Erwachsenen. Zu Letzteren fühlen sich Kinder mit Asperger-Syndrom wegen ihrer guten verbalen Fähigkeiten und ihrem Wissensdurst sowieso stark hingezogen. Hier können sie sich von einer durchaus positiven Seite zeigen und die mangelnden Sozialkompetenzen werden vom erwachsenen Gegenüber ganz unmerklich kompensiert.
- sind gerade aus dem zuletzt erwähnten Grund angenehme »Partner« in Abklärungs-Settings, insbesondere auch bei der Durchführung des ADOS. In dieser strukturierten Situation und angesichts der ungeteilten Aufmerksamkeit durch einen Erwachsenen sind Asperger-Kinder durchaus kooperativ und zu einer gewissen wechselseitigen Kommunikation fähig.
- verhalten sich in verschiedenen Situationen höchst unterschiedlich. Einige sind in der Schule überangepasst und zuhause höchst schwierig, andere fühlen sich im vertrauten familiären Rahmen sehr wohl und bekommen immer dann große Probleme, wenn sie außerhalb der Familie – ohne die Unterstützung durch vertraute Bezugspersonen – »funktionieren« müssen. Für einen unerfahrenen Untersucher sprechen diese Diskrepanzen gegen eine Autismus-Diagnose, weil er davon ausgeht, dass sich das betreffende Kind in allen Situationen stereotyp gleich auffällig verhält.
- sind, wenn sie auf die Verdachtsdiagnose Autismus hin abgeklärt werden, meist schon im Schulalter und haben davor bereits eine oder mehrere Therapien (Logopädie, Ergotherapie, Psychomotorik usw.) durchlaufen. Diese haben – sozusagen als »Kollateralnutzen« – auch zu einer Verbesserung ihrer sozialen und kommunikativen Fähigkeiten geführt, und dies insbesondere in der Interaktion mit einer erwachsenen Person.
- leiden meist zusätzlich unter Symptomen, die nicht zwingend zum Asperger-Syndrom gehören, sich aber oft sekundär unter dem Anpassungsdruck an die Gesellschaft entwickeln: Ängste, Zwänge, Essstörungen, Schlafstörungen, depressive Episoden usw. Die betreffenden Kinder erhalten dann für diese sekundäre Symptomatik eine Diagnose und Therapie und für die damit betraute Fachperson gibt es keinen Grund, diagnostisch weiterzuforschen.
- weisen wesentlich häufiger als Kinder mit Klassischem Autismus auch typische ADHS-Symptome wie Unaufmerksamkeit, Hyperaktivität und Impulsivität auf. Sie werden deshalb nicht selten fälschlicherweise in diese häufige und gut bekannte diagnostische Kategorie eingereiht. Das große Problem dieser falschen oder zumindest einseitigen Diagnose besteht darin, dass die Kernprobleme der Autismus-Spektrum-Störung (Beeinträchtigung der Kommunikation und sozialen Interaktion, der Empathie-Fähigkeit, usw.) unbeachtet und unbehandelt bleiben. Entsprechend führen die ADHS-typischen Maßnahmen (Medikamente

plus Verhaltenstherapie) dann auch nicht zu einer nachhaltigen Verbesserung der Situation.

Ist 2 + 2 = 0 oder 2 + 2 = 4?

Zum letzten Punkt muss hinzugefügt werden, dass sich Autismus-Spektrum-Störung und Aufmerksamkeits-Defizit-Hyperaktivitäts-Störung oft überschneiden und vermischen. Wenn also ein Kind, welches durch ganz erhebliches störendes Verhalten und anderweitige Probleme auffällt, nur einen Teil der Symptome eines ADHS und nur einige (aber nicht genügend) Symptome aus dem autistischen Spektrum aufweist, dann ist die Gefahr einer Fehldiagnose besonders groß. Unerfahrene Untersucher kommen dann zum Schluss, dass es sich weder um das eine (ADHS) noch das andere (Autismus-Spektrum) handelt, statt die einzig klinisch sinnvolle Schlussfolgerung zu ziehen, nämlich die, dass das Zusammentreffen von zwei je für sich genommen »unvollständigen« Störungsbildern zu einer genauso bedeutsamen Störung führt wie jede »reine« Form für sich allein!

Diese Tatsache habe ich zur Veranschaulichung in eine einfache mathematische Formel übersetzt: sowohl beim ADHS wie beim Autismus umfasst die klassische Diagnose sinngemäß jeweils 3 Kategorien von Symptomen, und eine Diagnose soll nur gestellt werden, wenn alle 3 Kriterien erfüllt sind. Wenn also ein Kind mit einer Mischform zwischen ADHS und Asperger-Syndrom von einem ADHS-Experten abgeklärt wird, dann wird dieser zum Schluss kommen, dass nicht alle ADHS-Kriterien erfüllt sind, sondern vereinfacht gesprochen nur 2 von 3. Das Resultat ist: kein ADHS (= Null)! Das Gleiche geschieht dann sinngemäß bei der Abklärung auf Autismus, es folgt wiederum das Resultat »Null«. Dies führt dann zur unsinnigen Formel 2 + 2 = 0!

Wenn man aber bedenkt, dass eine ADHS-Teilsymptomatik (= 2) und eine Autismus-Teilsymptomatik (= 2) sich summieren, dann ergibt dies am Schluss 4, und das ist auch von einem klinischen Standpunkt eine sinnvolle Sichtweise: ein Kind mit einer solchen Mischform kann im Leben größere Probleme haben als ein Kind, das aus einer einzigen Kategorie die diagnostischen Kriterien vollständig erfüllt (= 3). Ganz im Sinne der Mathematik ergibt 2 + 2 also 4.

Die beschriebenen Probleme werden natürlich dadurch gefördert, dass es in den meisten Regionen ADHS-Abklärungsstellen gibt, die zu wenig von Autismus verstehen, und Autismus-Abklärungsstellen, die mit dem ADHS zu wenig vertraut sind. Angesichts dieser spezialisierten Abklärungs-Angebote fallen dann die »2 + 2-Kinder« buchstäblich zwischen Stuhl und Bank.

Der egozentrische Subtypus des ADHS

Um dieser beschriebenen Mischform von Asperger-Syndrom und ADHS einen anschaulichen Namen zu geben, schlage ich Folgendes vor: Im DSM-IV wird beim ADHS zwischen drei Subtypen unterschieden, die aus der klinischen Erfahrung Sinn machen – man unterscheidet den *unaufmerksamen Subtypus* (ohne nennenswerte

Hyperaktivität = ADS), den *impulsiv-hyperaktiven Subtypus* sowie eine Mischform von beidem.

Ich möchte nun vorschlagen, einen weiteren Subtypus einzuführen, den ich den *egozentrischen Subtypus des ADHS* nennen würde. Die Schwierigkeiten, sowohl zu Hause wie in der Schule, liegen neben der Unaufmerksamkeit und Vergesslichkeit v. a. auch im Egozentrismus bzw. in der sehr mangelhaften Empathie für andere.

Die ausgeführten Überschneidungen zwischen Asperger-Syndrom und ADHS können anhand folgender Grafik anschaulich nachvollzogen werden:

| AS | Asperger-Profil | Egozentrisches ADHS | ADHS |

Dieses Schema wird der Tatsache gerecht, dass Diagnosen nicht streng voneinander abgrenzbar sind. Es gibt Abstufungen und Übergänge. Ganz links wäre also das Asperger-Syndrom (AS) in »reiner« Form, gefolgt von einer abgeschwächten Form (Menschen mit Asperger-Profil), und für Kinder, die ein ADHS mit »Asperger-Anteilen« aufweisen, wird der Begriff »Egozentrisches ADHS« benutzt.

Eine möglichst ganzheitliche Diagnostik

Grundsätzlich möchte ich noch einmal darauf hinweisen, dass es einen wesentlichen Unterschied darstellt, ob ein Kind mit der Fragestellung »Frühkindlicher Autismus« abgeklärt wird oder mit der Fragestellung »Asperger-Syndrom« bzw. »Atypischer Autismus«. Grob vereinfachend kann hier das Alter bei der Abklärung als Richtlinie dienen: Die Abklärung auf Frühkindlichen Autismus findet heute meist deutlich vor dem 5. Geburtstag statt, idealerweise schon im zweiten Lebensjahr. Die entsprechende Vorgehensweise wurde bereits im Kapitel »Frühkindlicher Autismus« beschrieben. Abklärungen mit der Fragestellung »Asperger-Syndrom« und meist auch »Atypischer Autismus« werden in der Regel frühestens im Kindergartenalter bzw. im 5. Lebensjahr oder danach durchgeführt. Die Ausgangslage ist von vorneherein eine andere und bedingt deshalb auch ein anderes Vorgehen:

1. Um zu entscheiden, ob die Verdachtsdiagnose »Autismus-Spektrum-Störung« weiterverfolgt werden soll, sind zunächst sogenannte Screening-Fragebögen sehr hilfreich, von denen es mehrere gibt: Fragebogen zur sozialen Kommunikation (FSK ▶ Anhang), Social Responsiveness Scale (SRS ▶ Anhang) oder der für das Asperger-Syndrom spezifisch entwickelte MBAS (▶ Anhang). Ich benutze am Anfang der Abklärung zunächst den SRS und später den MBAS und habe die Erfahrung gemacht, dass beide Screening-Instrumente eine recht hohe Zuverlässigkeit aufweisen und meistens gut mit meinem eigenen klinischen Eindruck

übereinstimmen. Der Vorteil des SRS liegt darin, dass er auch benutzt werden kann, wenn eine Autismus-Spektrum-Störung als Verdacht noch gar nicht im Raum steht. Zudem kann er auch von Bezugspersonen außerhalb der Familie ausgefüllt werden, wobei in erster Linie Lehrpersonen in Betracht kommen. Nicht selten sind Verhaltensbeobachtungen von Lehrpersonen sogar zuverlässiger als von Eltern, weil sich diese bisweilen so sehr an das Verhalten des Kindes gewöhnt haben, dass sie zum Beispiel die Frage nach einem »ausweichenden Blickkontakt« verneinen.
2. Hat sich ein Anfangsverdacht beim Screening-Fragebogen bestätigt (vielleicht auch nur teilweise), dann wird das »autistische Verhalten« wie bisher üblich mittels eines Vorgehens näher erfasst, das sich an Verfahren wie ADOS und ADI-R anlehnt. Mit anderen Worten: Einerseits wird das Verhalten des Kindes während der Untersuchung sehr genau beobachtet. Nimmt das Kind mit mir als Untersucher angemessen Kontakt auf oder interessiert es sich fast ausschließlich für die Gegenstände in meiner Praxis? Reagiert es auf meine verbalen oder spielerischen Interventionen? Ist das Spielverhalten vielfältig und flexibel oder ist es sehr stereotyp und egozentrisch? Da allerdings Kinder mit Asperger-Syndrom oft gelernt haben, sich im Kontakt mit einer wohlwollenden erwachsenen Bezugsperson ziemlich angemessen zu verhalten, sollten die Beobachtungen aus dem Einzelsetting nicht überbewertet werden. Sehr wichtig sind hier auch Schilderungen über das Verhalten des Kindes im Alltag und insbesondere mit Gleichaltrigen. Anderseits wird, in Anlehnung an das Verfahren ADI-R, eine sehr genaue Vorgeschichte der kindlichen Entwicklung (Anamnese) erhoben. Es wurde bereits andernorts erwähnt, wie wichtig es ist, die Eltern auf die Vorgeschichte hin sehr genau zu befragen, insbesondere im Hinblick auf Verhaltensweisen, die für Kinder aus dem Autismus-Spektrum typisch sind. Es hat sich übrigens bei meinen Abklärungen sehr bewährt, dass ich die Eltern schon vor dem Ersttermin die Vorgeschichte des Kindes schriftlich zusammenfassen lasse.
3. Die Intelligenz-Abklärung z. B. mittels des HAWIK-IV (▶ Anhang) verfolgt mehrere Ziele. Erstens ist es sehr wichtig, das Intelligenz-Niveau des Kindes zu erfassen, da es für die Planung der Schullaufbahn und die Prognose generell von großer Bedeutung ist. Zweitens erlaubt der HAWIK die Herausarbeitung von Asperger-typischen Stärken und Schwächen. Und drittens sind auch Beobachtungen möglich, die einen Beitrag zur Beurteilung typisch autistischer Persönlichkeitsmerkmale liefern. Hans Asperger hat in seiner Publikation unter anderem darauf hingewiesen, dass »die Intelligenz-prüfung nicht nur über die intellektuelle Begabung, sondern auch über wesentliche Persönlichkeits-Funktionen« Aufschluss zu geben vermag. Als Beispiele bei der Durchführung des HAWIK seien hier erwähnt: Pedanterie; Schwierigkeiten, Entscheidungen zu treffen und damit verbunden langes Grübeln beim Antworten; manchmal sehr originelle sprachliche Kreationen; langsames Arbeitstempo.
4. Zur Gesamtbeurteilung sollten die allenfalls vorhandenen besonderen Fähigkeiten, Spezial-Interessen und Hobbys berücksichtigt werden. Solche typischen Interessen sind z. B.: Eisenbahnen, Auto-Sammlungen, Sammlungen aller Art, historische Fakten und vergangene Epochen, Lesen, Dinosaurier und zoologisches Wissen allgemein, Fahrpläne, Sporttabellen, Wetterprognosen usw., und

natürlich: alles was mit Computern, Computerspielen, Internet usw. zu tun hat. Als spezielle Interessen besonders bei Mädchen seien erwähnt: Barbie-Puppen und – Sammlungen, TV-Serien, Stofftiere, Tiere im Allgemeinen und v. a. auch Pferde.

5. Für eine standardisierte Erfassung der sozio-emotionalen Kompetenzen bietet sich ein neues testpsychologisches Instrument dar: die »Intelligence and Development Scales« (IDS ► Anhang). Im Handbuch (Grob et al. 2009, S. 183) wird festgestellt: »Im Bereich der sozial-emotionalen Kompetenz erzielte die Stichprobe der Kinder mit Asperger-Syndrom in den Untertests ›Emotionen regulieren‹, ›Soziale Situationen verstehen‹ und ›Sozial Kompetent Handeln‹ bedeutsam tiefere Werte als die Kinder der Kontrollgruppe.« Die IDS sind vorläufig das einzige deutschsprachige Testverfahren, die eine zuverlässige Beurteilung von sozialen und emotionalen Kompetenzen erlauben. Auch die Fein- und Grobmotorik und das Sprachverständnis können in den IDS standardisiert beurteilt werden. Für jüngere Kinder wären die IDS sowieso eine gute Alternative zum HAWIK-IV.

6. Einen weiteren Aspekt bei einer ganzheitlichen Diagnostik stellt die Familien-Anamnese dar. Dabei wird der heute unbestrittenen Tatsache Rechnung getragen, dass beim Entstehen autistischer Störungen die Vererbung eine entscheidende Rolle spielt. Es sollte demnach auch auf das Vorhandensein von gewissen Persönlichkeitsmerkmalen bei Eltern und Geschwistern geachtet werden. Wenn man gezielt fragt, wird von den Eltern oft bestätigt, dass einer oder sogar beide Elternteile oder vielleicht auch andere nahe Verwandte Persönlichkeitszüge aufweisen, die jenen des abzuklärenden Kindes ähnlich sind, aber einfach weniger ausgeprägt.

Zur Familien-Anamnese gehört meines Erachtens übrigens auch noch die Frage nach einem allfälligen Migrationshintergrund eines oder beider Elternteile. Nach meiner klinischen Erfahrung finden sich bei den Eltern autistischer Kinder auffällig viele interkulturelle Ehen und/oder Zuwanderungen, v. a. aus hochentwickelten Ländern oder auch aus anderen Landesteilen/Regionen. Es scheint so zu sein, dass Menschen mit leichten autistischen Merkmalen eher dazu neigen, ihre Heimat zu verlassen bzw. einen Partner/eine Partnerin fern der Heimat zu suchen. Dieser Gedanke ist vorläufig lediglich eine von mir geäußerte Hypothese, aber ein Zusammenhang im Sinne von »leicht autistisch → sozial mangelhaft integriert → Ausweichverhalten in Richtung Emigration bzw. Partnersuche in der Fremde« scheint mir durchaus plausibel. Und zudem erleichtern die sogenannte Globalisierung sowie insbesondere das Internet diesen Prozess ganz erheblich. (Gemäß zuverlässigen Quellen besteht heute jede zweite neu eingegangene Ehe in der Schweiz aus einer Kombination von einem einheimischen und einem zugewanderten Partner!)

7. Im diagnostischen Prozess sollte immer auch berücksichtigt werden, dass bei einer Autismus-Spektrum-Diagnose mit Krankheitswert häufig komorbide Störungen dazukommen: Ängste, Phobien, Zwänge, Stimmungsschwankungen, Essstörungen, Hyperaktivität, oppositionelle Verhaltensstörung usw. Anders gesagt, man sollte auf jeden Fall von der Denkweise wegkommen: »Handelt es sich um eine Autismus-Spektrum-Störung *oder* eine emotionale Störung? Handelt es

sich um eine Autismus-Spektrum-Störung *oder* ADHS usw.« Eigentlich sollte man sich als Untersucher vielmehr bei jeder Abklärung, unabhängig davon, warum sie veranlasst wurde, die Frage stellen: »Könnte hinter der im Moment vorherrschenden Symptomatik auch noch eine milde Form von Autismus stecken?«

8. Und schließlich ist es wichtig, wie bereits erwähnt, den diagnostischen Prozess interaktiv zu gestalten und die Diagnose im Dialog mit den Eltern und allenfalls anderen beteiligten Fachpersonen (Logopädie, Ergotherapie usw.) zu entwickeln. Eltern sind die größten Experten, wenn es um ihr eigenes Kind geht. Die meisten haben schon früh gemerkt bzw. gespürt, dass mit ihrem Kind etwas nicht stimmt. Sie konnten es einfach nicht selbst auf den Punkt bringen. Werden sie dann aber mit den wesentlichen Merkmalen des Asperger-Syndroms bzw. des Autismus-Spektrums im Sinne einer möglichen Verdachtsdiagnose vertraut gemacht, dann können sie ganz wesentlich dabei mitreden, ob die Diagnose auf ihr Kind zutrifft und in welchem Ausmaß.

In diesem Zusammenhang habe ich auch schon den Einwand gehört, Eltern könnten sich ja eine Autismus-Diagnose geradezu wünschen und könnten deshalb in diese Richtung beeinflusst werden bzw. schon beeinflusst worden und voreingenommen sein. Darauf möchte ich antworten: Eltern wünschen sich in aller Regel, dass ihr Kind normal entwickelt ist! Das ist die Hauptsache. Und wenn ihr Kind ganz offensichtlich von einer normalen Entwicklung abweicht und ein entsprechend auffälliges Verhalten entwickelt, dann möchten Eltern wissen, worum es sich bei dieser Fehlentwicklung handelt (Diagnose) und was dagegen getan werden kann (Therapie).

Es mag sein, dass es mit der Verbreitung des Internets und mit der generellen Tendenz, Gesundheitsfragen in der Öffentlichkeit breit zu diskutieren, auch die Tendenz gibt, auf Probleme überzureagieren und die sprichwörtlichen Flöhe husten zu hören. Das scheint mir aber ein grundsätzliches Problem einer modernen Informationsgesellschaft zu sein und hat mit meiner partnerschaftlichen Haltung als Untersucher herzlich wenig zu tun. Und schlussendlich kommt es durchaus vor, dass Eltern sich in meiner Praxis mit der Fragestellung »Autismus-Spektrum-Störung« melden, und nach der Abklärung komme ich zum Schluss, dass für eine solche Diagnose zu wenig Hinweise vorhanden sind. Ich habe es bis jetzt noch nie erlebt, dass Eltern ein solches Urteil hinterfragt hätten.

4 Verlauf in Kindheit, Jugend und Erwachsenenalter

Dieses Kapitel beginnt mit einer Reihe von Portraits von Kindern, Jugendlichen und Erwachsenen aus dem Autismus-Spektrum. Dem Leser soll so ein möglichst lebendiges Bild vermittelt werden. Denn schließlich ist jeder Mensch einmalig, und von Autismus Betroffene unterscheiden sich untereinander genauso, wie sich Menschen ohne Diagnose voneinander unterscheiden. Anschließend sollen die für jede Lebensphase typischen Herausforderungen und Probleme noch einmal zusammenfassend beschrieben werden.

Fallbeispiel Yves (15 J.), Asperger-Syndrom

Yves besucht die 8. Klasse der Realschule (entspricht im deutschen Schulsystem der Hauptschule) und wohnt mit seiner Mutter und ihrem Lebenspartner auf einem Bauernhof am Bielersee. Das Haus liegt außerhalb des Dorfes, in einer sehr ländlichen Gegend, mit viel Platz im Haus und um das Haus herum. Für Yves sind dies geradezu paradiesische Verhältnisse, wenn … ja, wenn da nicht die Pflicht wäre, jeden Tag in die Schule zu gehen.

Als Säugling und Kleinkind entwickelte sich Yves zunächst durchaus innerhalb der Norm, er konnte mit ca. 1 Jahr frei gehen und hat schon mit 2 Jahren sehr gut in vollständigen Sätzen gesprochen. Er war allerdings seit jeher erzieherisch schwer zu führen. In der Spielgruppe interessierte er sich nicht für die anderen Kinder und fand dort keinen Anschluss. Seine Antwort auf die Frage, ob er denn nicht mit den andern Kindern spielen wolle, war: »Nein, die interessieren mich nicht. Ich bin anders als die anderen Kinder!« Der Mutter war zudem aufgefallen, dass Yves als kleiner Junge an allen Gegenständen immer zuerst riechen musste und dass er überempfindlich auf Lärm reagierte. Häufig ging er im Wohnzimmer im Kreis herum und durfte dabei nicht gestört werden mit der Begründung, er sei am »träumen«.

Schon als kleines Kind entwickelte er »Sammlerleidenschaften« (Steine, Kristalle) und hatte immer eine sehr genaue Vorstellung davon, was er wollte und welcher Kristall z. B. noch in die Sammlung aufgenommen werden sollte: »Dieser und kein anderer!« Mit vier Jahren wünschte er sich zu Weihnachten sein erstes Mikroskop. Yves hatte beim Eintritt in den Kindergarten von Anfang an Mühe, sich in eine Gruppe zu integrieren und ging deshalb auch nicht gerne hin. Die Kindergärtnerin war offensichtlich überfordert und behandelte ihn ausgesprochen grob. Yves zeigte eine immer größere Abneigung, überhaupt in den Kindergarten zu gehen, und es kam zu relativ häufigen krankheitsbedingten Absenzen. Im Alltag hatte er große Schwierigkeiten mit einfachen Dingen wie: Kleider und Schuhe anziehen, Hände waschen, Zähne putzen usw. Schließlich fand eine Abklärung im örtlichen Kinder- und Jugendpsychiatrischen Dienst statt, wo er folgendermaßen beschrieben wurde: »Yves ist meist aufgestellt und fröhlich, anderseits weist er einen sehr starken Willen auf, den er gerne umsetzen will. Wenn seine Vorstellungen nicht erfüllt werden, ist er schnell frustriert, was auf eine gewisse emotionale Entwicklungsverzögerung hinweist. Intellektuell hingegen macht Yves einen weit entwickelten Eindruck, da er sehr viel weiß und genaue Beobachtungen macht.« Nach der Abklärung wurde in einem anderen Kindergarten ein Neuanfang gemacht.

Mit dem Eintritt in die Schule wurden die Probleme nicht geringer – im Gegenteil. Auch hier entwickelte Yves rasch eine ablehnende Haltung; die Hausaufgaben fand er besonders schlimm und diesbezüglich ergaben sich zu Hause regelmäßig heftige Konflikte. Sein Verhalten in der Schule hingegen war eher angepasst, allerdings hatte er große Leistungsprobleme, vor allem in der Mathematik. Seine ausgeprägten Interessen galten Sachthemen verschiedenster Art, insbesondere Tieren (z. B. Tiefseewesen, Insekten, Dinosauriern). Auch interessierte er sich für alles, was alt war, daher entwickelte er auch besondere Kenntnisse in Archäologie und Geschichte (Altes Ägypten). In der Schule war Yves sozial sehr zurückhaltend und es gelang ihm nicht, befriedigende Kontakte zu Gleichaltrigen aufzubauen. Yves mochte auch Wettbewerbssituationen nicht und wollte deshalb nicht in einem Sportklub mitmachen. Zu Hause pflegte er für sich allein jedoch intensiv seine Hobbys wie Modellbau und Lego.

Eine Odyssee der Abklärungen bis zur Diagnose

Sehr belastend war für Yves' Mutter insbesondere auch die Tatsache, dass sie mit ihm eine langjährige Odyssee an Abklärungen durchmachen musste, bis endlich eine klare Diagnose gestellt wurde: Es waren im Laufe von sieben Jahren insgesamt acht Abklärungen!

In der ersten kinderpsychiatrischen Untersuchung im Alter von 5 Jahren wurde zwar Yves' Entwicklungsasymmetrie gut beschrieben, aber die aufgetretenen Probleme wurden v. a. auch mit dem Konflikt zwischen Kindergärtnerin und Mutter erklärt. Zwei Jahre später wurde in einer schulpsychologischen Untersuchung die Vermutung auf ein AD(H)S geäußert, aber nicht bestätigt. Im Jahr darauf suchte die Mutter Hilfe bei einem Spezialisten für Lern- und Leistungsfragen, was aber an der mangelnden Mitarbeit von Yves scheiterte. Weitere drei Jahre später – Yves war jetzt inzwischen 11 Jahre alt geworden – wurde er erneut ausführlich abgeklärt, und zwar auf ausdrücklichen Wunsch der Mutter hin mit der Verdachtsdiagnose Asperger-Syndrom. Die Abklärung wurde, wie das an vielen Orten immer noch üblich ist, ausschließlich mit Untersuchungsinstrumenten geführt, die für den klassischen Autismus entwickelt wurden. Dabei wurden in Bezug auf Yves die einzelnen Diagnose-Kriterien für Autismus nur ganz knapp nicht erreicht. Daraus wurde nun aber nicht die Schlussfolgerung gezogen, dass bei Yves eine milde Form von Autismus oder eben ein Asperger-Syndrom vorliegt. Vielmehr wurde die Möglichkeit einer Autismus-Spektrum-Störung ganz verworfen und eine »Emotionale Störung des Kindesalters« diagnostiziert. Die Mutter von Yves hatte sich allerdings im Laufe der Zeit selbst so viele Kenntnisse zum Asperger-Syndrom angeeignet, dass sie sich mit dieser Beurteilung nicht zufriedengeben konnte. Sie forderte kurze Zeit später eine Zweitmeinung ein und wurde endlich in ihrer Vermutung bestätigt. Insbesondere für Yves selber – aber auch für die Mutter – brachte die Diagnose eine große Erleichterung. Endlich hatte »es« einen Namen und konnte verstanden werden.

Auch nach der Diagnosestellung war die Schule zunächst nicht bereit, Yves in seinen besonderen Bedürfnissen entgegenzukommen. Die Botschaft war: Entweder kannst du dich der Regelschule anpassen, oder du kommst in eine Sonderschule. Yves litt sehr unter dieser Situation und hatte wieder vermehrt Absenzen. Die Mutter zog deshalb schließlich in eine andere Wohngemeinde um und damit verbunden kam Yves in eine andere Schule. Er besucht jetzt dort die 8. Klasse, erhält zusätzlich sechs Förderlektionen (v. a. für Mathematik und Hausaufgabenhilfe) und wird nicht mehr unter Leistungsdruck gesetzt. Wegen seiner Schwierigkeiten mit der Handschrift darf Yves einen PC zum Schreiben benutzen. Dies hat eine spürbare Entlastung gebracht, konnte aber nichts daran ändern, dass Yves kein einziges Schulfach gerne hat und nach wie vor die Schule überflüssig findet. Er kann dort nichts lernen, was ihn interessiert. Am schlimmsten ist für ihn Mathe, aber er fügt hinzu: »Ich hasse alle anderen Fächer fast gleich!«. Typisch für Yves' Verhältnis zur Schule ist auch folgendes Beispiel: Als kleines Kind interessierte er sich eine Zeitlang intensiv für Dinosaurier und wollte alles darüber wissen. Als dann später in der Schule tatsächlich die Dinosaurier behandelt wurden, fand er das alles viel zu banal und uninteressant und konnte sich nicht auf das Thema einlassen.

Es ist eben beileibe nicht so, dass sich Yves nicht mit vielem beschäftigen würde! Heute nach seinen Interessen befragt, lautet die Antwort: »Alles, was alt ist«. Oldtimer-Autos, antike Kameras, Antiquitäten, alte Motorfahrräder usw. Er besitzt eine immense Sammlung an alten Fotoapparaten und Zubehör, alles fein säuberlich beschriftet, zudem sammelt er Oldtimer-Modelle und fotografiert sehr gerne. Als Beruf würde er gerne Fotograf lernen, weiß aber, wie schwierig es ist, in diesem Bereich eine Lehrstelle zu finden. Das gleiche gilt auch für den Berufswunsch Motorfahrrad-Mechaniker.

Auf das Essverhalten von Yves angesprochen, antwortete die Mutter mit den Worten: »eine Katastrophe!« Extrem einseitig, kaum Gemüse und Salat. Einmal gab es zum Beispiel eine »Käse-Phase«, in welcher Yves Käse in großen Mengen verschlang, gefolgt von einer Phase, in der er Käse völlig mied. Das Essen darf im Übrigen weder heiß noch kalt sein, am besten »lauwarm«.

Ein weiteres belastendes Thema sind Yves' Wutanfälle, welche ihn seit dem Kleinkindalter begleiten. Auslöser sind aus Sicht der Erwachsenen Kleinigkeiten wie z. B.: Es passiert etwas Unerwartetes, eine Bastelarbeit gelingt nicht, es müssen die Hausaufgaben gemacht werden usw. Früher waren die Wutanfälle sehr heftig, heute zum Glück abnehmend an Intensität und Häufigkeit. Yves hat auch gelernt, sich mit geeigneten Methoden zu beruhigen. Früher war es das Hören von Kasperli-Kassetten, heute vor allem das Musikhören im eigenen Zimmer, wo er ungestört ist.

Die Beschreibung von Yves wäre allerdings unvollständig, ohne seine humorvolle und unterhaltsame Seite zu erwähnen. Er mag sehr gerne Kabarettisten und Komiker und kann diese zum Teil auch sehr gut imitieren. Vor kurzem hat er eine ganze Reisegesellschaft unterwegs im Bus bestens unterhalten.

Yves steht nun im letzten Schuljahr und wird den Rest der Schulzeit »aussitzen«. Seine Haltung gegenüber der Schule hat sich über all die Jahre stetig ins Negative entwickelt. Es fällt ihm immer noch sehr schwer, zügig und einigermaßen leserlich von Hand zu schreiben. Er hätte zwar jetzt die Möglichkeit, Texte mit dem PC statt von Hand aufs Papier zu bringen. Solche sinnvollen Maßnahmen hätten vor einigen Jahren vermutlich noch Erfolg gehabt, aber jetzt ist Yves an einem Punkt angelangt, wo er die Schule und alles, was damit zusammenhängt, nur noch ablehnen kann. Wie es nach dem Ende der Schulzeit weitergeht, steht zurzeit in den Sternen. Die Mutter hat Kontakt mit der Berufsberatung der Invalidenversicherung aufgenommen und hofft, dort endlich für Yves eine hilfreiche Unterstützung zu bekommen.

Fallbeispiel Daniela (10 J.), Atypischer Autismus

Daniela ist das jüngere von zwei Mädchen. Ihre um zwei Jahre ältere Schwester heißt Stephanie und wird im Kapitel 6 im Zusammenhang mit ihrer Rolle als Helferin noch einmal erwähnt. Der Vater ist von Beruf gelernter Schlosser und arbeitet jetzt als technischer Kontrolleur bei der SBB (Schweizerische Bundesbahnen). Die Mutter ist Hausfrau und betreut regelmäßig neben ihren Töchtern auch noch Tageskinder. Wegen dem erheblichen Aufwand, den die Betreuung von Daniela im Alltag erfordert, erhält die Familie von der Invalidenversicherung (▶ Anhang) eine sogenannte Hilflosenentschädigung.

Dass Daniela kein einfaches Kind sein würde, zeigte sich schon bald nach der Geburt: Sie war ein sogenanntes Schreikind, konnte nur mit Mühe einschlafen und wachte jede Nacht mehrmals schreiend auf. Als zusätzliche Schwierigkeit kam hinzu, dass sich Daniela nicht beruhigen ließ, indem sie in den Arm genommen und herumtragen, sondern am ehesten noch, wenn sie im Kinderwagen spazieren gefahren wurde. Auch beim Fläschchen-Trinken wollte sie nicht im Arm gehalten werden, sondern sie trank nur, wenn sie im sogenannten »Babysitter« (ein kleiner Liegesitz) liegen konnte. Immer wieder einmal verweigerte sie das Milchfläschchen auch. Als die erschöpften Eltern wegen dieser Schwierigkeiten erstmals Hilfe suchten, wurden sie mit folgendem Erklärungsmuster konfrontiert: »Sie sind als Mutter zu nervös und machen so auch das Kind nervös, deshalb schreit es so viel …« Am neuen Behandlungsort (Spital in einem benachbarten Kanton), an welchen sich die Eltern in der Folge wandten, fühlten sie sich besser verstanden. Hier wurde auch erkannt, dass Danielas Körperspannung zu hoch ist (»das Kind ist sehr steif«) und in der Folge erhielt sie Physiotherapie verordnet, was ihr sehr gut tat. Die Eltern und auch die Therapeutin bedauerten es sehr, dass die Physiotherapie dann wegen fehlender Kostengutsprachen nicht so lange weitergeführt werden konnte, wie sie es sich gewünscht hätten.

Im zweiten Lebensjahr zeigten sich dann Verzögerungen in der motorischen und v. a. auch der sprachlichen Entwicklung. Freies Gehen war erst mit etwa 20 Monaten möglich, mit ca. 3 Jahren sagte Daniela erste Wörter, die über »Papi« und »Mami« hinausgingen. In der Folge wurden wegen dieser Entwicklungsrückstände heilpädagogische Früherziehung und Logopädie durchgeführt.

Bei der Frage, welches der für Daniela geeignete Kindergarten sei, erlebten die Eltern die Zusammenarbeit mit Fachpersonen wieder als sehr schwierig. Die einen kamen zum Schuss, Daniela sei geistig behindert und gehöre in einen heilpädagogischen Kindergarten. Andere vertraten jedoch die Meinung, der Sprachheilkindergarten sei die richtige Lösung, was auch die Eltern befürworteten. Schließlich wurde dem Sprachheilkindergarten, aufgrund einer dortigen Abklärung, die Entscheidung übertragen, und diese fiel dann für die Eltern positiv aus. Die vorübergehende Ungewissheit und dieses immer wieder gegen Widerstände kämpfen müssen war für die Eltern aber sehr belastend.

Und leider trat in der Folge keine Beruhigung ein. Es war für die Kindergärtnerin wie auch die intensiv tätige Logopädin schwierig, aus Daniela klug zu werden und Wege zu finden, um ihre Sprache zu fördern. Ihr Hang zu stereotypen Spielsequenzen machte es schwierig bis unmöglich, die Sprache im gemeinsamen Spiel auf spielerische Weise zu entwickeln, so wie es bei einem Kind mit einer reinen Sprachentwicklungsstörung normalerweise geschieht.

Notiz: Rückblickend kann man sagen, dass die Entscheidung »Sprachheilkindergarten« wohl richtig war, dass die fehlende Autismus-Diagnose sich aber für die richtige Förderung als sehr hinderlich erwies! Da man, wie der Volksmund sagt, hinterher immer klüger ist als vorher, soll hier nicht etwa den beteiligten Fachpersonen, die sich um Daniela bemühten, irgendein Vorwurf gemacht werden. Es geht darum, sensibilisiert zu werden hinsichtlich der Tatsache, dass es zu sehr konflikthaften Entwicklungen kommen kann, wenn ein Kind aus dem Autismus-Spektrum nicht als solches erkannt wird und seine Schwierigkeiten auf eine Teil-Problematik (Sprachrückstand) reduziert werden! Die Fachleute haben dann zu wenig oder keinen Erfolg, und die Eltern wissen zwar intuitiv, dass da etwas schief läuft, können aber selbstverständlich auch nicht sagen, was genau, oder sie können es schlecht begründen.

Aus diesen Gründen entwickelte sich rund um den Kindergartenbesuch von Daniela ein Konflikt zwischen Schule und Eltern, der leider eskalierte und schließlich die Schule veranlasste, eine Gefährdungsmeldung bei der Vormundschaftsbehörde einzureichen. Die Eltern mussten sich mit Hilfe eines Anwaltes gegen den Vorwurf wehren, sie würden ihr Kind misshandeln und bräuchten deshalb eine verordnete Familienberatung.

In dieser verfahrenen Situation brachte eine erneute kinderpsychiatrische Abklärung und schließlich die Diagnose »Atypischer Autismus« eine langsame, aber stetige Wendung zum Besseren. Im familiären Umfeld war übrigens schon zu einem früheren Zeitpunkt von jemandem der Verdacht auf eine autistische Störung geäußert worden. Von den beteiligten Fachleuten war dies aber zu wenig ernst genommen worden. Dies liegt wohl in erster Linie daran, dass Daniela einige, aber nicht alle klassischen Kriterien für die Diagnose »Autismus« erfüllt. So hat Daniela durchaus große Schwierigkeiten, ein wechselseitiges Gespräch zu führen. Sie stellte zum Beispiel in der Untersuchungssituation viele Fragen, ohne aber wirklich auf Antworten zu warten. Oder sie antwortete auf meine Fragen sehr stereotyp und oft nicht passend zur Frage.

Im Alltag hat Daniela eine starke Tendenz, bis ins Detail an gewohnten Abläufen festzuhalten. Wenn dann irgendeine Kleinigkeit davon abweicht (der Vater kommt zum Beispiel eine halbe Stunde später nach Hause als angekündigt), gibt es ein großes »Drama«. Was ebenfalls immer wieder sehr belastend ist, ist die Tatsache, dass Daniela Gefahren schlecht erkennt und so Gefahr läuft, auf die Straße hinaus zu rennen oder z. B. eine heiße Herdplatte anzufassen. Was hingegen viele in der Vorgeschichte involvierte Fachpersonen offenbar verunsicherte, ist die Tatsache, dass Daniela einen »offenen« Eindruck macht und auch eine relativ lebhafte Mimik zeigt. Die Meinung ist noch zu sehr verbreitet, ein Kind aus dem Autismus-Spektrum erscheine nach außen hin immer verschlossen und könne nicht offen sein und aktiv auf andere zugehen. Aufgrund der bei Daniela unvollständig vorhandenen Autismus-Symptomatik ist der Begriff »Atypischer Autismus« für sie zutreffend.

Nachdem die Diagnose endlich klar war, erlebten die Eltern dies als eine große Erleichterung. Sie erhielten bestätigt, was sie intuitiv eigentlich schon lange wussten. Und sie bekamen vor allem neue und wirksame Instrumente für den Erziehungsalltag an die Hand! Die Mutter bildete sich intensiv weiter und kam mit den Elementen von TEACCH (▶ Kap. 5) und PECS (eine Form der unterstützten Kommunikation, die mit Bildern arbeitet) in Kontakt. Sie hat einiges davon mittlerweile in den Alltag umgesetzt und auch der Schule entsprechende Informationen vermitteln können. Die sichtbaren Fortschritte, die Daniela seither macht, bestätigen, dass die Familie nun auf dem richtigen Weg ist. Die Diagnose »Autismus« hat zudem auch wichtige Unterstützung in Form von Teilnahme an einer regionalen Selbsthilfegruppe sowie die Integration eines Autismus-Begleithundes in die Familie mit sich gebracht.

Fallbeispiel Ruben (15 J.), Asperger-Syndrom

Ruben ist der ältere von zwei Brüdern. Sein Vater lernte als Beruf zuerst Plättlileger (Plättli = Fliesen) und wechselte später in die Chemische Industrie, wo er nun schon viele Jahre als Apparateführer tätig ist. Die Mutter ist gelernte Buchhändlerin, beide Eltern entspannen sich in der Freizeit gerne mit Lesen.

Ruben war zunächst mit wenigen Ausnahmen (als Kleinkind hatte er leichte Einschlafprobleme, brauchte viele Nuggis (Schnuller), »Nuscheli«-Tücher und Stofftiere; zudem war er eher unruhig und brauchte viel Unterhaltung) ein problemloses Kind. Im Alter von 6 Monaten wurde klar, dass er wie schon sein Vater –

und später auch sein jüngerer Bruder – einen Herzfehler aufwies, der schließlich operiert wurde, als er 5 Jahre alt war.

Im zweiten Lebensjahr fiel bei der Sprachentwicklung auf, dass Ruben rasch einen großen Wortschatz entwickelte, gleichzeitig aber sehr Mühe hatte, die Worte auch deutlich auszusprechen. Er benutzte praktisch nur Vokale und wurde so fast nur von den Eltern verstanden. Auch hatte seine Stimme einen besonderen Tonfall im Sinne eines Singsangs. Als Ruben mit 4 Jahren in eine Spielgruppe kam, redete er schon deutlich verständlicher. Er machte gerne bei Bastelarbeiten mit, blieb jedoch sonst meistens auf sich selbst konzentriert und beachtete andere Kinder nicht groß. Auch zuhause konnte er sich sehr gut und ausdauernd alleine beschäftigen, Lieblingsspielzeuge waren Duplo und Bauklötze, mit denen er alles Mögliche konstruierte. Auffallend war, dass sein ausdauerndes Spielen oft plötzlich durch Wutanfälle unterbrochen wurde, wenn irgendeine Kleinigkeit nicht so klappte, wie Ruben es wollte. Aus Wut zerstörte er dann häufig sein ganzes Werk.

Wenn andere Kinder zu Besuch kamen, wollte Ruben häufig der Chef sein und den anderen Kindern sagen, was sie zu tun haben, da er sich eine bestimmte Vorstellung des Spiels im Voraus ausgedacht hatte und es auch so umsetzen wollte. Solange diese das akzeptierten, ging es gut. Das gleiche Muster entwickelte sich gegenüber dem jüngeren Bruder, der auf die Welt kam, als Ruben 2 ½ Jahre alt war.

Schon früh hat Ruben sehr gerne und ausdauernd gezeichnet, er benutzte vorwiegend nur den Bleistift und seine Zeichnungen waren sehr präzise Abbildungen der Wirklichkeit. Im Kindergartenalter wurden die Zeichnungen immer technischer und detailgetreuer. Eindrücklich zeigte sich das bei einem seiner Lieblingsobjekte, den Kränen! Ein Kran wurde immer zuerst gezeichnet und nachher gemäß diesem Bauplan detailgetreu nachgebaut. Der Kindergärtnerin fiel die besondere Art von Ruben schon früh auf, nämlich die Diskrepanz zwischen seinen technischen und zeichnerischen Fähigkeiten auf der einen und seine geringe Sozialkompetenz auf der anderen Seite. Von den anderen Kindern hielt er sich meist fern.

In das Kindergartenalter fiel, wie schon erwähnt, auch der Spitalaufenthalt im Zusammenhang mit der Herzoperation. Ruben wurde vom Spitalpersonal und den Eltern als ziemlich »mühsam« erlebt. Er machte sich für sein Alter ungewöhnlich viele Gedanken mit entsprechenden Befürchtungen und stellte hundert Fragen.

Mit dem Schuleintritt begann die für Ruben und seine Eltern schwierigste Zeit mit zum Teil sehr einschneidenden Erlebnissen. Zunächst waren die Probleme noch einigermaßen im Rahmen. Ruben zeigte einen großen Wissensdurst, stellte sich im Schulalltag aber quer, wenn ihm etwas als zu langweilig erschien. Er orientierte sich stark an der Lehrperson und geriet mit anderen Kindern oft in Konflikte, da diese Rubens Verhalten und seine Art nicht verstehen konnten. Gegen Ende der 2. Klasse eskalierte die Situation dann rund um solche Probleme mit Mitschülern. Auch die Eltern anderer Kinder begannen sich einzumischen und die Schule unter Druck zu setzen. Die Situation wurde zuerst für Ruben in der Schule und später für die Eltern im Dorf unerträglich. Auf Umwegen wurde schlussendlich eine Tagessonderschule im Kanton gefunden, wo sich Ruben schrittweise beruhigen und endlich wieder auf schulisches Lernen konzentrieren konnte. Und die Eltern haben schließlich ihr Einfamilienhaus verkauft und sind in eine andere Gemeinde gezogen.

Im Primarschulalter zeigten sich Rubens besondere Interessen immer deutlicher: Das waren zum Beispiel alle Arten von Plänen und Karten, z. B. auch Landkarten. Gemeinsame Ausflüge wurden angenehmer, wenn Ruben die Wanderkarte und die Suche des richtigen Wegs überlassen wurde. Ein weiterer Schwerpunkt ist alles, was mit Rittern, Burgen, Mittelalter, Hellebarden usw. zu tun hat. Ruben interessiert sich auch allgemein für Geschichte, für die Geschichte der Erde, das Weltall und anderes mehr. Er zeichnet gerne ganze mittelalterliche Dörfer und Kirchen, mit dreidimensionaler Perspektive und sehr detailgetreu (▶ Abb. 5).

Er hat auch begonnen, selbst Filme herzustellen, indem er mit Playmobil-Material Szenen zusammenstellt, die einzelnen Figürchen minimal verschiebt und jedes Mal ein Standbild aufnimmt. Die zusammengesetzten Bilder ergeben dann in der Abfolge einen animierten Film.

Im Gegensatz zum Kleinkindalter ist Rubens Essverhalten immer schwieriger und wählerischer geworden. Das kann mit dem Aussehen, der Konsistenz oder einem speziellen Geruch der Nahrung etwas zu tun haben. Rubens damaliger Geruchssinn wird von den Eltern klar als überempfindlich beurteilt.

Auch auf (harmlose) Krankheitssymptome reagiert er übermäßig. So wollte er wegen einer Erkältung das Haus nicht verlassen. Als er dann doch überredet werden konnte, auf einen gemeinsamen Ausflug mitzukommen, geschah folgendes: Er musste husten, eine fremde Frau bekam dies mit und kommentierte arglos: »Das tönt aber nicht gut …« Ruben flippte aus, machte den Eltern Vorwürfe und wollte sofort nach Hause!

Abb. 5: Zeichnung »Dorf« von Ruben (im Alter von 12 Jahren).

Notiz: Rückblickend ist es wichtig, anzufügen, dass Rubens Probleme in der Schule solange eskalierten und keine Lösung fanden, als auf der Ebene der Diagnose keine Klarheit bestand. Die beteiligten Fachleute waren zunächst ratlos, empfahlen am Schluss einen stationären Therapieaufenthalt, was die Eltern (zu Recht) überhaupt nicht akzeptieren konnten. Vom Moment an, wo die richtige Diagnose Asperger-Syndrom gestellt wurde, erhielten die Eltern sofort mehr Sicherheit im Umgang mit Rubens Verhalten bzw. wurden darin bestätigt, dass sie Ruben bereits von Anfang an intuitiv richtig begleitet hatten. Und auf der Ebene der Schule konnte ebenfalls eine angemessene Lösung gefunden werden. Entsprechend trat relativ rasch eine Beruhigung ein und Ruben konnte wieder viel mehr die oben beschriebenen positiven Fähigkeiten zeigen und entwickeln.

Dennoch war der weitere Verlauf v. a. im Zusammenhang mit der Schule keineswegs geradlinig. Nachdem Ruben in der Tagessonderschule Sicherheit und Selbstvertrauen wiedergefunden hatte (was sich v. a. auch in einem regelmäßigen Schulbesuch zeigte), wurde von dort aus eine sorgfältige Reintegration in die Regelschule am Wohnort geplant. Als Unterstützung wurde eine Sozialpädagogin mit Teilpensum bereitgestellt. Leider zeigte sich bald, wie schwierig im Einzelfall die Integration eines Schülers mit Asperger-Syndrom sein kann, trotz zusätzlicher Ressourcen und viel Goodwill einiger, aber leider nicht aller Beteiligten. Ruben spürte diese Uneinigkeit zwischen den Beteiligten, was ihn stark verunsicherte, da es für ihn wichtig war, in einem guten Umfeld arbeiten zu können. Vermehrt reagierte Ruben deshalb (wieder) mit Schulverweigerung. Für die Eltern begann erneut eine schwierige Zeit, nachdem sie gehofft hatten, endlich eine stabile schulische Lösung gefunden zu haben.

Schließlich willigten die Behörden ein, nachdem alle Angebote der öffentlichen Schule ausgeschöpft waren, dass für Ruben eine geeignete private Schule gesucht werden konnte. Glücklicherweise gab es eine solche Schule, welche nicht allzu weit von Rubens Wohnort entfernt war. Diese Schule folgte ebenfalls dem Prinzip der Tagesschule und bot ihm die Möglichkeit, seine individuellen Interessen und Fähigkeiten in den Schulalltag einzubauen. V. a. in der Anfangsphase war es auch sehr wichtig, dass von Seiten der Schule sehr behutsam mit Rubens Ängsten im Zusammenhang mit der neuen Situation und dem längeren Schulweg umgegangen wurde. Ruben hatte anfangs Mühe, sich in der neuen Situation zurechtzufinden. Oft waren die Eltern am Morgen deshalb mit Verweigerungsverhalten konfrontiert und mussten Ruben zum Schulbesuch motivieren. War er allerdings erst einmal in der Schule, fühlte er sich wohl und lernte immer besser, sich wieder in einen Schulalltag einzufügen. Bis zum heutigen Tag wird er morgens mit dem Privatauto in die Schule gefahren, da es für Ruben unangenehm ist, morgens schon mit den vielen Eindrücken am Bahnhof konfrontiert zu werden. Den Heimweg bewältigt er dann allerdings selbständig und ohne Probleme mit dem öffentlichen Verkehrsmittel. Mittlerweile hat sich die Situation beruhigt und die Eltern sind zuversichtlich, dass Ruben in dieser Schule bleiben und einen erfolgreichen Abschluss machen kann. Er ist in der Schule allseits akzeptiert und bekannt, v. a. mit seinen außerordentlichen zeichnerischen Fähigkeiten. Außerdem hat er sogar zwei Freunde in der Schule gefunden, mit denen er die freie Zeit während des Schulalltags verbringt.

Fallbeispiel Juraj (42 J.), Asperger-Syndrom

Der 42-jährige Juraj meldete sich in meiner Praxis mit der Frage, ob es sich bei seinen Problemen wohl um die Folgen einer autistischen Störung handeln könnte. Er bzw. seine Eltern waren mit diesem Thema nämlich bereits in der Mitte der 1970er Jahre erstmals konfrontiert worden, zu einem Zeitpunkt, wo Juraj etwa 5 Jahre alt war. Wegen der späteren positiven Entwicklung wurde allerdings das Thema für lange Zeit wieder »vergessen«. Damals konnte sich niemand vorstellen, dass ein Kind mit der Diagnose »Autismus« sich zunehmend positiv entwickelt, eine normale Schule besucht und sich einigermaßen selbständig im Erwachsenenleben zurechtfindet. Die Diagnose »Autismus«, die ja sowieso nur als Vermutung formuliert worden war, wurde von den Fachleuten wieder verworfen.

Nachdem Juraj die Schulzeit mit vielen Umwegen abgeschlossen hatte, studierte er an der Universität nacheinander Rechtswissenschaften, Psychologie und Medizin, ohne in einem dieser Fächer abzuschließen. Mit 32 Jahren begann er eine Ausbildung zum kaufmännischen Angestellten, welche er erfolgreich beenden konnte. Es folgte allerdings eine Odyssee mit häufigen Stellenwechseln. Die Schwierigkeiten am Arbeitsplatz wurden zunächst von fachlicher Seite her mit dem Vorliegen eines ADHS begründet, was aber nicht wirklich weiterhalf.

Als Juraj dann mit 41 Jahren realisierte, dass die damalige Kindheitsdiagnose eben doch zutreffen könnte, begann er sich intensiv mit Autismus und Asperger-Syndrom auseinanderzusetzen. Es ging ihm wie so vielen anderen: Manches fiel ihm wie »Schuppen von den Augen« und sein ganzes Leben erschien ihm in einem neuen, stimmigen Licht. Da das Schreiben schon immer eine Stärke von ihm war (als Jugendlicher führte er ein umfangreiches Tagebuch) begann er, seine Geschichte aufzuarbeiten. Er ist nun daran, eine Biographie zu schreiben sowie einen Science-Fiction-Roman mit autobiographischen Elementen zu entwerfen. Im Rahmen dieser Aufarbeitung hat Juraj auch die Klinik aufgesucht, in der er damals untersucht und behandelt wurde. Die nun folgenden Zitate stammen aus Jurajs Autobiographie, die er mir freundlicherweise zu Verfügung gestellt hat.

> Endlich kam der Arzt, mit dem ich mich verabredet hatte. Er begrüßte mich herzlich. In seinem Gesicht las ich Neugierde und Verblüffung ab. Er führte mich nach oben in sein Arztzimmer. Erst, als er die alten Berichte zum Vorschein kommen ließ, begann ich zu realisieren, in welchem Kontrast die Beschreibung meiner damaligen Persönlichkeitsmerkmale und mein jetziges Erscheinungsbild standen. Wir begannen uns mit dem damaligen ärztlichen Befund zu befassen. Das Ergebnis war erschreckend. Mein geistiger Entwicklungsstand war offenbar sehr tief. Ich verfügte nur über einfache sprachliche Ausdrucksmöglichkeiten. Mit den Versuchsleitern kommunizierte ich nur in 1–2-Wortsätzen. Auffallend waren meine hohe Stimme, meine ständige Anspannung, emotionale Ausschweifungen, welche sich in Kreischen und Weinen äußerten, und meine geringe Frustrationstoleranz. Ich fiel durch mein automatenhaftes Handeln auf. Wie unter Zwang sprach ich die gehörten Worte der Versuchsleiter nach und blieb krankhaft an gewissen sprachlichen Äußerungen hängen. Mein span-

nungsgeladenes, voller Angst und Zwang geprägtes Verhalten führte zu dem Schluss, dass ich unter schweren Verhaltens- und Kontaktstörungen mit autistischen Zügen litt. Es war von einem unharmonischen intellektuellen und sprachlichen Entwicklungsrückstand mit psychotischer Komponente die Rede. Man diagnostizierte bei mir sogar eine angeborene Hirnschädigung mit psychischen und intellektuellen Ausfällen. Aufgrund des ärztlichen Befundes empfahl man meinen Eltern, dass ich im Kinderheim Sonnenhof klinisch therapiert würde, um dann anschließend in einer Sonderschule untergebracht zu werden.

Meine Mutter ließ sich damals auf den Vorschlag ein, mich im Kinderheim Sonnenhof unterzubringen. Der Eintritt erfolgte am 18.09.1974. Dort stellte man fest, dass ich kontaktgestört war, Veränderungsangst hatte und eine gestörte Sprachentwicklung aufwies, bei mir das Ich-sagen fehlte, ich in einer symbiotischen Beziehung zu dem jeweiligen Betreuer stand und leichte Bewegungsstereotypien aufwies. Das bestätigte die damalige Diagnose, dass ich autistisch wäre, wenn auch nicht in der schwersten Form. Dem Bericht zufolge war meine Freundlichkeit künstlich aufgesetzt, so als ob ich keine eigene Individualität besäße, und ich sprach mit einer auffallend hohen Stimme. Während meines Aufenthaltes im Sonnenhof machte ich erhebliche Fortschritte. Kurz vor meinem fünften Geburtstag fing ich endlich an, »Ich« zu mir selbst (und nicht wie bislang zu den anderen) zu sagen. Nach wie vor vermittelte ich immer noch das Bild eines zwanghaften angespannten Kindes, welches eine ärztliche Untersuchung nicht ohne seine Puppen über sich ergehen lassen kann. Es waren keine richtigen Puppen, sondern Taschentücher, die ich zu Knoten zusammengebunden hatte. Sie stellten für mich Personen mit unterschiedlichen Charakteren dar.

Noch vor dem offiziellen Austritt am 1. Oktober 1976 behielt mich meine Mutter zu Hause. Sie hatte ihre eigenen Ansichten, was die zukünftige Entwicklung anbelangte. In den Augen vieler erschien sie sehr wahrscheinlich als eigenwillig, unkooperativ und verantwortungslos. Noch heute frage ich mich, was aus mir geworden wäre, wenn meine Mutter den von Ärzten und ihrem eigenen Ehemann vorgeschlagenen Weg eingegangen wäre.

Kindergartenzeit

Soweit ich meine damaligen Emotionen abschätzen kann, fühlte ich mich befreit, als mich meine Mutter endlich wieder zu Hause behielt. Schon bevor wir im Oktober 1976 nach Basel-Stadt umzogen, besuchte ich einen normalen Kindergarten. Es war für mich eine bewegte Zeit. Nach der langen Zeit im Sonnenhof, jener einengenden Umgebung, wo mein Bewusstsein allmählich erwachte, erschien mir alles so hell und frisch. Ich kann mich gut an das Gefühl erinnern, als ich die alte Welt verließ und die normale Welt betrat. Der Übergang war natürlich gleitend. Schritt für Schritt entfernte ich mich geistig vom Sonnenhof, das bis dahin mein zu Hause, meine Welt, aber auch wie ein Gefängnis für mich war. Ich war nicht freiwillig dort. Als ich dann in den normalen Kindergarten gehen konnte, hatte ich sicherlich Angst, doch ich wehrte mich dagegen nicht. Es war meine Pflicht, dorthin zu gehen, genauso wie es zuvor meine Pflicht war, in den Sonnenhof zu gehen. Doch im Vergleich zum Sonnenhof fühlte ich mich viel freier. Ich musste wohl damals wahrgenommen haben, dass die tägliche Aufenthaltszeit im normalen Kindergarten viel geringer war als die im Sonnenhof, wo ich tagtäglich von morgens bis spät abends verbrachte. Ich war immer ein sehr pflichtbewusstes Kind, welches von dem Moment an, wo es aufgehört hatte, sich dagegen zu sträuben, in den Sonnenhof zu gehen, stets seine Pflicht erfüllt hatte. Ich schien immer noch keine richtige Persönlichkeit zu haben. All die Kinder und die neue Umgebung registrierte ich ohne Bezug zu meiner Person. Es ging mir lediglich um den Schutz meiner eigenen physischen Hülle, welche von Zeit zu Zeit drohte, angegriffen zu werden. Die Anwesenheit eines dort wilden Jungen jagte mir Angst ein und schien meine Existenz zu bedrohen. Auf dem Nachhauseweg attackierte er einige Mädchen, welche ebenfalls mit mir in den Kindergarten gingen. Er stieß sie in einen Rosenstrauch. Ich flüchtete voller Angst. Ein anderes Erlebnis in diesem Kindergarten in Muttenz war mit einem Kleinkind, das uns besuchte. Ich genoss es, von ihm wahrgenommen zu werden. Mein Adrenalin-Spiegel stieg. Die Tatsache, dass ein Außenstehender, ein kleines Kind, das sich aufgrund seiner Unreife noch nicht zu unserer Gruppe dazugehörig zählen konnte, hier war, weckte mich auf. Vielleicht zum ersten Mal in meinem Leben schien ich mich mit den Augen eines anderen zu betrachten. Noch am selben Tag, als wir dann zusammen im Kreis saßen, passierte etwas für mich schreckliches. Das Kleinkind saß direkt rechts neben mir. Es griff nach meinem Gesicht und erwischte mich auch. Ich werde den Moment, als mich das kleine Wesen im Gesicht packte, niemals vergessen können. Ich war schockiert und weinte.

Mein Identitätsgefühl war nicht sehr stark ausgeprägt. Von großer Bedeutung war für mich, dass man mich als Jungen wahrnahm und nicht als Mädchen. Wenn mich einige aufgrund meines scheinbar so femininen Gesichtes für ein Mädchen hielten, schämte ich mich. Dadurch entwickelte ich so eine Art Zwang, mich bereits im Voraus mit »Juri-Bueb« vorzustellen, um erst gar nicht dieser Verwechslung zum Opfer zu fallen. So hatte ich mich bis kurz vor meinem fünften Geburtstag bezeichnet, als mir das Pronomen »Ich« noch gänzlich fremd war. »Juri-Bueb« blieb an mir haften.

Im Kindergarten fiel mir auf, wie aktiv sich alle beteiligten. Um zu Wort zu kommen, streckten einige sogar ihre Hand. Das und vieles mehr war mir auch fremd. Ich fühlte mich wie ein Beobachter in einer fremden Welt. Der Kindergarten begann mich zu langweilen. Ich war oftmals nur physisch da. Die Aufregung wich einem neuen Gefühl, nämlich dem des dumpfen Daseins. Doch ich hatte auch eine andere Seite. Voller Enthusiasmus stürzte ich mich in kleine Projekte, wie das Flechten oder Sticken von Bildern, um dann gleich wieder die Geduld zu verlieren. Meine Wutanfälle, wenn etwas nicht klappte, waren nicht zu übersehen. Ich weinte dann vor Zorn und zerstörte mein angefangenes Werk. Meine Hauptmotive beim Zeichnen waren Menschen in Form von Strichmännchen mit großen Gesichtern. Sie alle verkörperten für mich Charaktere, welche ich dank meiner extrem ausgeprägten Phantasie zum Leben erweckte. Ich ließ sie in verschiedenen Situationen agieren. Auf dem Papier fabrizierte ich meine Phantasiewelt, welche meine reale Welt widerspiegelte. Auf dem Papier konnte ich Angst, Wut, Freude oder Trauer sehr gut verarbeiten. Es ging mir nicht um die technische Seite der Bilder. Ich wollte keine schönen Bilder malen, sondern einfach meine Phantasie ausleben.

Erste Schuljahre

Die Testergebnisse ergaben ein klares Bild zu meiner Person. Meinen intellektuellen Fähigkeiten zufolge sprach nichts gegen eine Einschulung. Doch ich war zu unruhig, unausgeglichen, emotional zu instabil. Es gab zwei Optionen. Entweder sollte ich noch ein weiteres Jahr im Kindergarten bleiben oder in eine Einführungsklasse eingeschult werden. Meine Mutter entschied sich für die zweite Variante.

Und nach einem Jahr Einführungsklasse hatte ich es geschafft. Entgegen der Meinung von Ärzten und anderen Fachpersonen trat ich im April 1979 in eine normale zweite Klasse ein. Ich wechselte vom Theodorschulhaus ins Bläsischulhaus. Man hatte es für sinnvoll gehalten, wenn ich meine schulische Laufbahn in einer normalen Klasse in einem neuen Schulhaus beginnen würde. Denn im Theodorschulhaus fiel ich zu oft durch mein ständiges Weinen auf. Durch mein Verhalten war ich zu stark negativ aufgefallen. Nur von einer völlig fremden Lehrerin, in einer völlig neuen Schule, konnte man mich ohne Vorurteile aufnehmen.

Meine Mutter wehrte sich damals heftig dagegen, dass ich, Ihr Erstgeborener, in eine Sonderschule gehen sollte. Die Diagnose der Ärzte war überzeugend detailliert und sachlich. Den Berichten zufolge wäre es für die meisten einleuchtend gewesen, dass meine Mutter den Rat der Ärzte, Therapeuten und Psychologen beherzigt hätte, mich in die Sonderschule in Gempen einzustufen. Sie wehrte sich vehement dagegen. Entgegen allen wissenschaftlichen Erklärungen hörte sie auf ihren Mutterinstinkt. Sie glaubte an meine Zukunft und tut es noch heute. Als ich das Schulalter erreicht hatte, fühlte sie sich in ihrem Vorhaben bestätigt, mich in eine normale Schule zu schicken.

Meine Mutter erwies sich stets als geduldig und verständnisvoll und verlangte nicht mehr von mir, als man es mir hätte zumuten können. Ihr fiel bald auf, dass ich mich schwer tat, gewisse Anweisungen zu befolgen. Ich hatte auch Mühe gewisse Anweisungen sprachlich zu erfassen. Entweder nahm ich sie zu wörtlich wahr, missverstand sie oder ich vermochte sie nicht in meinem »Arbeitsspeicher« aufzunehmen. In der Schule brachte man mir weniger Verständnis für meine oftmals hilflosen Versuche, einfachste Anweisungen zu befolgen, entgegen. Man erwartete es einfach von mir. Aufgrund meines Alters, meiner Intelligenz und meines Wissens hätte ich keine Probleme haben sollen, selbständig eine Schere aus dem Schrank zu holen. Doch ich hatte sie. Ich geriet in Panik. Ich schien mich in meinem eigenen Klassenzimmer zu verlaufen. Der Blick im Schrank gab mir keine eindeutigen Informationen. Vor lauter Angst und Scham wusste ich nicht mehr wo links, rechts, oben oder unten war.

Anderssein

Angst war mein stetiger Begleiter. Ich hatte Angst vor der Dunkelheit, Angst vor Hundegebell, Angst zu versagen und Angst vor gewissen lauten Geräuschen. Ich entwickelte Zwänge, die von Grimassieren bis hin zu bewusster Selbstverletzung reichten. Als kleines Kind schnitt ich mich einmal absichtlich an der scharfen Kante einer Konservenbüchse. Ich war wie im Rausch. Das Gefühl, wie das scharfe Met all in mein Fleisch eindrang, war überwältigend. Später grimassierte ich. Die Tatsache, dass ich wusste, dass meine Eltern sich daran störten, verstärkte diesen Zwang. Einmal hatte ich ein Fieberbläschen im rechten Mundwinkel. Ich konnte nicht davon ablassen, diese Bläschen zu berühren. Ständig musste ich meinen Mund aufsperren, bis es aufs Neue riss. Noch ein Jahr später, als es schon längstens Geschichte war, hatte ich die Angewohnheit, meinen Mund aufzusperren. Gewisse Verbote oder Tatsachen lösten in mir den Zwang aus, mir zu schädigen oder mechanisch obszöne Worte zu denken, welche gegen meine Eltern gerichtet waren.

Ich fiel von Anfang an in der Klasse durch mein Anderssein auf. Anfangs wurde ich von meinen Klassenkollegen gehänselt. Als ich zum ersten Mal in der Pause im Fußball mitspielen durfte, machte ich ein Eigentor. Man schrie mich an und ich schämte mich. Mir fehlte der totale Überblick, um überhaupt zu realisieren, wie ich zu spielen hatte. Ich hatte einen Tunnelblick. Ich sah nicht über meine Nasenspitze hinaus. Ich sah den Ball und rannte drauflos, um zu kicken. Dabei sah ich weder nach links, noch nach rechts, oder nach vorne oder hinten. Ich stierte lediglich auf den Ball.

Ich war kein einfaches Kind. Ich konnte meine Emotionen nicht gut kontrollieren. Wenn mir etwas misslang, weinte ich vor Wut und Frustration. Das war meine übliche Reaktionsweise. Ich war mir lange nicht bewusst, dass ich mich nicht angemessen verhielt bis zu jenem Tag, als ich in der Handarbeitsstunde war. Wir Drittklässler waren dabei zu stricken. Ich hatte meine Arbeit fast beendet, als ich plötzlich eine Masche verlor. Das frustrierte mich dermaßen, dass ich wie ein kleines Kind weinen musste. Hindernisse, Missgeschicke und allgemein Enttäuschungen lösten in mir üblicherweise diese Reaktion aus. Das war für mich normal. Ich war mir nie bewusst, dass diese Verhaltensweise nicht angemessen war. Ein Mitschüler machte mich darauf aufmerksam, dass ich mich nicht entsprechend meines Alters benahm. Zum ersten Mal wurde mir mit aller Deutlichkeit bewusst, wie ich mich verhielt. Das war schrecklich, mich mit den Augen der anderen zu sehen.

Von diesem Tag an veränderte sich mein Leben. Von nun an war ich mir meiner Person voll bewusst. Ich begann von nun an mein Verhalten zu hinterfragen. Ich fühlte mich nicht mehr frei, sondern quälte mich mit der Frage, wie ich auf die anderen wirkte. Das half jedoch nicht, meine Emotionen im Zaum zu halten. Statt mich einfach gehen zu lassen, indem ich weinte, unterdrückte ich meinen Ärger, so dass es früher oder später unweigerlich zu einem Wutausbruch kam. Meine Wutanfälle bestimmten von nun an mein Leben.

Adoleszenz

Als Teenager hatte ich große Angst, in der Schule nicht zu bestehen, weil meine ganze berufliche Laufbahn davon abzuhängen schien. Statt mich mit meiner Umwelt auseinander zu setzen, träumte ich von der Zukunft als Chefarzt der Herzchirurgie oder später Psychiater oder Neurologe. Ich befasste mich als 13-jähriger mit dem Ausbildungsweg eines Arztes. Erwachsene Menschen, welche mir sympathisch waren, wurden von mir mit Fragen bombardiert.

Der menschliche Körper faszinierte mich schon seit eh und je. Später war es dann das Gehirn, das ich entdecken wollte. Doch statt sich ernsthaft mit Biologie auseinander zu setzen, verfiel ich in Tagträumereien. Ich hatte es meiner Mutter zu verdanken, dass ich mit ca. 15 ½ endlich mit dem Lesen anfing. Eines Abends kam sie nach Hause und legte mir einen Stapel psychologischer Sachbücher vor die Nase. Allein schon deren Inhaltsverzeichnisse waren vielversprechend. Es ging um die Psyche und deren Entwicklungsverlauf, Kognition, Neurosen und viele andere hochwissenschaftlich klingende Themen. Ich entwickelte einen unglaublichen Ehrgeiz. Ich wollte es allen beweisen. Psychologie schien von nun an ein neues Hobby von mir zu sein. Ich zwang mich Tag für Tag psychologische Bücher zu lesen. All die Fremdwörter, welche ich nicht verstand, schlug ich im Duden nach und schrieb sie dann auf. Bei schwierigeren Büchern brauchte ich manchmal eine halbe Stunde für eine Seite.

Mein Äußeres vermittelte den Eindruck eines coolen und attraktiven Teenagers. Ich verhielt mich jedoch nicht so. Tief in meinem Innern fühlte ich mich wie ein kleines Kind, das sich von seinen Träumen hinreißen ließ. Ich hatte einen merkwürdigen Gang, ich hatte sogar eine Zeit, wo ich stotterte, und ich war sehr unsicher im Umgang mit anderen Jugendlichen. Ich konnte mich sprachlich nicht gut äußern. Ich war davon überzeugt, dass ich nicht gut mit Worten umgehen konnte. Alle meine jüngeren Mitschüler schienen intelligenter, gewiefter und selbstbewusster zu sein. Als ein Schüler von einer höheren Klasse zu unserer Klasse heruntergestuft wurde, wusste ich es nicht besser, als ihn fertig zu machen.

Während ich mich in meiner ehemaligen Klasse zum dummen Sonderling mit Muskeln abstempelte, mutierte ich in meiner neuen Klasse vom ungebildeten Dummkopf zum Möchtegern-Streber mit Brille. Doch ich blieb trotz meiner Wandlung ein groteskes Wesen voller sich widersprechender Gegensätze. In der neuen Klasse fiel ich mit meinem großen Wortschatz auf. Ich verbrachte viel Zeit damit, mein Gehirn mit wissenschaftlichen Analysen über die menschliche Psyche zu füllen. Das färbte sich auf meine Ausdrucksweise ab. Ganz bewusst wählte ich eine gehobenere Ausdrucksweise.

Meine Eltern machten mehr als einmal den Versuch, mich dazu zu bringen, mehr an den gesellschaftlichen Aktivitäten der jungen Leute teilzunehmen. Mir kam meine Umwelt so grotesk und beschämend vor. Andere hatten vielleicht schon mit 15 eine Freundin, während ich noch mit 15 zu Hause hockte und mit Puppen spielte. Es waren nicht irgendwelche Puppen, es waren Stofftiere, die alle möglichen Charaktere repräsentierten. Sie verkörperten meine Träume und Sehnsüchte. In meinen Spielen ging es immer um sachliche Themen, wie Ausbildung und berufliche Karriere. Ich hatte einen Fuchs, der oftmals die Rolle

> eines Augenspezialisten verkörperte. So ließ ich heimlich und voller Scham meine Stofftiere debattieren. Es ging dann um wichtige Entscheidungen, Aktivitäten von höchster Bedeutung, das Bestehen wichtiger Examina usw. Draußen wagte ich es nicht einmal an meine Stofftiere zu denken. Das war wie eine Droge für mich. Ich konnte nicht von ihnen lassen. Fast jeden Tag am Abend zog ich mich zurück, um in meine fiktive Welt zu versinken.

Nachdem Juraj als 22-Jähriger die Schulzeit erfolgreich mit der Maturität abgeschlossen hatte, begann für ihn eine lange Odyssee, zunächst an der Universität, später über eine kaufmännische Ausbildung an vielen wechselnden Arbeitsstellen. Als 41-Jähriger die Diagnose Asperger-Syndrom bestätigt zu bekommen, war für ihn eine Erlösung. In der Zwischenzeit habe ich von seinem Psychiater die Rückmeldung erhalten, dass mit Hilfe der endlich gefundenen richtigen Diagnose eine deutlich positive Entwicklung eingetreten ist und Juraj gute Aussichten hat, sich beruflich endlich zu stabilisieren.

Alters- und geschlechtsspezifische Probleme

Ausgehend von diesen Portraits und ergänzt durch weitere, eher kurze Fallgeschichten werden nun für jede Lebensphase die typischen Herausforderungen und Probleme zusammenfassend beschrieben.

Frühe Kindheit

Kinder mit Frühkindlichem Autismus fallen schon im Säuglingsalter durch Abweichungen vom Normalverhalten auf. Wenn Eltern später rückblickend befragt werden, haben viele von ihnen diese Abweichungen intuitiv zwar bemerkt, aber verständlicherweise (noch) nicht einordnen können. Als typische Beispiele sollen hier erwähnt werden: Der betroffene Säugling streckt einem die Ärmchen nicht unwillkürlich entgegen, wenn er vom Wickeltisch hochgehoben wird, oder er hat Mühe, sich mit seinem Körper dem Körper der Mutter geschmeidig anzupassen. Ein etwas späteres wichtiges Zeichen ist das Fehlen der sogenannten »Joint Attention«. Damit ist gemeint, dass das Kleinkind seine Aufmerksamkeit nicht automatisch auf dasselbe Objekt richtet wie die anwesende erwachsene Bezugsperson.

Ein weiteres zentrales Symptom beim Kleinkind mit Frühkindlichem Autismus ist die fehlende oder stark verzögerte Sprachentwicklung. Allerdings ist dieses Symptom natürlich nicht spezifisch für Autismus und deshalb erhalten viele Kinder zunächst nur die Diagnose »Sprachentwicklungsstörung«, ohne dass der autistische Anteil rechtzeitig erkannt wird.

Grundsätzlich gilt heute als Richtlinie, dass Kinder mit Frühkindlichem Autismus im Alter von ca. 2 Jahren erfasst werden sollten, damit entsprechende spezifische und intensive Förderung einsetzen kann.

Bei Kindern mit Asperger-Syndrom und Atypischem Autismus hingegen gibt es meist keine spezifischen Besonderheiten im Kleinkindalter. Allerdings wird von den Eltern oft berichtet, dass ihr Kind viel geschrien hat und Mühe hatte, einen Schlafrhythmus zu finden. Im Weiteren werden auch Unruhe, erhöhte Irritierbarkeit und Hyperaktivität berichtet, was dann später oft zu einer ADHS-Diagnose führt. Überdurchschnittlich häufig finden sich bei Kindern aus dem Autismus-Spektrum auch körperliche Beeinträchtigungen und Besonderheiten: Allergien und Hautprobleme (z.B. Neurodermitis), Missbildungen (z.B. am Herzen oder Verdauungsapparat) und Epilepsie.

Kinder mit Asperger-Syndrom fallen typischerweise das erste Mal richtig auf, wenn sie mit anderen (gleichaltrigen!) Kindern zusammentreffen. Mit Geschwistern hingegen geht es meist besser, weil hier ein natürlicher Altersunterschied besteht. Einem älteren Geschwister gegenüber wird sich das Asperger-Kind vorerst einmal anpassen, weil es das Spielen mit ihm spannend findet. Und mit einem jüngeren Geschwister geht es insofern gut, als sich dieses bis zu einem gewissen Grad beim gemeinsamen Spiel dominieren und bevormunden lässt.

Bei Gleichaltrigen in der Umgebung hingegen ist dies meist anders. Einem Kind aus dem Autismus-Spektrum mangelt es an sogenannter sozialer Gegenseitigkeit. Es tendiert dazu, fixe und unverrückbare Vorstellungen darüber zu haben, was und wie gespielt wird. Oft spielt es auch durchaus gerne alleine, und dabei kann es sehr ausdauernd sein.

Kindergarten

Im Kindergarten steigen die Anforderungen an die Sozialkompetenz und spätestens zu diesem Zeitpunkt treten erste Schwierigkeiten auf, im Umgang mit anderen Kindern und bei der Integration in eine Gruppe. Je nach Ausprägungsgrad der autistischen Problematik muss dies aber noch nicht unbedingt Dimensionen annehmen, die Maßnahmen (Vorschul-Heilpädagogik, Abklärung bei schulpsychologischen oder kinderpsychiatrischen Diensten) auslösen.

> Der 6 ½ Jahre alte Max ist vor kurzem in die 1. Klasse eingetreten. Mehrheitlich hatte er sich auf die Schule gefreut, denn im Kindergarten war es ihm oft langweilig. Die Kindergärtnerin beschrieb ihn anlässlich der Abklärung wegen seiner Verhaltensprobleme mit folgenden Stichworten: »Er kommt nicht gut mit anderen Kindern aus und stört sie manchmal beim Spielen. Er zeigt wenig Interesse für seine Umgebung, ist verschlossen und antwortet oft nicht, wenn er von anderen angesprochen wird. Sein Blickkontakt ist ausweichend. Er hat Tagträume und ist gedankenverloren, hat Schwierigkeiten, Anweisungen zu befolgen, und wirkt unmotiviert. Seine Stärken sind seine sprachliche Ausdrucksfähigkeit und der Umgang mit Zahlen und Mustern«.

Besonders auffällig ist seine Gewohnheit, sich manchmal in eine Lokomotive zu verwandeln und »Loki« zu spielen. Er rennt dann im Raum umher und macht Geräusche wie eine Lokomotive. Er ist dann wie in Trance und nicht ansprechbar. Eisenbahnen sind sowieso eine seiner großen Leidenschaften. Zuhause spielt er besonders gern mit der Brio- oder Lego-Eisenbahn. Am liebsten ist Max zu Hause, in seiner gewohnten Umgebung mit seinen gewohnten Spielsachen. Wenn er für sich spielt, möchte er immer, dass die Mutter in der Nähe ist. Sie braucht nicht mit ihm mitzuspielen, sie kann auch die Zeitung lesen, aber sie muss einfach da sein.

Nachdem in der kinderpsychiatrischen Abklärung die Vermutungsdiagnose Asperger-Syndrom bestätigt wurde, konnten die Eltern wie auch die Kindergärtnerin das Verhalten von Max besser verstehen und sie lernten auch, besser damit umzugehen. Auch der Übertritt in die Schule konnte mit Hinblick auf die Diagnose sorgfältig vorbereitet werden. Die Lehrerin und ein beteiligter Heilpädagoge haben sich mit dem Asperger-Thema vertraut gemacht, was sich im schulischen Alltag bereits mehrmals als sehr wichtig erwiesen hat. Das soll folgender Vorfall deutlich illustrieren: Eines Morgens, zu Beginn der großen Pause, beschloss Max (wie er später den Eltern erklärte), sich eine wirklich »große Pause von der blöden Schule« zu nehmen. Er ging unbemerkt nach Hause, denn er wusste, dass an diesem Tag die Mutter mit ihrem Vater auf einem Tagesausflug in den Bergen unterwegs war. Zu seiner Enttäuschung gelang es ihm aber nicht, DVD-Player und Fernsehapparat zum Funktionieren zu bringen. Da er wusste, dass die Großmutter erst wie abgemacht zum Mittagessen kommen würde, wenn die beiden Zeiger auf der Uhr ganz oben sind (12 Uhr) und dass dies noch eine ganze Weile dauern würde, verließ er das Elternhaus und spazierte auf Umwegen (damit man ihn nicht ertappt!) ins Nachbardorf (!), wo die Großmutter wohnt. Auch dort fand er eine leere Wohnung vor, denn die Großmutter war in der Zwischenzeit über das Verschwinden von Max informiert worden und war auf die Suche gegangen.

Diese Episode fand schließlich ein völlig harmloses Ende. Max wurde gefunden und alle waren sehr erleichtert. Allerdings verstand Max die ganze Aufregung der Erwachsenen nicht wirklich, er war die ganze Zeit in keiner Weise gestresst oder verängstigt, im Gegenteil. Als er schließlich auftauchte, kam er munter hüpfend daher!

Ich habe dieses Ereignis ausführlich geschildert, weil es so typisch für das Verhalten eines Asperger-Kindes ist. Der gleiche Max nämlich, der so stark auf die Mutter orientiert ist und sie, wenn sie da ist, immer um sich haben möchte, der gleiche Max, der bis heute darauf besteht, dass er in die Schule begleitet und dort wieder abgeholt wird, hatte beim geschilderten Vorfall kein Problem damit, fast 2 Stunden allein unterwegs zu sein. Aber im Gegensatz zum Schulalltag, wo Max ja der Schulbesuch und damit die Trennung von zu Hause und von der Mutter »aufgezwungen« wird, war Max' »große Pause von der Schule« von ihm selbst geplant und durchgeführt worden. Es war seine eigene Entscheidung und er hatte eine hohe Motivation: nämlich ungestört zu Hause eine DVD zu schauen, während die Mutter auf einer Wanderung ist.

Die Tatsache, dass Max stark auf seine Mutter orientiert ist, bringt dieser von verschiedener Seite immer wieder den Vorwurf ein, sie könne Max nicht loslassen und fördere zu wenig seine Selbständigkeit. Wer mit dem Asperger-Syndrom vertraut ist, weiß, wie absolut ungerecht solche Vorwürfe sind. Es ist das Kind, welches sich schlecht von der Mutter lösen kann, weil es am liebsten zu Hause in der gewohnten Umgebung mit seinen gewohnten Spielsachen ist, dort, wo es kaum Überraschungen und Unvorhergesehenes erlebt und sich auch nicht mit Außenstehenden auseinandersetzen muss.

Notiz: Hans Asperger hielt zu diesem Thema in einer seiner späteren Schriften fest, wie er immer wieder beobachten konnte, dass autistische Kinder, die in seine Klinik eingewiesen worden waren, unter ungewöhnlich starkem Heimweh litten! Wie soll man das verstehen, dass Kinder, denen v. a. Beziehungsprobleme und oberflächlich gesehen eher eine Gefühlsarmut zugeschrieben wird, unter starkem Heimweh leiden? Asperger gab dazu eine sehr plausible Erklärung: Autistische Kinder haben generell mit Neuem und mit Umstellungen große Mühe, auch fällt es ihnen schwer, Erfahrungen von einem Kontext in einen anderen zu übertragen. Das Gleiche gilt nun offensichtlich auch für die emotionale Beziehung zur primären Bezugsperson, zur Mutter! Normal entwickelte Kinder lernen mit der Zeit, ihre emotionalen Bedürfnisse und ihr Sicherheitsgefühl auch von anderen Personen erfüllen zu lassen: vom Vater, von der Großmutter, oder – z. B. in einem Schullager – auch von einer weniger vertrauten Person (Lehrerin). Das autistische Kind hingegen hat große Mühe, seine primäre emotionale Bindung zu »flexibilisieren« und altersgemäß auf einen weiteren Kreis von Personen zu erweitern.

Im Säuglingsalter hatte Max große Probleme, einen Schlafrhythmus zu finden, und die Umstellung vom Stillen mit der Brust auf feste Nahrung erwies sich als sehr schwierig. Max verweigerte alle Nahrung, die neu war und irgendwie fremd schmeckte (Fleisch, Gemüse). Am ehesten tolerierte er süßen Brei, z. B. aus Grieß hergestellt. Dieses einseitige Essverhalten ist bis heute ein Problem, allerdings für die Mutter ein viel kleineres, seit sie die Diagnose kennt und weiß, dass es keinen Sinn hat, Max möglichst schnell ein »normales« vielseitiges Essverhalten aufzwingen zu wollen. Oft wünscht Max als Menü Teigwaren, ohne Sauce, lediglich mit Butter und Salz verfeinert.

Für die Mutter war es auch seit jeher sehr schwierig zu akzeptieren, dass Max keinen Körperkontakt sucht und nicht gern »schmuste«. Auch zeige er sehr selten Freude oder Begeisterung, in seinen Reaktionen herrsche meistens das Negative vor. Für die Mutter war es eine Erleichterung, in der Beratung zu hören, dass Kinder mit Asperger-Syndrom zwar ihre Gefühle oft nicht zeigen, was aber nicht heißt, dass sie diese Gefühle nicht empfinden. Gerade solche positiven Gefühle wie Freude oder Stolz über eine eigene Leistung geniessen sie »im Stillen« bzw. »innerlich«. Gefühle, die sie viel besser spontan zeigen können, sind Ärger und Wut. Es ist deshalb wichtig, die Zufriedenheit eines Asperger-Kindes nicht einzig daran zu messen, was von außen sichtbar ist.

Max hat nämlich durchaus seine Leidenschaften, die er mit großer Intensität pflegt: Es ist dies in erster Linie alles, was mit Eisenbahnen zu tun hat. Seit kurzem ist eine neue Begeisterung hinzugekommen: für das Thema Weltall, Raumfahrt, Satelliten usw.

Kindergarten und Schule sind für Asperger-Kinder immer eine Gratwanderung zwischen einem Geniessen, dass sie dazugehören, und einem Darunterleiden, dass sie sich einordnen müssen. Max antwortete auf die Frage, warum er denn die Schule blöd finde: »Ich muss dort immer Regeln befolgen und das machen, was die Lehrerin sagt.«

Primarschule

In der Schule kommen zu den Problemen der sozialen Integration noch jene mit dem Unterricht, den Lerninhalten und allenfalls mit der Lehrperson hinzu. Ausführlicher werden diese Probleme im Kapitel 6 behandelt.

Bei Kindern mit Asperger-Syndrom oder generell mit einer milderen Form von Autismus ist es möglich, dass auch die Primarschule noch einigermaßen erfolgreich über die Bühne geht. Allenfalls werden – oft auch bevor eine Diagnose besteht – sinnvolle unterstützende Maßnahmen (Befreiung von Lernzielen, zusätzliche stundenweise Unterstützung) durchgeführt, die den besonderen Bedürfnissen des Kindes entgegenkommen. Große Bedeutung hat auch die Beziehung zur Lehrperson. Besteht ein guter Draht, dann können viele alltägliche Schwierigkeiten gemeistert werden (unvollständige Hausaufgaben, fehlendes Material, unschöne Schrift und Heftdarstellung usw.). Stimmt die »Chemie« zwischen Asperger-Kind und Lehrperson hingegen nicht, dann können genau diese erwähnten Kleinigkeiten zur Eskalation führen.

Im Primarschulalter wird auch immer deutlicher, dass Kinder aus dem Autismus-Spektrum große Schwierigkeiten haben, stabile Freundschaften zu entwickeln.

Tobias (Diagnose: Asperger-Syndrom) ist 10 ½ Jahre alt und besucht die 4. Klasse der Primarschule in einer ländlichen Gemeinde. Der Vater ist von Beruf Informatiker, die Mutter Arztgehilfin, die Eltern sind allerdings seit vielen Jahren geschieden und die Mutter zieht Tobias und seinen älteren Bruder Martin allein auf.

In der Vorgeschichte fiel der Mutter schon früh auf, dass Tobias anders war als sein älterer Bruder. Als Säugling wurde er nicht gerne zur Beruhigung in den Arm genommen, er konnte sich besser entspannen, wenn er im Kinderwagen liegen blieb. Als er ca. zwei Jahre alt war, fiel auf, dass er sich während des Spielens manchmal auf den Boden legte und einfach längere Zeit ins Leere schaute.

Die motorische Entwicklung verlief innerhalb der Norm, ebenso die Sauberkeitsentwicklung. Die Sprachentwicklung war leicht verzögert, aber noch innerhalb der Norm. Allerdings sprach Tobias bis ins Kindergartenalter sehr undeutlich, weshalb er ca. 2 Jahre lang logopädisch behandelt wurde.

Im Kindergarten wurde Tobias wegen motorischer Probleme heilpädagogisch abgeklärt und gefördert. Die Heilpädagogin schrieb in ihrem Bericht: »Tobias wirkt in der Kindergartengruppe zeitweise abwesend, in eigene Gedanken vertieft. […] Im grobmotorischen Bereich ist er unsicher. […] Zur Begrüßung und im Gespräch muss Tobias meist aufgefordert werden, sein Gegenüber anzusehen. Spontan äußert sich Tobias eher wenig. Seine Sprache ist teilweise schwer verständlich [...] Zu den lebenspraktischen Verrichtungen wie anziehen usw. braucht er viel Zeit. Zwischendurch scheint er zu vergessen, was seine Aufgabe ist, hängt eigenen Gedanken nach oder beobachtet, was in seiner Umgebung vor sich geht.«

Zuhause fiel Tobias – ganz im Gegensatz zum Kindergarten – entweder durch aggressives Verhalten oder durch psychosomatische Symptome wie Kopfweh und Bauchweh auf.

Nach dem Übertritt in die Schule wurde bald klar, dass Tobias leistungsmäßig keine Probleme hatte. Mit seiner raschen Auffassungsgabe eignete er sich rasch neue Lerninhalte an. Probleme gab es aber immer mehr mit den anderen Kindern. Tobias war zwar grundsätzlich mit seinem fröhlichen, unbeschwerten Wesen bei den andern Kindern durchaus beliebt, aber er erwies sich als sehr empfindlich gegenüber Spässen und Neckereien. Es brauchte nicht viel, und Tobias war überzeugt, dass »niemand« ihn mag und »alle« gegen ihn sind.

Auf die Schwierigkeiten im Umgang mit anderen Kindern im Schulalltag reagierte Tobias immer wieder mit Übelkeit, Bauchweh und Kopfschmerzen und er blieb öfters für halbe oder ganze Tage dem Unterricht fern. Offensichtlich setzte ihn der Schulbesuch unter einen permanenten Anpassungsdruck, dem er auf die Länge nur schlecht standhalten konnte. Ein großer Konfliktherd waren auch immer wieder die Hausaufgaben. Grundsätzlich sträubte er sich eher dagegen, weil er den Sinn gar nicht einsah: »Warum muss ich etwas, das ich längst begriffen habe, zu Hause noch einmal üben?« Und wenn er sich doch an die Hausaufgaben machte, dann führte sein Hang zu Perfektionismus oft zu Wutanfällen, denn seine graphomotorischen Schwierigkeiten kamen ihm immer wieder in die Quere.

Wie so manche Kinder mit Asperger-Syndrom entwickelte Tobias zwei ganz gegensätzliche Seiten: In der Schule war er eher scheu und zurückhaltend, sprach eher leise und undeutlich und war zur Lehrerin immer sehr freundlich. Zuhause hingegen flippte Tobias wegen Kleinigkeiten aus, attackierte den älteren Bruder in einem Maße, dass dieser trotz der zwei Jahre Altersunterschied Angst vor ihm bekam. Auch gegenüber der Mutter wurde Tobias immer wieder ausfällig, sei es verbal oder auch tätlich.

In ruhigen Momenten zeigte Tobias aber auch seine vielen positiven Seiten: Er konnte ausdauernd für sich selbst mit Playmobil spielen, Bücher lesen oder CDs hören. Er war aber in der Freizeit immer stark auf die Familie und auf seinen Bruder bezogen und pflegte kaum Kontakt zu Mitschülern oder Kindern in der Nachbarschaft.

Wegen der vielen Absenzen kam die Mutter immer mehr unter Druck bei Schul- und Gemeindebehörden. Ihr wurde vorgeworfen, zu wenig zu unternehmen, um ihren Sohn zum regelmäßigen Schulbesuch zu bewegen.

Als Tobias im Laufe der 2. Klasse auf Anraten einer Bekannten der Mutter kinderpsychiatrisch abgeklärt und diagnostisch als Asperger-Syndrom erkannt wurde, wendete sich die Situation deutlich zum Besseren. Als wichtigste Maßnahme erhielt Tobias in der Schule eine Begleitung durch eine heilpädagogisch

> geschulte Fachperson, die sich bereits mit dem Asperger-Syndrom auskannte. Zudem erhielt die Mutter wichtige Informationen, wie sie den Erziehungsalltag besser gestalten konnte. Dabei waren nicht nur die Beratung beim Kinderpsychiater, sondern auch die Teilnahme an einer Selbsthilfegruppe in der Region eine große Hilfe.

Tobias ist ein gutes Beispiel dafür, wie ein Kind mit Asperger-Syndrom über längere Zeit immer nur auf einzelne Symptome hin behandelt wurde (Vorschulheilpädagogik, Logopädie, Ergotherapie), was zwar nicht schlecht, aber eben ungenügend ist. Die grundsätzliche Überforderungssituation bei der sozialen Integration in Kindergarten und Schule wird nicht erkannt und so können mit isolierten Maßnahmen auch keine nachhaltigen Verbesserungen erzielt werden.

Sekundarschule

Hat ein Kind mit Asperger-Syndrom, mit mehr oder weniger intensiven Begleitmaßnahmen, die Primarschule gemeistert, dann kommen auf der Sekundarstufe neue Herausforderungen hinzu:

- Das Prinzip einer Hauptbezugsperson geht über in eine Vielzahl von Fachlehrpersonen, mit unterschiedlichen Stilen und Persönlichkeiten.
- Während eines Schultages wird mehrmals das Schulzimmer gewechselt.
- Das Schulhaus und die Gesamtschülerzahl sind in der Regel deutlich größer.
- Der Überblick über die einzelnen Unterrichtsmaterialien wird schwieriger.
- Die Erwartungen an Selbständigkeit und Selbstorganisation steigen markant (Hausaufgaben notieren, selbständiges Lernen, freiwilliges Repetieren von Schulstoff wie z. B. Vokabeln in Fremdsprachen, Prüfungsvorbereitungen).
- Der Umgang von Teenagern untereinander wird komplizierter und ist mit vielen ungeschriebenen Regeln, was nun »in« oder »cool« ist, und was nicht, verbunden.

Aus all den genannten Gründen hat das Asperger-Kind in der Sekundarschule noch mehr Schwierigkeiten, sich zu integrieren, und die Gefahr, den Anschluss an die Gleichaltrigen zu verpassen, wird größer. Immerhin setzt sich langsam die Erkenntnis durch, dass es auch auf Sekundarschul-Niveau vermehrt unterstützende Angebote braucht, und zwar auf allen Leistungsniveaus.

Wenn unser Schulsystem hier nicht kontinuierliche Anstrengungen unternimmt, Jugendliche mit Asperger-Syndrom zu begleiten/unterstützen und ihnen so einen Schulabschluss zu ermöglichen, der ihren intellektuellen Fähigkeiten entspricht, dann besteht die große Gefahr eines sogenannten Underachievements. Das heißt, wegen des sozialen Stresses sinken die Leistungen des Betroffenen, er wird hinuntergestuft und bringt oft auch in der tieferen Stufe keine befriedigenden Leistungen. Damit steigt dann auch das Risiko für weitere Fehlentwicklungen: Drogenkonsum, Flucht in die virtuelle Computerwelt, Scheitern einer beruflichen Integration in den ersten Arbeitsmarkt.

Bei Daniel wurde, als er ca. 7 Jahre alt war, ein POS (entspricht einer schweren Form von ADHS) diagnostiziert und bei der Invalidenversicherung (▶ Anhang) angemeldet. In der Folge erhielt er Medikamente, was sich auf seine schulischen Leistungen positiv auswirkte. Sozial blieb er jedoch ein Außenseiter. Andere Kinder fanden ihn merkwürdig mit seinem tolpatschigen Gang und seiner Eigenart, im Schulalltag oft den Clown zu spielen. Dennoch zeigte Daniel während der ganzen Primarschulzeit vergleichsweise gute Leistungen. Allerdings hatte er immer wieder Probleme mit dem Lehrer wegen seiner kaum leserlichen Schrift und wegen seiner mangelhaften Rechtschreibung. Kurz vor dem Übertritt in die nächste Schulstufe, die Sekundarschule bzw. Bezirksschule, spitzte sich die schulische Situation zu und die Eltern ließen Daniel noch einmal kinderpsychiatrisch abklären, da für sie die Diagnose POS einfach nicht alle Besonderheiten von Daniel erklären konnte. Selbst im fortgeschrittenen Primarschulalter spielte er noch ausgiebig mit seinen Stofftieren und beschäftigte sich am liebsten allein, entweder mit dem Lesen von Comics oder mit Computerspielen. Die Abklärung ergab auf der einen Seite ein weit überdurchschnittliches intellektuelles Potential, auf der anderen Seite große Defizite bei der sozialen Reife und bei den Selbstkompetenzen. Der Kinderpsychiater stellte schließlich die Diagnose »Asperger-Syndrom«.

Angesichts der Diagnose konnte der Konflikt zwischen dem Primarschullehrer, welcher Daniel »lediglich« für die Sekundarschule empfehlen wollte, und den Eltern, welche schon immer von Daniels hohem Potential überzeugt waren, entschärft werden. Die eingeschalteten Fachstellen empfahlen den Übertritt in die Bezirksschule (= höheres Leistungsniveau) und gewährten Daniel eine zusätzliche Unterstützung in Form einer sozialpädagogisch ausgebildeten Begleitperson.

Daniel ist nun im zweiten Jahr an der neuen Schule und zeigt in einzelnen Fächern gute Leistungen. Probleme gibt es im Fach Geschichte, wo es ihm schwerfällt, verschiedene Texte und Quellen auf eine Prüfung hin zu studieren und das Wesentliche herauszufiltern. Auch kommt es vor, dass er in der Prüfung nicht wirklich das beantwortet, was gefragt wurde. Die meisten beteiligten Lehrpersonen begrüßen zwar die integrative Schulung von Daniel auf hohem Niveau, einzelne sind aber auch skeptisch bis ablehnend.

Sozial ist Daniel weiterhin ein Einzelgänger, er besucht keine Vereine und verbringt die Freizeit meistens zu Hause. Für die Eltern ist es nach wie vor eine Herausforderung, ihn von zu ausuferndem Computerspielen abzuhalten.

Adoleszenz und Berufsausbildung

Mit dem Eintritt in eine Berufslehre steigen die Anforderungen an Sozialkompetenz und Selbständigkeit weiter. Meistens ist es notwendig und hilfreich, wenn der Arbeitgeber über die Besonderheiten des/der Jugendlichen informiert wird. Wenn nicht von Anfang an, dann spätestens dann, wenn die Schwierigkeiten in der Sozialkompetenz offensichtlich werden und entsprechende Rückmeldungen an die Eltern gelangen.

Analog zur Schulzeit beginnt sich auch bei der Berufsausbildung ein Konzept zu etablieren, das dem Betroffenen eine Unterstützung/Begleitung (englisch: Job-Coach) zur Verfügung stellt. Das Installieren einen solchen Job-Coachs kann eine sehr wichtige Maßnahme sein, nicht nur, um die Berufslehre zu sichern, sondern auch, um einen nicht zu unterschätzenden Beitrag zur Ablösung des Jugendlichen von den Eltern zu leisten! Da die Rolle des Job-Coachs in der Schweiz erst in Ansätzen bekannt ist, hat sich bisher bei vielen Jugendlichen aus dem Autismus-Spektrum, zusätzlich zur Kernproblematik, meist noch eine zweite ungünstige Dynamik entwickelt: Die Eltern sind – zwangsläufig – oft unterstützend eingesprungen bei Themen, wo andere Jugendliche gleichen Alters keine Hilfe mehr benötigen (Bewerbungen schreiben, Telefonanrufe erledigen, Erkundigungen einziehen usw.). Dadurch wird eine altersgemäße Ablösung erschwert und die Eltern geraten, auf sich allein gestellt, in ein unlösbares Dilemma. Nicht selten leben deshalb junge Erwachsene mit Autismus noch lange zu Hause, auch wenn dies weder objektiv notwendig noch erwünscht ist.

> So ist es auch beim mittlerweile 26-jährigen Stefan, der zusammen mit seinem jüngeren Bruder noch zu Hause bei den Eltern wohnt. Bevor bei ihm das Asperger-Syndrom diagnostiziert wurde, absolvierte er zunächst eine Lehre als Chemie-Laborant. Trotz seiner sehr verschlossenen Art und seinem manchmal etwas respektlosen Verhalten Vorgesetzten gegenüber konnte er zunächst die Lehre erfolgreich abschließen. Allerdings gelang es ihm nicht, in seinem gelernten Beruf eine Stelle zu finden. Es folgten eine Odyssee von Bewerbungen und Phasen von Nichts-Tun, bis schließlich die Invalidenversicherung mit beruflichen Maßnahmen eingeschaltet wurde. Aber ohne klare Diagnose war man auch hier recht ratlos und außer einigen befristeten Praktikumsstellen gab es keine wirklichen Fortschritte. Schließlich kam ein Mitarbeiter der IV, sensibilisiert durch einen Zeitungsartikel, auf die Vermutung, bei Stefan könnte ein Asperger-Syndrom vorliegen. Eine entsprechende Abklärung hat diese Vermutung voll bestätigt. Auf der einen Seite ist Stefan intelligent und hat sich neben seinem gelernten Beruf zusätzlich im Heimstudium recht fortgeschrittene Computerkenntnisse angeeignet. Auf der anderen Seite hat er aber große Schwierigkeiten im Bereich der Sozialkompetenz. Sozial lebt er recht isoliert, pflegt keine Freundschaften und hatte bisher auch noch nie eine Freundin.
>
> Die Diagnose Asperger-Syndrom hat den Bemühungen um eine berufliche Integration aber neuen Auftrieb und eine klare Stoßrichtung gegeben. Mithilfe der IV wird nun genauer abgeklärt, wie die Programmier- und Computerkenntnisse von Stefan in eine Integration in den ersten Arbeitsmarkt umgesetzt werden können. Auf der einen Seite haben viele vom Asperger-Syndrom Betroffene eine spezielle Begabung im Informatik-Bereich, und auf der anderen Seite gibt es gerade in diesem Bereich auch sehr reale Chancen, auch auf Umwegen noch eine Ausbildung und einen Arbeitsplatz zu finden.

Ablösung vom Elternhaus

Die endgültige Ablösung vom Elternhaus gestaltet sich bei vielen jungen Erwachsenen des Autismus-Spektrums als schwierig. Auf der einen Seite sind sie intellektuell auf der Höhe ihrer Altersgenossen und möchten alle Rechte von Erwachsenen in Anspruch nehmen, auf der anderen Seite sind sie aber emotional und sozial noch unreif und haben große Schwierigkeiten, altersgemäße Verantwortungen zu übernehmen. Beim Zusammenwohnen in der Familie führt dies zu vielen Konflikten.

Es ist deshalb von großer Bedeutung, dass die Eltern bei der Unterstützung des jungen Erwachsenen nicht allein dastehen, sondern möglichst viele Aufgaben an familienexterne Personen abgeben können:

- Job-Coach im Bereich der Ausbildung und Einarbeitung ins Berufsleben,
- eventuell betreute Wohnformen mit unterschiedlicher Betreuungsintensität,
- Beratungsstellen oder eventuell Sozialarbeiter, welche bei Budgetfragen und dem Umgang mit Geld behilflich sind,
- Verwandte oder Bekannte, welche bereit sind, bestimmte vereinbarte Funktionen zu übernehmen,
- Unterstützerkreise.

Das Konzept der »Unterstützerkreise« ist noch recht jung und geht von der Idee aus, alle erdenklichen Personen im Umfeld des Betroffenen (wie oben z. T. aufgezählt) mit einzubeziehen.

Erwachsenenalter

Es gibt einige von Autismus Betroffene, die erst im Erwachsenenalter in Schwierigkeiten oder an Grenzen kommen, die schlussendlich zu fachlicher Hilfe und dann auch zu einer Diagnose führen. Der Auslöser kann zum Beispiel sein, dass im Zusammenhang mit einem Stellenwechsel oder einem Studienbeginn der/die Betroffene von zu Hause auszieht und allenfalls in eine entferntere Stadt geht, wo dann plötzlich Heimweh oder Ängste aufkommen. Oder es kann im Erwachsenenalter offensichtlich werden, dass es nicht gelingt, eine tragfähige Beziehung zu einem Partner/einer Partnerin zu knüpfen.

Häufig ist es auch so, dass schon eine lange Vorgeschichte an Abklärungen und Behandlungen besteht und dass dann insbesondere in der Adoleszenz, wenn der Schulabschluss in die Nähe rückt und die Ablösung vom Elternhaus beginnt, die Überforderung zunimmt und die Situation eskaliert. Nicht-erkannte Betroffene aus dem Autismus-Spektrum erhalten dann unvollständige Diagnosen (z.B. »Soziale Phobie«) oder falsche Diagnosen (Schizophrenie, Borderline-Störung, Manisch-Depressive Störung, Persönlichkeitsstörung). Ich habe in letzter Zeit mehrere junge Erwachsene in meiner Praxis gesehen, die in eine regelrechte »Mühle« mit Aufenthalten in psychiatrischen Kliniken und medikamentösen Behandlungen mit schweren Nebenwirkungen gerieten. Deshalb sind Diagnosen von so großer Bedeutung! Wenn von Autismus Betroffene nicht als solche erkannt werden, dann geraten sie in der Adoleszenz in einen zunehmenden Stress, weil sie intuitiv merken, dass sie den Anforderungen an eine »normale« Ausbildung und eine altersgemäße Ablösung von dem Elternhaus nicht gewachsen sind. Sie entwickeln – stressbedingt – Symptome, die tatsächlich einer schweren Depression, einer manisch-depressiven Krankheit oder gar einer Schizophrenie sehr ähnlich sehen können.

Von solchen schwierigen Erfahrungen kann auch die mittlerweile 19-jährige Tabea ein Lied singen. Tabea war als Kind ruhig und zurückgezogen und hatte eine sehr enge Beziehung zur Mutter, entsprechend reagierte sie sehr eifersüchtig auf die Geburt der zwei Jahre jüngeren Schwester. Die Sprachentwicklung war altersgemäß, aber der Mutter fiel schon früh auf, dass Tabea eigene Wörter erfand, wenn sie bestimmte Begriffe nicht richtig aussprechen konnte. Diese Eigenart habe während der ganzen Kindheit weiterbestanden. Der Versuch, das Kind in eine Spielgruppe zu bringen, scheiterte an Tabeas heftigem Widerstand. Auch der Besuch des Kindergartens war am Anfang sehr schwierig.

Auffällig war auch, dass Tabea nie, so wie andere Kinder das tun, mit Spielsachen spielte. Sie war körperlich immer sehr aktiv, war viel draußen und beschäftigte sich mit Klettern oder mit Im-Sand-und-Dreck-Spielen. Sie habe keine Freunde gesucht. Sie habe zwar immer versucht, es allen recht zu machen, was ihr dann doch nicht gelang. Sie habe keine Beziehung zu anderen Kindern aufbauen können. Zuweilen habe sie zwar ein anderes Kind eingeladen, sei dann aber nicht mit ihm zusammen geblieben, sondern einfach weggegangen, nach draußen oder zu den Nachbarn.

Da Tabea als Kind schüchtern war, wurde sie immer wieder von anderen ausgenutzt.

Die Primarschule erlebte sie als sehr stressig. Sie habe immer große Schwierigkeiten mit den Hausaufgaben gehabt, konnte sich nicht organisieren, bei Prüfungen habe sie immer wieder versagt. Ein weiteres Problem war, dass sie von vielen Reizen rasch überflutet wurde.

Gegen Ende der Schulzeit besuchte Tabea wegen der Überforderung nur noch sporadisch die Schule und beendete schließlich die obligatorische Schulpflicht ohne Abschluss.

Traumatische Erfahrungen machte Tabea mit Eintritt in die Pubertät. Einerseits ging die Ehe der Eltern genau in dieser Zeit auseinander, und auf der anderen Seite war sie wiederholt Opfer von sexuellen Übergriffen aus dem engsten familiären Umfeld: Großmutter, Kindsvater, Cousins usw. Die Übergriffe hatten schon relativ früh in der Kindheit begonnen, schleichend, auf eine Art und Weise, dass Tabea gar nie auf die Idee kam, dass daran etwas Unrechtes sein könnte. Für sie war das normal und sie dachte, das ist bei allen Kindern und Familien so. Mit Eintritt in die Pubertät jedoch entwickelte sie ein Gefühl dafür, dass sie das nicht wollte und als unangenehm ablehnte. Die Belästigung durch männliche Verwandte erlebte sie zunehmend als große Belastung. Tabea begann zu kiffen und erlebte, wie sie mit Hilfe von Joints ihre aktuellen Probleme vergessen konnte. Sie begann in dieser Zeit zudem auch mit Selbstverletzungen (Ritzen) und litt unter starken Stimmungsschwankungen bis zu Selbstmordgedanken.

Von psychiatrischer Seite wurde bei Tabea zunächst ein ADHS und später eine bipolare affektive Störung diagnostiziert. Sie erhielt starke Psychopharmaka und sollte zur medikamentösen Einstellung sogar stationär behandelt werden, was sie aber deutlich ablehnte.

Wegen Schwierigkeiten mit der beruflichen Integration wurde Tabea auch bei der Invalidenversicherung angemeldet. Der zuständige Kinder- und Jugendpsychiater des regionalen ärztlichen Dienstes kam als erster auf die Vermutung, bei Tabea könnte eine Störung aus dem Autismus-Spektrum vorliegen. Offenbar war er mit dem Thema besser vertraut als viele seiner Kollegen und erkannte die vielen entsprechenden Zeichen in der Vorgeschichte.

Tabea ist ein gutes Beispiel für eine junge Frau bzw. einen jungen erwachsenen Menschen, dem man die autistischen Eigenschaften nicht einfach ansieht. Sie weiß sich sehr elegant zu kleiden und Make-Up sorgfältig anzuwenden, sie ist von Natur aus auffallend hübsch und pflegt eine Reihe von Bekanntschaften. Sie leidet aber auf der anderen Seite sehr darunter, dass sie die Absichten anderer Menschen ganz schlecht einschätzen kann. Auch heute noch geschieht es ihr deshalb immer wieder, dass ihr junge Männer zu nahe treten. Ein wichtiges Thema in den therapeutischen Gesprächen mit Tabea ist deshalb, dass Menschen mit Asperger-Syndrom anderen Menschen gegenüber oft naiv sind und meinen, wenn jemand freundlich zu ihnen sei, dann habe er auch automatisch gute Absichten. So nach dem Motto: Wenn *ich* zu anderen nett bin und gute Absichten habe, dann muss das doch bei anderen, die mich anlächeln, auch so sein! In diesem Sinne muss Tabea lernen, gerade weil sie so attraktiv ist, zu *unterscheiden:* Wer ist wirklich an mir als Person interessiert und wer will mich lediglich »aufreißen«. Weil dieses Thema so schwierig ist, hat sich Tabea entschieden, Männer auf Distanz zu halten und eine feste Beziehung zu einer anderen Frau einzugehen. Hier konnte sie zum ersten Mal erleben, dass sie von jemandem geliebt wurde, ohne irgendwelche (v. a. sexuelle) Wünsche erfüllen zu müssen – eine Liebe ohne Bedingungen. Das Gefühl, geliebt zu werden wegen der eigenen Person, und nicht wegen des Körpers.

Notiz: In der Geschichte von Tabea kann man einmal mehr verfolgen, wie eine nichtgestellte Autismus-Diagnose in der Adoleszenz in eine zunehmende Überforderung führt, schulisch wie auch in Bezug auf Gleichaltrige. Die Betroffenen merken dann instinktiv, dass man ihnen mit Diagnosen wie »ADHS« nicht wirklich helfen kann und geraten aus Hilflosigkeit und Verzweiflung in eine Spirale von Niedergeschlagenheit, Drogenkonsum, Selbstmordgedanken und Selbstverletzungen. Und auch auf der helfenden Seite geschieht eine Eskalation: von milderen zu schwerwiegenderen Diagnosen und zu einschneidenden medikamentösen Behandlungen, wobei dann der Widerstand dagegen als Teil der Krankheitssymptomatik interpretiert wird!

Tabeas Zustand hat sich mittlerweile sehr erfreulich entwickelt. Die Diagnose Asperger-Syndrom ist sowohl für Tabea wie auch ihre Mutter eine große Hilfe, denn nun ist einerseits klar, warum schon in der Kindheit vieles so schwierig war, und andererseits kann nun von Seiten der Helfer (IV, Berufsberatung, Therapie) gezielt mit den richtigen Maßnahmen vorgegangen werden. Tabea wird aktuell

> nicht unter Druck gesetzt, möglichst schnell eine Berufsausbildung zu machen, sondern sie holt jetzt erst einmal ihren fehlenden Schulabschluss nach und hat dafür ein sehr passendes Angebot gefunden, das ihrer reduzierten Belastbarkeit gerecht wird. Es handelt sich um eine vergleichsweise kleine Klasse, welche innerhalb eines Jahres den Hauptschulabschluss nachholt und in einem Schulhaus untergebracht ist, wo Lehrlinge neben der Arbeit im Betrieb einen oder zwei Tage pro Woche den Schulunterricht besuchen (Regionale Berufsschule).

Nach dieser Beschreibung von Kindheit, Jugend und jungem Erwachsensein möchte ich nun auf eine Reihe von Themen eingehen, die vorwiegend das Erwachsenenalter bzw. Autismus im Allgemeinen betreffen. Hans Asperger hat darauf hingewiesen, dass etliche seiner »autistischen Psychopathen« später besonders erfolgreiche Berufsleute wurden.

> »In der ganz überwiegenden Zahl der Fälle kommt es nämlich zu einer guten Berufsleistung und damit zu einer sozialen Einordnung, oft in hochgestellten Berufen, oft in so hervorragender Weise, dass man zu der Anschauung kommen muss, niemand als gerade diese autistischen Menschen seien gerade zu solchen Leistungen befähigt« (Asperger 1944).

> »Ja es scheint fast, als wäre, für bestimmte wissenschaftliche, auch künstlerische Tätigkeiten, ein Schuss Autismus, eine ›Abgestelltheit‹ gegenüber der Welt vonnöten!« (Asperger 1960).

In der heutigen Zeit ist es Michael Fitzgerald aus Dublin, der zu diesem Thema besonders viel geforscht und publiziert hat. So gibt es von ihm mehrere Bücher, in welchen er eine Vielzahl von historischen Persönlichkeiten unter die Lupe nimmt und schließlich dem Autismus-Spektrum, meist dem Asperger-Syndrom, zuweist. Es handelt sich dabei um Persönlichkeiten aus Gebieten wie: Malerei, Literatur, Wissenschaft, Philosophie, Politik. Aus der Neuzeit müsste man natürlich noch die Informatik dazu nehmen. Aus verständlichen Gründen portraitiert er aber keine noch lebenden Personen.

Laut Fitzgerald ist eine wichtige positive Eigenschaft von Menschen mit Asperger-Syndrom deren Kreativität und Phantasietätigkeit. Darum liegt ihnen nicht so sehr daran, das Wissen und die Theorien anderer zu studieren und zu übernehmen, sondern sie haben einen starken Drang, eigene Ideen, die der eigenen Phantasie entsprungen sind, zu entwickeln und umzusetzen. Deshalb gibt es etliche Beispiele von berühmten Persönlichkeiten im Bereich der Wissenschaft, die laut Fitzgerald viele Merkmale des Asperger-Syndroms aufweisen: Isaac Newton, Charles Darwin, Albert Einstein. Dies sind ein paar Beispiele von Dutzenden, die Fitzgerald in seinen Büchern beschreibt, darunter auch Künstler wie Mozart, Van Gogh, Andy Warhol und viele andere.

Das Verhältnis autistischer Kinder zur Kunst beschrieb Hans Asperger mit den Worten:

> »Ein typisches Zeichen ist in manchen Fällen ein Kunstverständnis von seltener Reife und Tiefe. In solch frühem Verhältnis zur Kunst drückt sich die frühe Reife und Tiefe des autistischen Denkens ebenso aus, wie man sich des Gedankens nicht erwehren kann, dass auch zwischen dem Wesen des schaffenden Künstlers und diesen die Werke nachempfindenden Kindern verwandtschaftliche Beziehungen bestehen« (Asperger 1960).

Ein zweiter aktueller Autismus-Forscher, Simon Baron-Cohen aus England, hat eine eigene Theorie des Autismus entwickelt, die sowohl die besonderen Schwierigkeiten wie auch die besonderen Fähigkeiten der Betroffenen herausarbeitet. Auf der Seite der Schwierigkeiten bezeichnet er das Hauptproblem als Empathie-Defizit, und auf der anderen Seite charakterisiert er die besonderen Fähigkeiten mit dem Begriff des »systematisierenden Denkens«.

Was ist Empathie?

Ich möchte an dieser Stelle den Begriff »Empathie« bzw. die Probleme, die autistische Menschen damit haben, genauer erläutern, denn viele Missverständnisse und Vorurteile kreisen um dieses Thema. Die englische Sprache unterscheidet zwischen den Begriffen »empathy« und »sympathy«. »Empathy« wird im Deutschen am besten mit »Einfühlungsvermögen«, und »sympathy« mit »Mitgefühl« oder »Mitleid« übersetzt. Wenn nun – und diese Erfahrung mache ich immer wieder – der Begriff Empathie in deutscher Sprache verwendet wird, dann werden dabei die unterschiedlichen Aspekte »Einfühlungsvermögen« und »Mitgefühl« oft unzutreffend vermischt oder gar gleichgesetzt.

Menschen mit Autismus haben keine Probleme mit Mitgefühl, sie erkennen sofort, wenn ein Mensch oder ein Tier (!) leidet, und entsprechend leiden sie mit. Dies gilt umso mehr, wenn das Leiden anderer mit Ungerechtigkeit im Zusammenhang steht. Menschen mit Autismus haben ein starkes Gerechtigkeitsempfinden und wehren sich vehement (oft unangemessen heftig!) gegen erlittene oder beobachtete Ungerechtigkeiten.

Empathie bzw. Einfühlungsvermögen ist hingegen etwas ganz Anderes. Es ist die Fähigkeit, sich in eine andere Person zunächst einmal *gedanklich* hineinzuversetzen und davon ausgehend mit der anderen Person mitzufühlen. Es handelt sich primär um einen *kognitiven* Vorgang und erst in zweiter Linie um einen gefühlsorientierten. Empathie ist ein viel komplexerer Vorgang als das Mitleid, er setzt voraus, dass von der eigenen Person zumindest vorübergehend abstrahiert werden kann, und genau das fällt Menschen mit Autismus sehr schwer. Das heißt nicht, dass sie es nicht können bzw. nicht lernen können, aber im Alltag ist Einfühlungsvermögen oft in Diskussionen bzw. Konfliktsituationen gefragt. In solchen Situationen geraten Menschen mit Autismus rasch in Erregung bzw. Stress, und dann sinkt deren ohnehin schon reduzierte Fähigkeit für komplexes Denken, wie es die Empathie voraussetzt, auf null.

Baron-Cohen hat einen Fragebogen entwickelt, mit welchem der sogenannte Empathie-Quotient erfasst werden kann (Baron-Cohen 2004). Er enthält 60 alltagsbezogene Fragen bzw. Aussagen, von welchen ich ein paar wenige zitieren möchte. So kann Empathie am besten konkret illustriert werden: »In Gesprächen konzentriere ich mich eher auf meine eigenen Gedanken, statt darauf zu achten, was der Zuhörer vielleicht denkt.« Oder: »Wenn sich jemand durch meine Äußerungen gekränkt fühlt, ist das sein Problem, nicht meins.« Und noch ein drittes Beispiel: »Ich kann den Standpunkt meines Gesprächspartners für gewöhnlich verstehen, auch wenn ich selbst anderer Meinung bin.« (Letztere Aussage wird natürlich eher mit »trifft nicht zu« beantwortet.)

Systematisierendes Denken

Gemäß Baron-Cohen werden die besonderen Fähigkeiten von Menschen mit Asperger-Syndrom am besten mit dem Begriff »Systematisierendes Denken« beschrieben und erfasst. Auch dazu hat er, ganz analog zur Empathie, einen Screening-Fragebogen entwickelt. Dieser enthält Items wie: »Wenn ich ein Tier sehe, möchte ich gern genau wissen, zu welcher Spezies gehört.« Oder: »Beim Zeitunglesen reizen mich Informationstabellen wie etwa Fußballergebnisse oder der Aktienindex.« Und ein letztes Beispiel: »Wenn ich etwas lese, fällt mir sofort auf, ob es grammatisch korrekt ist.«

Empathie-Quotient, Systematisierungs-Quotient, Autismus-Quotient

Insgesamt gibt es von Simon Baron-Cohen drei Fragebogen, die auf die Stärken und Schwächen von Menschen mit Autismus abgestimmt sind (Baron-Cohen 2004). Zwei davon wurden bereits erläutert, der dritte Fragebogen ist einfach eine Kombination der beiden ersten und errechnet einen sogenannten Autismus-Quotienten. Der entsprechende AQ-Test ist im Internet frei verfügbar (z. B. unter https://autismus-kultur.de/tests/autismus-asperger-test-erwachsene.html).

Je nach dem, viele Punkte beim Ausfüllen erzielt werden, resultiert ein höherer oder niedrigerer Quotient, das heißt, das eigene Resultat wird mit der Durchschnittsbevölkerung verglichen. Baron-Cohen hat eine große Zahl von Probanden die Fragebogen ausfüllen lassen und dabei Folgendes festgestellt:

- Frauen erreichen im Durchschnitt beim Empathie-Quotienten höhere Werte als Männer, beim Systematisierungs-Quotienten sowie beim Autismus-Quotienten ist es genau umgekehrt.
- Menschen mit einer Diagnose aus dem Autismus-Spektrum schneiden ähnlich ab wie Männer, aber mit extremeren Werten.

Daraus lassen sich gewisse plausible Schlussfolgerungen ziehen: »Männliches« Denken und »autistisches« Denken sind miteinander verwandt. Die Stärken liegen im systematisierenden Denken und die Schwächen bei der Empathie. Autismus ist demzufolge die Extremform des männlichen Denkens.

Autismus und Geschlechtsunterschiede

Zu der gleichen Schlussfolgerung kam auch Hans Asperger: »Der autistische Psychopath ist eine Extremvariante der männlichen Intelligenz, des männlichen Charakters« (Asperger 1944). Viele statistische Untersuchungen kommen immer wieder zum Resultat, dass bei den von Autismus Betroffenen das männliche Geschlecht bei weitem überwiegt. Das liegt sicher daran, dass die von Geburt an bestehenden Geschlechtsunterschiede im Wahrnehmen, Denken und Fühlen das männliche Geschlecht einem höheren Risiko zur Entwicklung von Autismus aussetzen als das weibliche. Schon kurz nach der Geburt interessieren sich z.B. weibliche Säuglinge tendenziell eher für Gesichter und männliche eher für Gegenstände (Mobile).

Man kann allerdings davon ausgehen, dass die Häufigkeit von Autismus bezogen auf das Geschlecht weniger extrem verteilt ist als es den aktuellen Zahlen (1 : 10) entspricht. Das Verhältnis von weiblichem Geschlecht zu männlichem dürfte beim Autismus eher bei 1 : 4 liegen. Der Grund für diese Diskrepanz liegt darin, dass die Diagnose-Kriterien für Autismus überwiegend an Jungen entwickelt wurden. Es ist unbedingt notwendig, für Mädchen eigene diagnostische Kriterien und Normen zu entwickeln, denn es gibt bei den Erscheinungsformen von Autismus ebenfalls deutliche Geschlechtsunterschiede. Solange es keine geschlechtsspezifischen Kriterien und Normen gibt, werden Mädchen insgesamt zu wenig bzw. zu spät diagnostiziert und die heute entwickelten zahlenmäßigen Geschlechterverhältnisse beim Autismus werden verfälscht.

Asperger-Syndrom und weibliches Geschlecht

Wenn es zum Beispiel um die Entwicklung von Interessengebieten geht, die mit einer unüblichen Intensität verfolgt werden (das ist ein Diagnose-Kriterium beim Asperger-Syndrom), dann sind das bei den Mädchen oft Gebiete, die nicht besonders aus dem Rahmen fallen. Typische Beispiele wären das intensive Sammeln von Barbie-Puppen oder die intensive Beschäftigung mit dem Thema Pferde/Reiten.

Im Weiteren sind die sozialen und kommunikativen Defizite bei Mädchen mit Asperger-Syndrom in der Regel etwas weniger ausgeprägt als bei Jungen. Mädchen neigen eher dazu, andere Mädchen in ihrer Umgebung genau zu beobachten und deren Verhalten, von dem sie ja wissen, dass es als anstrebenswert gilt, nachzuahmen und zu kopieren. Meistens geht das im Primarschulalter noch einigermaßen gut. Im Teenageralter kommen diese Nachahmungsstrategien jedoch an ihre Grenzen und werden von den anderen durchschaut. Mädchen mit Asperger-Syndrom werden deshalb oft erst im Teenageralter massiv auffällig, und dies wiederum aufgrund von Verhaltensweisen, die als »typisch pubertär« durchgehen können: Essstörungen, Rückzug und Depression, Selbstverletzungen. Diese Probleme führen zwar oft zum Aufsuchen von Hilfe, die richtige Diagnose wird aber oft immer noch verpasst.

So gesehen ist es wohl kein Zufall, dass unter den Erwachsenen, die erst spät diagnostiziert wurden und die sich selbst dann im Internet oder in Büchern outen, auffallend viele Frauen sind, was ja der üblichen Statistik auf den ersten Blick völlig widerspricht (bis zu 10 × mehr Autismus-Diagnosen beim männlichen Geschlecht gegenüber dem weiblichen).

Die verschiedenen Schattierungen des Asperger-Syndroms

Im Kapitel 2 wurden den verschiedenen Diagnosen innerhalb des Autismus-Spektrums verschiedene Farben zugeordnet und das Asperger-Syndrom erhielt die Farbe »Blau«. In diesem Abschnitt möchte ich nun darauf eingehen, dass es auch innerhalb der Farbe »Blau« sehr unterschiedliche Schattierungen gibt. Diese Schattierungen haben zwei Komponenten. Die eine davon ist eher anlagebedingt und hat mit charakterlichen Unterschieden zu tun. Die andere entsteht auf der speziellen Interaktion zwischen dem betroffenen Kind und seiner Umwelt. Es ist hier die Rede von Kindern, die noch nicht diagnostiziert worden sind und die vorderhand in gewissem Sinn auf sich allein gestellt sind. Diese Kinder mit den Eigenheiten des Asperger-Syndroms können sehr unterschiedlich auf die Herausforderung reagieren, die sich daraus ergibt, dass sie sich irgendwie der für sie schwierigen und oft unverständlichen Umgebung anpassen müssen.

Die folgenden Ausführungen orientieren sich an einer Einteilung von Tony Attwood (▶ Anhang). In meiner eigenen klinischen Erfahrung hat sich dies sehr bestätigt (Attwood 2008).

Isolation und Rückzug

So wie alle Menschen sich nach Charakterzügen unterscheiden, so gibt es diese Unterschiede auch bei Betroffenen des Asperger-Syndroms. In die hier beschriebene Untergruppe gehören eher introvertierte und ängstliche Kinder. Auf die Herausforderungen der Umwelt reagieren sie mit sozialem Rückzug. In der Schule versuchen sie, möglichst nicht aufzufallen, sind still und in sich gekehrt und haben wenig Motivation und Energie für schulisches Lernen. Diese Kinder reagieren auf schulische Probleme auch oft mit psychosomatischen Beschwerden wie Bauchweh, Kopfweh usw. und neigen dazu, wenn der Stress zunimmt, die Schule zu verweigern.

Es ist naheliegend, dass diese Konstellation auch ein Risiko in Richtung einer depressiven Entwicklung darstellt. Essprobleme sind häufig und im Pubertätsalter können auch Selbstverletzungen hinzukommen. Relativ häufig sind es Mädchen, die auf die beschriebene Art reagieren.

Arroganz

Eine andere Gruppe von Kindern, und zwar von eher extrovertiertem Charakter, entwickelt Eigenschaften, die vor allem auf Kosten der Umgebung gehen. Sie sind durch ein ausgeprägtes Empathie-Defizit charakterisiert und durch eine extreme Neigung, alle Fehler bei den anderen zu suchen. Sie können die Eltern wegen jedem Detail in endlose Diskussionen verwickeln und haben immer »Recht«. Wenn sie sich ungerecht behandelt fühlen, sinnen sie nach Rache nach dem archaischen Motto

»Auge um Auge, Zahn um Zahn«. V. a. im Teenageralter können sie eine Haltung an den Tag legen, die man wohl als arrogant bezeichnen muss. Wohlverstanden handelt es sich hier um eine Negativ-Spirale, die wiederum v. a. dann entstehen kann, wenn das betreffende Kind nie zutreffend diagnostiziert wurde.

Der ausgesprochene Asperger-Experte Michael Fitzgerald hat in einer seiner neuesten Publikationen (Fitzgerald 2010) eine kleine Untergruppe von Menschen mit Asperger-Syndrom, die dieser »arroganten« Variante angehören, identifiziert, die er nicht nur als arrogant, sondern im wahren Sinne des Wortes als *böse* bezeichnet. Er hat für sie den Begriff »Kriminelle autistische Persönlichkeit« vorgeschlagen. Diese Menschen sind zum Glück äußerst selten, aber in ihrer fehlgeleiteten Persönlichkeit auch sehr gefährlich. Vermutlich kommt es zu dieser extrem negativen Entwicklung nur, wenn ein Kind mit Asperger-Syndrom erstens nie richtig erkannt und zweitens über längere Zeit schweren Formen der Misshandlung *oder* Vernachlässigung ausgesetzt wurde. In diese Gruppe könnten neben gefährlichen Tätern z. B. auch Jugendliche gehören, die aus Rache für erlittenes Mobbing und Ausgrenzung in ihrer ehemaligen Schule einen Amoklauf anrichten oder dies zumindest androhen.

Ich habe diese düstere Seite des Autismus auch deshalb erwähnt, weil die Gesellschaft nicht nur wegen der von Autismus Betroffenen eine hohe Verantwortung hat, im Sinne von Vermeidung von Leiden, Ausgrenzung und Invalidität, sondern (wenn auch viel seltener) wegen des Schutzes der Gesellschaft vor besonders gefährlichen Individuen. Es gibt also ganz verschiedene Gründe dafür, warum es so wichtig ist, autistische Störungen frühzeitig zu erkennen und negative Sekundärentwicklungen mit allenfalls schlimmen Folgen zu verhüten.

Flucht in eine Phantasiewelt

Viele Kinder aus dem Autismus-Spektrum haben angesichts ihrer emotionalen Unreife noch lange Mühe, Realität, Wunsch und Phantasie klar voneinander zu trennen. Eine bestimmte Gruppe von Asperger-Kindern »löst« das Problem der Auseinandersetzung mit der für sie schwierigen Umwelt durch eine starke Flucht in die Phantasie. Diese Kinder können sich z. B. stundenlang allein im Spiel beschäftigen, was im Vorschulalter gar nicht unbedingt besonders auffallen muss. Später neigen sie dazu, mit der größten Selbstverständlichkeit »Geschichten« zu erzählen, die sie als wahr ausgeben. Dadurch geraten sie natürlich gegenüber Gleichaltrigen und Erwachsenen in ein schiefes Licht. Es kommt auch vor, dass ein solches Kind statt eines realen Freundes einen imaginären Freund erfindet und sich mit diesem ausführlich unterhält! Möglich ist auch, dass ein Kind mit dieser Variante des Asperger-Syndroms im konstruktiven Sinn dichterische und schriftstellerische Fähigkeiten entwickelt und schon im Kindes- und Jugendalter Texte, Geschichten oder gar ganze Romane schreibt.

Ausgeprägte Nachahmung

Nochmals eine andere Variante des Kompensierens eigener Defizite besteht in der ausgeprägten Nachahmung anderer, die als Vorbilder erkoren wurden. Diese Vorgehensweise wird oft von Asperger-Mädchen gewählt. Als Vorbild können sowohl Mitschülerinnen als auch Stars aus Film, Musik und Fernsehen (Serien, »Soaps«) dienen, deren Sprache, Gesten und Gewohnheiten dann sehr genau beobachtet und kopiert werden. Dies kann einerseits eine sehr sinnvolle Strategie sein, indem Sozialkompetenzen erworben werden, die spontan nicht entwickelt worden wären. Es ergibt sich aber natürlich auch die Gefahr dessen, was gewisse Psychologen als die Entwicklung eines »falschen Selbst« bezeichnen. Spätestens im Erwachsenenalter führt dies irgendwann zu Schwierigkeiten, weil der Wunsch nach einem eigenen Selbst und einem eigenen persönlichen Stil immer größer werden.

Die Strategie der Nachahmung kann allerdings auch zu einer positiven Berufsfindung beitragen, z.B. im Bereich der Schauspielerei. Tatsächlich fühlen sich nicht wenige Betroffene des Asperger-Syndroms intuitiv zu Theater-Kursen hingezogen, weil sie spüren, dass sie sich dort auf spielerische und eben imitative Weise soziale und eventuell auch emotionale Kompetenzen aneignen können, so dass man in diesen Fällen zu Recht von erfolgreicher Selbst-Therapie reden kann.

Autismus und Computerwelt

Zusammen mit den vielen neuen Erkenntnissen, die im Bereich des Autismus in den letzten 30 Jahren gewonnen wurden, hat mehr oder weniger zeitgleich eine große gesellschaftliche Veränderung stattgefunden: das Eindringen des Computers in alle Aspekte des täglichen Lebens inkl. jenes der Kinder und Jugendlichen. Noch vor 20 Jahren waren die Benutzung von PC, Handy und Internet einigen wenigen Erwachsenen vorbehalten, heute ist die Welt der Kinder und Jugendlichen beherrscht davon. Das hat meines Erachtens auch großen Einfluss auf die Erscheinungsformen des Autismus.

Die meisten Kinder und Jugendlichen aus dem Autismus-Spektrum haben eine hohe Affinität zu Computerspielen, Handy, PC und Internet. Die virtuelle Welt kommt ihren Schwierigkeiten mit Menschen aus Fleisch und Blut sehr entgegen. Und sie haben auch von Natur aus meist ein besonderes Geschick im Umgang mit diesen elektronischen Geräten.

Zu den diagnostischen Kriterien des Asperger-Syndroms gehört unter anderem das Vorliegen eines sogenannten Spezialgebietes oder Spezialinteresses, dessen Beschäftigung entweder in Inhalt oder Intensität abnorm ist. Typische Beispiele sind z.B. Fahrpläne, Wetterberichte, historische Fakten und Ähnliches. Ich stelle nun in meiner täglichen Arbeit immer wieder fest, dass es vermehrt Kinder mit Asperger-Syndrom gibt, auf die das auf den ersten Blick nicht zutrifft. Es sind allerdings aber in der Regel genau jene Kinder, die sich ausufernd mit Computerspielen beschäftigen. Mit anderen Worten: Ihr Spezialinteresse ist eben die Welt der Computerspiele. Nur wird dies natürlich nicht als abnorm betrachtet, und wenn die Intensität der Beschäftigung extrem hoch ist, dann wird das fälschlicherweise als Computersucht bezeichnet (und der dahinterliegende Autismus übersehen).

Für Kinder und Jugendliche, die gemäß der Kategorien am Anfang dieses Kapitels (gemäß Attwood 2008) zu denjenigen gehören, die in eine Phantasiewelt flüchten, bieten Computerspiele und insbesondere Online-Spiele wie z.B. »World of Warcraft« eine ideale Plattform.

Natürlich kann die Affinität zur Computerwelt für Jugendliche mit Asperger-Syndrom auch eine besondere Ressource darstellen. Einige Betroffene beschäftigen sich schon früh auf eigene Faust mit Programmieren und eignen sich wertvolle Fähigkeiten für später an. Es ist ein offenes Geheimnis, dass in der Berufswelt der Programmierer und IT-Spezialisten »Aspies« und »Geeks« (Sonderlinge) deutlich übervertreten sind.

Eine neue Perspektive für junge Menschen mit Asperger-Syndrom, die Probleme haben, eine ordentliche Ausbildung abzuschließen, ist auf Initiative eines dänischen Unternehmers entstanden. Er hat eine Firma gegründet, die Software auf Fehler untersucht und die ausschließlich vom Asperger-Syndrom Betroffene anstellt. Diese haben offensichtlich besonders gute Fähigkeiten im Erkennen von Fehlern in Programm-Protokollen.

Mittlerweile findet im Bereich der spezifischen Angebote für Autismus-Betroffene im Informatik-Bereich eine ganz enorme Entwicklung statt, und die erwähnte dänische Firma (mit vielen Tochter-Unternehmen in anderen Ländern) ist lediglich ein Beispiel unter vielen. Es wäre ungerecht, hier einzelne beim Namen zu nennen und andere notgedrungen zu übersehen. Diese auf Autismus-Betroffene spezialisierten Informatik-Unternehmen spielen eine wichtige Vorreiterrolle, sowohl im Bereich der Ausbildung wie auch bei der Schaffung von Arbeitsplätzen.

Selbstverständlich ist anzustreben, und zwar durchaus nicht nur im Informatikbereich, dass Autismus-Betroffene in vielen Industrie- und Dienstleistungsbereichen des ersten und zweiten Arbeitsmarktes ihren Platz finden, wo sie, mit dem nötigen Verständnis der Umgebung, ihre besonderen Fähigkeiten an den Tag legen und wertvolle Mitarbeiter werden können.

Zusammen mit einem wie im vorigen Abschnitt erwähnten, auf Autismus-Betroffene spezialisierten Informatik-Unternehmen habe ich übrigens eine App namens »Visual Helper« für mobile Geräte entwickelt, welche hilfreich in der Bewältigung des Alltags sein soll. Im nächsten Kapitel wird darauf etwas ausführlicher eingegangen.

5 Therapie und Beratung

Ich möchte dieses Kapitel mit einem Zitat von Hans Asperger einleiten. Im letzten Teil seiner Arbeit kommt er darauf zu sprechen, dass die von ihm beschriebenen »autistischen Psychopathen« trotz all ihrer Schwierigkeiten eine erstaunliche Anpassungs- und Entwicklungsfähigkeit aufweisen, vorausgesetzt, dass sie in ihrer Kindheit auf verständnisvolle Erziehungspersonen treffen:

> »Diese Tatsache (gemeint ist die Entwicklungsfähigkeit autistischer Menschen) bestimmt denn auch unsere Einstellung und unser Werturteil gegenüber schwierigen Menschen dieser und anderer Art und gibt uns das Recht und die Pflicht, uns für sie mit unserer ganzen Persönlichkeit einzusetzen, denn wir glauben, dass nur der volle Einsatz des liebenden Erziehers bei so schwierigen Menschen Erfolge erzielen kann« (Asperger 1944).

Mit dem »liebenden Erzieher« sind in einem modernen Kontext in erster Linie die Eltern und in zweiter Linie die Lehrpersonen gemeint. Mit dem Zitat soll auch ein weiteres Mal darauf hingewiesen werden, dass Autismus keine Krankheit ist, die behandelt werden kann oder soll.

Dazu nochmals Hans Asperger:

> »Wir halten die Möglichkeit einer rein ärztlichen, auch einer psychiatrischen Therapie bei seelisch abnormen Kindern für beschränkt, nur in bestimmten Fällen anwendbar, wir glauben vielmehr, dass nur das Pädagogische, im weitesten Sinne freilich, imstande ist, die menschliche Persönlichkeit wirklich zum Besseren zu verändern, oder, präziser gesagt, von den Entwicklungsmöglichkeiten des Kindes die besten auszuwählen und zu entwickeln« (Asperger 1950).

Autismus ist also keine Krankheit, die medizinisch oder psychiatrisch behandelt werden soll. Es ist vielmehr eine Besonderheit, die von der unmittelbaren Umgebung zuerst einmal und vor allem ein besonderes Verständnis erfordert. Aber es sind natürlich auch spezielle pädagogische Bemühungen sinnvoll und notwendig, die auf die besonderen Bedürfnisse des autistischen Kindes zugeschnitten sind.

Der Systemische Ansatz

Aus einem modernen Blickwinkel kann man die therapeutische Arbeit mit Autismus-Spektrum-Kindern und ihrem Umfeld als Paradebeispiel für eine *systemische Vorgehensweise* betrachten. Über einen Zeitraum von vielen Jahrzehnten des letzten Jahrhunderts wurde Therapie jedoch vorwiegend oder ausschließlich auf ein Individuum ausgerichtet. In den 1960er Jahren entstanden dann neue Konzepte, die zur Behandlung eines Kindes die Familie mit einbezogen. Man sprach in der Folge von Familientherapie oder auch »Systemischer Therapie«. Damit ist gemeint, dass das Kind Teil eines Systems zwischenmenschlicher Beziehungen darstellt, in welchem alle Mitglieder in einer Wechselwirkung zu einander stehen. Man kann somit einem Kind auch helfen, indem man enge Bezugspersonen und deren Verhalten positiv beeinflusst. Das Kind selbst muss gar nicht unbedingt anwesend sein.

Dieser sogenannte systemische Ansatz kommt dabei auf mehreren Ebenen zum Tragen:

- *Individuelle Ebene:* Auch das Individuum ist ein System, in dessen Innerem verschiedene Faktoren in einer Wechselwirkung miteinander stehen. Da ist einerseits die genetische Veranlagung zu Autismus, diese ist verbunden mit besonderen Funktionsweisen von Wahrnehmen, Fühlen und Denken. Aber nicht jedes Kind reagiert gleich auf diese besondere Veranlagung. Das Temperament bzw. der Charakter führen im Wechselspiel mit der autistischen Veranlagung zu unterschiedlichen Persönlichkeiten: eher schweigsame und introvertierte oder eher offene (bis zu distanzlos) und redselige, eher gegen sich selbst aggressive (im Extremfall Depression und Selbstmordgedanken) oder fremdaggressive usw. Auf diesen Aspekt wird im Abschnitt »Die verschiedenen Schattierungen des Asperger-Syndroms« (▶ Kap. 4) näher eingegangen.
- *Familie:* Ein Kind mit einer Autismus-Spektrum-Störung stellt für die Familie und insbesondere die Eltern mit ihren erzieherischen Bemühungen eine große Herausforderung dar. Therapeutische Arbeit heißt deshalb v. a. Arbeit mit den Eltern im Sinne von Beratung und Coaching. Wenn die Eltern dank besonderem Wissen ihren Erziehungsauftrag besser erfüllen können, dann ist für das autistische Kind schon sehr viel gewonnen.

   Es kann aber auch familientherapeutische Arbeit im engeren Sinne angesagt sein. Das ist v. a. dann der Fall, wenn sich über längere Zeit ungute Muster im Familienalltag eingeschlichen haben. Typische Beispiele wären: Der Vater des Kindes zieht sich stark aus der Kinderbetreuung zurück oder beschäftigt sich vorwiegend mit einem »gesunden« Geschwister. Oder: Das Autismus-Spektrum-Kind zieht immer wieder sehr viel negative Aufmerksamkeit auf sich und wird zum schwarzen Schaf.
- *Erweitertes familiäres Umfeld:* Von einem systemischen Ansatz aus ist es wichtig, auch weitere Bezugspersonen aus der Verwandtschaft im Auge zu behalten. Oft spielen die Großeltern eine wichtige Rolle, entweder im positiven Sinne als Entlastung, oder allenfalls auch im negativen Sinne, weil sie mit der Diagnose des Kindes nichts anfangen können und den Eltern Vorwürfe wegen ihrer »Unfähigkeit« machen.
- *Schule:* Von großer Bedeutung ist immer auch der Einbezug der Schule in die therapeutischen Bemühungen. Einerseits muss für das Kind die geeignete schulische Situation gefunden bzw. geschaffen werden. Und anderseits ist auch die gute Zusammenarbeit von Eltern, Schule und Therapeuten sehr wichtig, um rasch auf Schwierigkeiten reagieren und Negativentwicklungen vermeiden zu können.

Eltern-Coaching

Bei allen Kindern aus dem Autismus-Spektrum, unabhängig davon, wann sie erstmals auffällig werden und wie stark beeinträchtigt sie sind, ist die Arbeit mit den Eltern eine sehr wichtige Ebene. Dies beginnt damit, dass die Eltern über die Besonderheiten ihres Kindes gut informiert werden und sich selbst ständig weiterbilden. Es geht aber auch darum, dass die Eltern in alle pädagogisch-therapeutischen Bemühungen eng mit einbezogen werden, denn vieles, was dem Kind aus dem Autismus-Spektrum hilft, soll und muss schließlich durch die Eltern in den Alltag integriert werden. So gesehen ist jeder Therapeut/jede Therapeutin immer auch Coach der Eltern.

Coaching und Weiterbildung findet allerdings nicht ausschließlich im Kontakt mit Fachleuten statt. Sehr wichtig als ergänzendes Angebot sind auch Eltern-Selbsthilfegruppen und Internet-Foren. Der Leser findet am Schluss dieses Buches hilfreiche Adressen und Links in diesem Zusammenhang.

Beratung von Lehrpersonen und anderen Bezugspersonen

Wegen der großen Bedeutung der Schule ist diesem Thema ein eigenes Kapitel in diesem Buch gewidmet. Vieles wird dort ausführlicher dargestellt (▶ Kap. 7).

Unabhängig davon, ob das Kind nun integrativ in einer Regelklasse beschult wird oder ob es eine Sonderschule/Privatschule besucht, ist die Beratung und Begleitung der Lehrpersonen sehr wichtig. Wenn diese das Kind aus dem Autismus-Spektrum besser verstehen, können sie viel besser mit seinen Eigenheiten umgehen.

In der öffentlichen Schule ist es oft nötig und sinnvoll, dass zusätzliche personelle Ressourcen zur Verfügung gestellt werden. Es können dies Fachpersonen aus den Bereichen Heilpädagogik oder Sozialpädagogik sein. Auch die Beratung und Weiterbildung dieser Fachpersonen ist sehr wichtig, damit sie das Kind optimal zusätzlich unterstützen können.

Es kann auch sehr hilfreich sein, andere Bezugspersonen zu beraten, sei dies in der erweiterten Familie, in Vereinen, Sport- und Freizeitaktivitäten usw.

Coaching und Mentoring von Betroffenen

Hier muss zwischen Schulkindern auf der einen und Jugendlichen und Erwachsenen auf der anderen Seite unterschieden werden. Grundsätzlich handelt es sich aber um ein Prinzip, welches in allen Lebensphasen von Bedeutung sein kann.

Bei Schulkindern aus dem Autismus-Spektrum ist es mittlerweile allgemein anerkannt, dass sie im Schulalltag oft eine Begleitung bzw. eine Assistenz benötigen (▶ Kap. 7). Das gleiche Prinzip sollte aber auch im Jugend- und Erwachsenenalter weitergeführt oder zumindest in Betracht gezogen werden.

Sobald Jugendliche die obligatorische Schulzeit beendet haben und eine Berufsausbildung beginnen, fällt die bisherige Begleitung durch eine Fachperson weg. Es ist sehr wichtig, hier Anschlusslösungen zu planen. Man spricht im beruflichen Alltag von »Job-Coach«, einer Person also, welche den Jugendlichen oder jungen

Erwachsenen mit Autismus bei der Integration in den Berufsalltag begleitet. Der Job-Coach arbeitet mit dem Betroffenen, seinen Eltern wie auch den Vorgesetzten und Mitarbeitern zusammen und hilft zu vermitteln. Die Intensität dieser Begleitung kann meist kontinuierlich reduziert und schließlich ganz ausgeschlichen werden.

Manchmal kann es auch hilfreich sein, niederschwellige Unterstützung durch freiwillige Helfer in Anspruch zu nehmen, die nicht unbedingt über eine pädagogische oder psychologische Ausbildung verfügen müssen (Mentoren). Sie helfen z. B. beim Gang auf Ämter, beim Ausfüllen der Steuererklärung oder beim Suchen einer neuen Wohnung.

Arbeit mit dem Kind

Im Falle des Frühkindlichen Autismus sind frühe intensive Förderkonzepte notwendig, die in enger Zusammenarbeit zwischen speziell ausgebildeten heilpädagogischen Fachpersonen und den Eltern umgesetzt werden. Dazugehörige Stichworte sind ABA (applied behaviour analysis) und TEACCH (Treatment and Education of Autistic and related Communication handicapped Children). Diese Konzepte sind stark verhaltenstherapeutisch orientiert und sollen dem Kind zu möglichst vielfältigen Lernerfahrungen verhelfen.

Bei allen milderen Formen von Autismus-Spektrum-Störungen sind frühe und intensive Förderprogramme nicht notwendig, meist wird bei diesen Kindern die Diagnose ja erst nach dem fünften Lebensjahr gestellt. Die Schwerpunkte sind entsprechend anders:

- Pädagogisch-therapeutische Angebote, die an einzelnen umschriebenen Defiziten arbeiten: Logopädie, Psychomotorik, Ergotherapie, Reittherapie usw.
- Therapeutische Angebote, die die Verbesserung der sozialen und emotionalen Kompetenzen zum Ziel haben. Diese Methoden werden in der Regel von Fachpersonen aus den Gebieten Kinderpsychiatrie, Kinderpsychologie oder Heilpädagogik angeboten und können in verschiedenen Settings stattfinden: einzeln, in der Gruppe, mit Einbezug eines oder beider Elternteile und manchmal der ganzen Familie.
- Gezielte Therapie einer sogenannten komorbiden Störung, d. h. einer emotionalen oder Verhaltensstörung, die auf der Grundlage der autistischen Grundproblematik entstanden ist: Ängste, Zwänge, Depression, Wutanfälle, Essstörungen, Schlafstörungen, gestörtes Sozialverhalten (z. B. Stehlen, Lügen). Oft kommen neben Psychotherapie auch Medikamente zum Einsatz.

Die einzelnen in der vorhergehenden Liste erwähnten Therapieangebote können als zeitlich limitierte und auf bestimmte konkrete Ziele ausgerichtete Angebote immer wieder sinnvoll sein. Ich möchte aber darauf hinweisen, dass diese Angebote umso erfolgreicher sind, je besser sich die jeweilige Fachperson mit Autismus-Spektrum-Störungen auskennt oder zumindest die Bereitschaft zeigt, sich auf diesem Gebiet einzuarbeiten. Logopädie mit einem autistischen Kind hat andere Schwerpunkte und benutzt andere Hilfsmittel als »herkömmliche« Logopädie. Ergotherapie unterscheidet sich im analogen Sinne von »herkömmlicher« Ergotherapie. Dasselbe gilt für Psychotherapie mit einem autistischen Kind usw.

> **Autismus-Spektrum und Verhaltenstherapie**
>
> An dieser Stelle möchte ich einige grundsätzliche Bemerkungen zum Thema Verhaltenstherapie machen. In jedem Beratungskonzept für Eltern autistischer Kinder spielen Elemente aus der Verhaltenstherapie eine zentrale Rolle. Dies gilt sowohl für Kinder mit Frühkindlichem Autismus wie auch für das Asperger-Syndrom.
> Der Kern der Verhaltenstherapie besteht darin, dass ins Zentrum der Aufmerksamkeit nicht das Problemverhalten, sondern das erwünschte Verhalten des Kindes gerückt wird. Dabei wird das erwünschte Verhalten genau definiert und immer dann belohnt, wenn es auftritt. Mit Belohnung ist dabei zweierlei gemeint. Erstens bedeutet Belohnung, v. a. wenn sie zunächst in symbolischer Form erfolgt (Smiley, Kleber, Superpunkt usw.), ein *unmittelbares* Feedback, ein symbolisches Lob (»gut gemacht!«), und das ist außerordentlich wichtig, um das erwünschte Verhalten besser zu verankern. Zweitens bedeutet die Belohnung die Einrichtung einer sogenannten »extrinsischen« Motivation (extrinsisch = von außen). Das Grundproblem besteht ja darin, dass das autistische Kind keine oder eine zu geringe Eigenmotivation (intrinsische Motivation) für Vieles hat, was wir als erwünschtes Verhalten betrachten.
> Die Verhaltenstherapie bzw. die von verhaltenstherapeutischen Grundsätzen geleitete Erziehung ist deshalb der beste Weg, um den Gegensatz zwischen dem egozentrischen Kind aus dem Autismus-Spektrum einerseits und den Eltern (als Vertreter der Allgemeinheit) anderseits punktuell immer wieder aufzulösen bzw. zu entschärfen.
> Jede Erziehung und jede Therapie muss aber auch von einer gewissen Ethik geleitet sein. Diese besteht meines Erachtens darin, immer so weit wie möglich auf den sozio-emotionalen Entwicklungsstand und die Besonderheiten des Kindes Rücksicht zu nehmen, und nichts von ihm zu erwarten, das es überfordert oder ihm zu sehr »gegen den Strich« geht und somit seine Würde verletzt.

Arbeit an sozialen und emotionalen Kompetenzen

Ich möchte den Schwerpunkt meiner Ausführungen im vorliegenden Kapitel auf dieses Thema legen, denn es betrifft die Kernprobleme autistischen Denkens und Empfindens. Man kann an sozialen und emotionalen Kompetenzen in ganz verschiedenen Settings (Einzel, Gruppe, Familie, Eltern, Schule usw.) arbeiten. Entscheidend ist nicht der Rahmen, sondern der Inhalt, der vermittelt wird.

Elemente aus der Gruppentherapie

Es bestehen unterschiedliche Konzepte von Gruppentherapien für Kinder aus dem Autismus-Spektrum. Es gibt solche mit kürzerer Dauer, die eher den Charakter eines Trainings haben. Andere unterscheiden sich durch ihre Spezialisierung auf eine bestimmte Zielgruppe (stärker oder weniger stark von Autismus Betroffene).

In den meisten Regionen gibt es mittlerweile solche Gruppentherapieangebote. Interessierte Eltern wenden sich am besten an eine Selbsthilfeorganisation in ihrem Land/ihrer Region.

Ich habe in meiner Praxis über viele Jahre mit Gruppen gearbeitet und dabei ein eigenes Konzept für die gruppentherapeutische Arbeit mit Kindern aus dem Autismus-Spektrum entwickelt. Es heißt abgekürzt S-P-A-S-S und wird in folgendem Kasten vorgestellt:

Strukturiertes Programm für Kinder mit Ausgeprägten Stärken und Schwächen

S-P-A-S-S ist eine Gruppentherapie für Kinder und Jugendliche im Schulalter. Die Gruppen werden für zwei Altersstufen angeboten: 8–12 Jahre sowie 13–16 Jahre. Diese Altersangaben sind grobe Richtwerte und können im Einzelfall abweichen.

Die Gruppen treffen sich einmal pro Woche. Sie sind »offen«, d. h. man kann jederzeit einsteigen und – wenn man das ganze Programm absolviert hat – wieder aussteigen.

Strukturiertes Programm

S-P-A-S-S besteht aus insgesamt ca. 30 Einheiten. In jeder Stunde wird eine Einheit behandelt. Inhaltlich geht es um drei Themen: Emotionen, Kommunikation und Freundschaft. Alle Teilnehmenden besuchen die Gruppe ca. ein Jahr lang und haben dann alle Einheiten einmal durchlaufen. Selbstverständlich gibt es viele Wiederholungen und in jeder Stunde kommt neben neuen Elementen auch schon Bekanntes zum Zuge.

Mischung von Lernen und Spaß

S-P-A-S-S ist in jeder Stunde eine Mischung von Lernen und Unterhaltung. Ziel ist, dass alle Kinder und Jugendlichen gerne in die Stunde kommen. Bei Kindern, die nur schwer für eine Therapie motiviert werden können, kann es richtig sein, dass sie S-P-A-S-S während der Schulzeit besuchen dürfen.

Was sind das für ausgeprägte Stärken und Schwächen?

S-P-A-S-S richtet sich an Kinder und Jugendliche, die meist folgendes Profil haben:

5 Therapie und Beratung

> - Ihre Stärken liegen in ihren intellektuellen und geistigen Fähigkeiten. Oft sind sie in diesen Bereichen ihrer Altersgruppe voraus.
> - Ihre Schwächen liegen im Bereich der sozialen und emotionalen Kompetenzen. Sie haben in der Regel Mühe im Umgang mit Gleichaltrigen und im Umgang mit ihren Emotionen (Frust, Ärger, Wut usw.). In diesen Bereichen sind sie gegenüber ihrer Altersgruppe im Rückstand.
>
> **Vernetzung von Therapie, Schule und Familie**
>
> Abgesehen vom Gruppensetting hat S-P-A-S-S folgende besonderen Aspekte:
>
> - S-P-A-S-S ist keine Therapie im Elfenbeinturm, Eltern und Schule werden nach Möglichkeit mit einbezogen.
> - Es wird mit anschaulichen Lernmaterialien gearbeitet, welche auch der Familie und evtl. der Schule zur Verfügung gestellt werden.
> - Es wird damit die Erfahrung berücksichtigt, dass Kinder mit sozialen und emotionalen Defiziten große Mühe haben, Gelerntes von einem Kontext in einen anderen zu transferieren.
> - Begleitend zur Gruppentherapie finden periodisch Vernetzungs-Gespräche mit Eltern und evtl. auch Lehrpersonen statt.
> - Von Zeit zu Zeit werden auch Gesprächsrunden für die Eltern der beteiligten Kinder und Jugendlichen (Elternabende) durchgeführt.

Eines der Grundprobleme von Kindern aus dem Autismus-Spektrum besteht darin, dass sie Mühe haben, eine Lernerfahrung von einem Kontext in einen anderen zu übertragen. Deshalb ist es wohl nicht übertrieben zu sagen, dass ein klassischer Psychotherapieansatz für die Arbeit an kommunikativen, sozialen und emotionalen Kompetenzen zu wenig wirksam und deshalb verfehlt ist. Im Optimalfall wird das Kind einzig im Therapiekontext Fortschritte und somit dem Therapeuten »Freude machen«. Die Fortschritte werden aber nicht auf die Kontexte Schule und Familie übergehen und insofern haben die dort mit dem Kind Arbeitenden am Verlauf der Therapie weniger Freude.

Das strukturierte Arbeiten mit Lernmaterialen erlaubt es hingegen, die wichtigen Themen aus der Therapie in den Alltag zu exportieren. Sowohl Eltern wie Lehrpersonen können mit den gleichen Materialien, die auch in der Therapie benutzt werden, arbeiten. Dieses koordinierte Vorgehen führt denn auch zu nachhaltigen Veränderungen.

Das bisher Gesagte soll nun mit je einem Beispiel aus den drei erwähnten Bereichen illustriert werden. Kinder aus dem Autismus-Spektrum haben große Mühe im Umgang mit Emotionen, insbesondere mit Wut. Das zu diesem Thema gehörende Lernmaterial heißt »Wut-Thermometer« (auch zu finden als elektronisches Zusatzmaterial zum Download, ▶ Übersicht über das elektronische Zusatzmaterial).

Als Arbeitsmaterial dient eine vorgefertigte Tabelle mit einem Wut-Thermometer. Es ist in der hier abgebildeten Form für die Gruppe der Jugendlichen im Alter zwischen 13 und 16 Jahren gedacht, ist aber auch für Erwachsene geeignet! Für Jüngere gibt es eine vereinfachte Version. Das vorliegende Blatt wurde beispielhaft ausgefüllt (kursive Schrift). Das im Folgenden dargestellte Vorgehen kann in einer Gruppentherapie, in einer Sitzung mit Eltern und Kind oder mit dem Kind/Jugendlichen in einer Einzelsitzung durchgeführt werden.

Was kann ich machen, wenn ich wütend bin?	Was mich wütend macht	Wut-Thermometer	Was mit meinem Körper geschieht
Sehr wütend *Ins Zimmer gehen und den Boxsack benutzen.*	**Sehr wütend** *Ich fühle mich sehr ungerecht behandelt.*	10 / 9 / 8	**Sehr wütend** *Ich schlage andere und mache Sachen kaputt.*
Wütend *Ins Zimmer gehen und Game-Boy spielen.*	**Wütend** *Die Hausaufgaben wollen kein Ende nehmen.*	7 / 6 / 5	**Wütend** *Ich beginne zu schreien und Sachen herumzuwerfen.*
Mürrisch, „muff" *Tief durchatmen und an die frische Luft gehen.*	**Mürrisch, „muff"** *Ich verliere beim Spielen.*	4 / 3 / 2	**Mürrisch, „muff"** *Ich werde lauter und fluche.*
Ärgerlich *Ein paarmal tief durchatmen.*	**Ärgerlich** *Die Mutter erinnert mich ans Zähneputzen.*	1 / 0	**Ärgerlich** *Ich spüre ein Kribbeln im Bauch.*

Das Konzept geht davon aus, dass ein Kind aus dem Autismus-Spektrum, bevor es mit Emotionen bewusst umgehen kann, zuerst einmal lernen muss, seine Emotionen überhaupt richtig wahrzunehmen. Zu diesem Zweck dient zunächst die Spalte ganz rechts. Hier lernt das Kind, dass es nicht nur »keine Wut« und »sehr wütend« gibt, sondern auch Zwischenbereiche. Für das Kind ist es sehr hilfreich, die Intensität der Wut mit Zahlenwerten zwischen 1 und 10 zu illustrieren. Im Weiteren lernt das Kind, am eigenen Körper die Veränderungen zu erkennen, die sich bei aufsteigender Wut abspielen.

Dann wird herausgearbeitet, dass Wut eine Reaktion auf bestimmte Reize und Situationen darstellt (mittlere Spalte). Auch hier wird mit Hilfe des Thermometers darauf hingewiesen, dass es Abstufungen gibt. Die Umsetzung von emotionalen Zuständen in Zahlen ist dabei eine wesentliche Hilfe.

In einem dritten Schritt (linke Spalte) wird nun das Wichtigste erarbeitet: Man kann lernen, sich selbst wieder zu beruhigen. Dies ist für das Kind aus dem Autismus-Spektrum besonders wichtig, weil es sich in der Regel nicht von anderen beruhigen lassen will, selbst aber vorerst noch keine eigenen entsprechenden Fähigkeiten entwickelt hat. Dies führt im Wutanfall zu einer »unmöglichen« Situation und zwischen dem wütenden Kind und den hilflosen Eltern entwickelt sich eine Eskalation.

Mit dem hier skizzierten Vorgehen jedoch wird eine Stärke des Autismus-Spektrum-Kindes genutzt: der Intellekt. Das Wut-Thermometer ist ein kognitives Hilfsmittel zum Umgang mit Emotionen.

Und schließlich braucht es noch ein letztes Element, damit das Wut-Thermometer erfolgreich in den Alltag umgesetzt werden kann: ein Anreiz- bzw. Belohnungselement. Mit dem Kind wird vereinbart, dass es immer dann einen Belohnungs-Punkt (oder je nach bewältigtem Wut-Niveau auch mehrere Punkte!) verdienen kann, wenn es das Wut-Thermometer erfolgreich zur eigenen Beruhigung eingesetzt hat. Allenfalls wird noch irgendein Signal (visuell, nicht in Form einer Aufforderung!) vereinbart, welches das Kind daran erinnert, dass nun der Einsatz des Wut-Thermometers angebracht wäre. Das gleiche Vorgehen kann unter Umständen auch in der Schule angewendet werden, das bedeutet, dass ein Exemplar des Wut-Thermometers auch dort aufbewahrt wird und die Lehrperson informiert und mit einbezogen ist. Es gibt allerdings nicht wenige Kinder aus dem Autismus-Spektrum, welche sich in der Schule überangepasst verhalten und dort nie »ausflippen«.

Als nächstes folgt ein Beispiel aus dem Themenbereich Kommunikation. Hier wird großer Wert auf den Aspekt »gut zuhören« gelegt. Ein dazugehöriges Arbeitsblatt wird auf der folgenden Seite dargestellt.

An diesem Beispiel kann auch gut das Element »Visualisierung« gezeigt werden, was bei der Arbeit mit Kindern aus dem Autismus-Spektrum grundsätzlich sehr hilfreich ist. Man könnte ja auch mündlich erklären, wie wichtig es ist, zuzuhören, wenn jemand am Reden ist. Aber die Erfahrung zeigt, dass soziale Situationen, die visuell dargestellt werden, viel besser verstanden und gespeichert werden. Zudem ermöglicht es die Arbeit mit visuellen Hilfsmitteln, dass das gleiche Thema in der gleichen Form an verschiedenen Orten (Therapiegruppe, Familie, Schulklasse) behandelt wird.

Zusammen mit diesem Arbeitsblatt wird noch ein weiteres Element benutzt: Im ersten »Dialog«, wo Kevin Sven ins Wort fällt, überschneiden sich die beiden Sprechblasen. Dieser Vorgang kann auf einer symbolischen Ebene visualisiert werden, indem die sich überschneidenden Sprechblasen in vereinfachter Form auf ein kleines Kärtchen übertragen werden. Dieses Kärtchen wird in der Folge immer dann als Signalkarte benutzt, wenn jemand einen anderen Gesprächsteilnehmer unterbricht.

Es ist wesentlich günstiger, bei einer Unterbrechung dieses Kärtchen zu zeigen, als jedes Mal die betreffende Person mündlich zur korrigieren. Die mündliche Intervention wird automatisch zur Kritik, das Kärtchen hingegen ist ein Feedback, eine neutrale Botschaft, und wird besser akzeptiert.

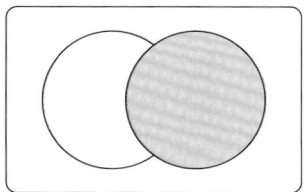

Arbeit an sozialen und emotionalen Kompetenzen

Als letztes Beispiel folgt nun eines aus dem Themenbereich Freundschaft. Auf dem dazugehörigen Arbeitsblatt »Wie finde ich Freunde« wird anhand von einfachen Beispielen daran gearbeitet, wie ein Gespräch begonnen werden kann und wie es weitergehen könnte. Für Asperger-Kinder ist das keine Selbstverständlichkeit, sie sind sich nicht bewusst, dass zur Entwicklung einer Freundschaft gegenseitige Gespräche und gegenseitiges Interesse wichtig sind.

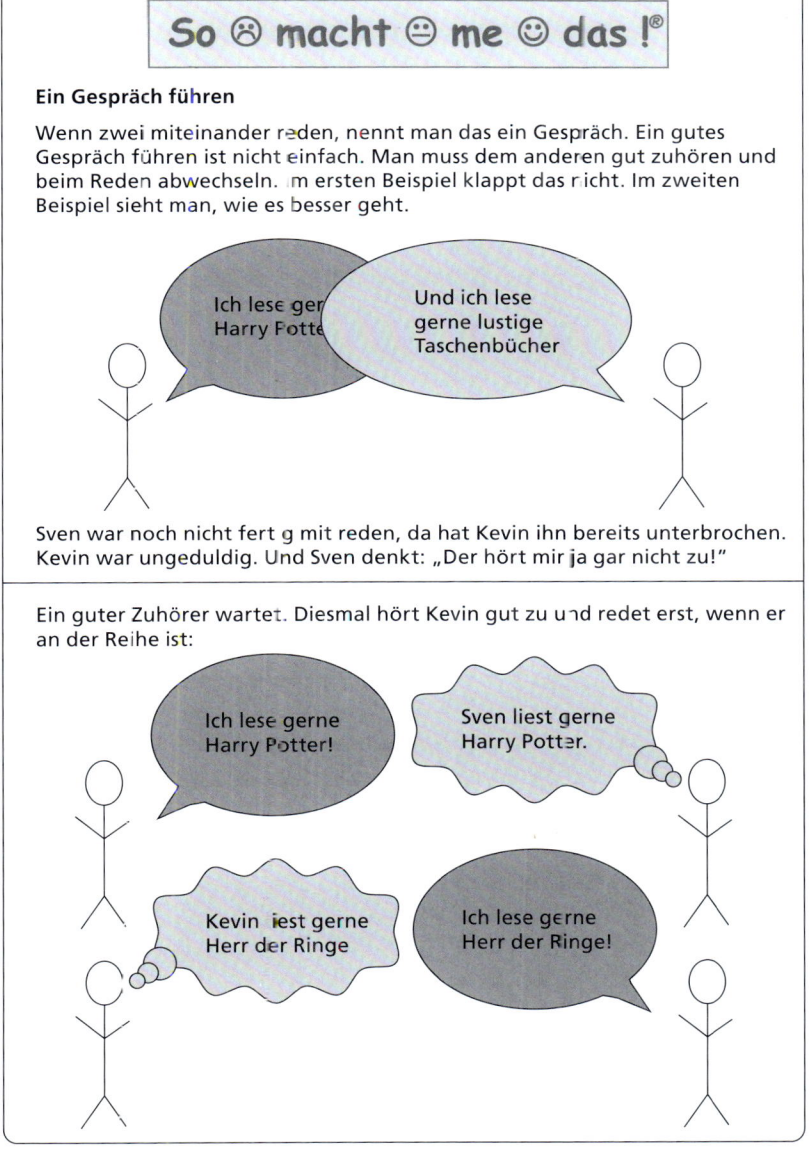

Einzeltherapie und Familientherapie

Die Materialien, die im Rahmen der Gruppentherapie S-P-A-S-S entwickelt wurden und ständig weiterentwickelt werden, haben auch den Vorteil, dass sie problemlos in anderen Settings angewandt werden können. Nicht jedes Kind aus dem Autismus-

Spektrum ist für die Teilnahme an einer Gruppentherapie geeignet. Es kann sein, dass die Gruppe einfach eine Überforderung darstellt (Lautstärke!), es kann aber auch sein, dass ganz einfach kein geeigneter Termin gefunden wird oder dass die geographische Distanz zu groß ist, um jede Woche in die Therapie zu kommen. In diesen Fällen ist es sehr sinnvoll, mit dem Kind an den gleichen Themen wie in der Gruppentherapie zu arbeiten, entweder mit dem Kind allein, zusammen mit einem Elternteil oder auch der ganzen Familie zusammen.

Familientherapie im engeren Sinne

Im Kapitel 6 wird unter dem Stichwort »Autismus und Familiendynamik« darauf eingegangen, welche Folgen die Anwesenheit eines Kindes mit Autismus auf die Struktur und die Beziehungen innerhalb der Familie haben kann. Wenn es zu solchen ungünstigen Folgen gekommen ist (Eltern haben sich auseinander gelebt, die Mutter ist völlig überlastet und ausgebrannt usw.), dann kann es sehr sinnvoll sein, eine Familientherapie in Anspruch zu nehmen. Diese hilft der ganzen Familie, Ressourcen zu mobilisieren und negative Beziehungsmuster zu verändern. Allerdings ist es sehr wünschenswert, dass die Fachperson, welche Familientherapie anbietet, Kenntnisse im Bereich des Autismus-Spektrums hat oder zumindest bereit ist, sich solche anzueignen.

Therapiekonzepte zu ADHS und Autismus – Gemeinsamkeiten und Unterschiede

Über viele Jahre habe ich in meiner Praxis v.a. mit Kindern mit einer ADHS-Diagnose gearbeitet und dazu bestimmte Konzepte entwickelt. Zusammengefasst können die dazu gehörigen Grundsätze so formuliert werden:

- Beim ADHS besteht die wirkungsvollste Vorgehensweise in einer Kombination von Verhaltenstherapie (unter engem Einbezug der Eltern) und Medikation (Stimulanzien). Unter den zahlreichen bestehenden Konzepten habe ich mich auf jenes von M. Döpfner konzentriert: »THOP« oder »Therapieprogramm für Kinder mit hyperkinetischem und oppositionellem Problemverhalten«. Der dazugehörige Ratgeber für Eltern heißt »Wackelpeter und Trotzkopf«.
- Verhaltenstherapie in Zusammenhang mit dem ADHS orientiert sich an Begriffen wie: Klare Regeln erstellen, wirksame Aufforderungen geben, Grenzen setzen, ein Belohnungssystem in den Erziehungsalltag integrieren usw.
- Ähnliche Grundsätze werden von Fall zu Fall in Zusammenarbeit mit den Lehrpersonen auch in der Schule installiert.

Ein solches Konzept ist bei einem ADHS-Kind durchaus erfolgreich und auch ich arbeite in diesem Bereich weiterhin nach diesen Grundsätzen. Wenn aber zusätzlich zum ADHS Symptome aus dem Autismus-Spektrum vorliegen, dann wird die Sache komplizierter. Auch beim Kind aus dem Autismus-Spektrum können die oben beschriebenen Grundsätze aus dem ADHS-Bereich als Orientierung dienen, sie genügen aber nicht. Das hat damit zu tun, dass das im autistischen Spektrum angesiedelte Kind vieles, was zum Alltag und zu alltäglichen Regeln und Pflichten gehört, gar nicht versteht bzw. sich dazu gar nie Gedanken gemacht hat. Aus diesem Grund wurden im englischsprachigen Bereich Konzepte entwickelt, welche dem Kind viele alltägliche Dinge auf visuelle und textuelle Art erklären und vermitteln. Die sogenannten »Social Stories« und »Comic Strip Conversations« von Carol Gray sind in der englischsprachigen Welt (USA, England, Australien) mittlerweile zu einem Begriff geworden und allen bekannt, die im Autismus-Bereich arbeiten. Der deutschsprachige Raum ist davon aber lange Zeit erstaunlich unberührt geblieben. Dazu folgendes Beispiel: »Comic Strip Conversations« von Carol Gray ist in Amerika 1994 erschienen, das deutschsprachige Pendant »Comic Strip Gespräche« im Jahre 2011.

Arbeit an Selbstkompetenzen

Parallel zum Konzept S-P-A-S-S und den darin enthaltenen Arbeitsmaterialien habe ich ein zweites Konzept entwickelt, welches primär die Förderung von Selbstkompetenzen und die Entwicklung von Selbständigkeit zum Ziel hat. Es ist dies das Konzept »So-macht-me-das«® – Gebrauchsanweisungen für den Alltag.

So ☹ macht 😐 me ☺ das !®

Wenn »neurotypische« Menschen (▶ Anhang) eine neue Kaffeemaschine, Kamera oder Nähmaschine kaufen, dann sind sie sehr froh um die dazu gehörige Gebrauchsanweisung. Sie beschreibt in verständlicher Form (oder sollte es zumindest!) für Uneingeweihte, wie das Gerät funktioniert. Es wird Punkt für Punkt vorgegangen, allenfalls mit Bildern illustriert, bis man am Schluss das Gerät verstanden hat und damit umgehen kann.

Für Kinder aus dem Autismus-Spektrum sind viele alltägliche Begebenheiten (Körperpflege, ins Bett gehen, Hausaufgaben machen usw.) solche unbekannten »Geräte«, die es zunächst zu verstehen gilt. Deshalb habe ich für meine Praxistätigkeit begonnen, eine ganze Reihe solcher »Gebrauchsanweisungen für den Alltag« zu schreiben. Mittlerweile ist daraus eine Broschüre (Girsberger 2012) entstanden. Die »Gebrauchsanweisungen« finden Sie auch als elektronisches Zusatzmaterial zum Download (▶ Übersicht über das elektronische Zusatzmaterial). Nachfolgend ein Beispiel daraus.

So ☹ macht ☺ me ☺ das !®

Gebrauchsanweisung für den Alltag   Dr. med. Th. Girsberger

Anziehen am Morgen   (mittel)

Am Morgen nach dem Aufstehen frühstücke ich zuerst. Dann gehe ich mit Mami und Papi in mein Zimmer. Dort ziehe ich mich an. Das mache ich immer gleich.

Zuerst ziehe ich den Pyjama aus. Dann mache ich Folgendes:
1. Frische Unterhosen und Unterleibchen anziehen
2. T-Shirt, Hemd oder Pullover anziehen
3. Hose (oder Rock) anziehen
4. Socken anziehen

Ich versuche mich alleine anzuziehen. Mami und Papi helfen mir vielleicht bei den schwierigen Sachen. Ich übe das Anziehen jeden Tag. Bald kann ich alles ganz alleine!

Wenn ich beim Anziehen gut mitmache, bekomme ich .... Superpunkte.

5 Therapie und Beratung

Die »Gebrauchsanweisung für den Alltag« stellt nicht einfach eine Regel auf, sondern sie beschreibt und erklärt sie auch. Das ist der entscheidende Unterschied zum Vorgehen bei einem ADHS-Kind, wo es genügt, die Regel genau zu formulieren und eine Abmachung zu treffen. Wiederum ein gemeinsamer Aspekt ist hingegen die Tatsache, dass das Ganze mit einem Belohnungsgedanken verknüpft wird.

Es ist wichtig zu erwähnen, dass ich diese Gebrauchsanweisungen in drei verschiedenen Versionen verfasse (klein, mittel, groß; siehe jeweils den Hinweis oben rechts auf der Gebrauchsanweisung). »Klein« bedeutet für Vorschulkinder, »mittel« für Primarschulkinder, »groß« für Teenager. Selbstverständlich sind dies ganz grobe Anhaltspunkte. In jedem Fall sollte die von mir gelieferte Gebrauchsanweisung sowieso als Entwurf betrachtet werden, die in Zusammenarbeit mit Eltern und Kind individuell angepasst wird. Es ist wünschenswert, den Text mit Illustrationen zu ergänzen und aufzulockern.

Grob zusammengefasst könnte man sagen, dass beim ADHS-Kind ein pädagogisches Konzept (Regeln verfassen und mit Hilfe von Belohnung durchsetzen) im Vordergrund steht, beim Autismus-Spektrum-Kind hingegen mehr ein psychoedukatives Konzept, welches zudem auch auf einen längeren Zeitraum eingesetzt und geplant werden muss als beim ADHS-Kind.

> »Der Knabe folgte besser, wenn sich die Anordnung scheinbar nicht an ihn als Einzelnen, an ihn persönlich wandte, sondern wenn sie – wenigstens in der sprachlichen Form – allgemein, unpersönlich gehalten war, als *objektives Gesetz*, das über dem Kind sowie über dem Erzieher steht, ausgesprochen wurde (etwa: ›man macht das so: ...‹, ›jetzt müssen *alle* ...‹, ›ein gescheiter Bub muss ...‹).
>
> Ein weiterer wichtiger Punkt: ›normale‹ Kinder erwerben sich die nötigen sozialen Gewohnheiten, ohne dass ihnen das meiste davon klar zu Bewusstsein kommt – sie lernen unbewusst, instinktiv. Gerade diese über den Instinkt sich abspielenden Beziehungen sind aber bei den autistischen Kindern gestört; diese Menschen sind, krass ausgedrückt, Intelligenzautomaten. Über den Intellekt muss denn auch bei ihnen die soziale Anpassung gehen, sie müssen alles verstandesmäßig erlernen. Man muss ihnen alles erklären und aufzählen (was bei normalen ein schwerer Erziehungsfehler wäre); sie müssen die kleinen Beschäftigungen des Tages wie eine Schulaufgabe lernen und systematisch abwickeln« (Asperger 1944, S. 103).

Es ist interessant, wie treffend Hans Asperger das pädagogische Vorgehen beschreibt. In den »Social Stories« von Carol Gray bzw. den »Gebrauchsanweisungen« werden sinngemäß diese beschriebenen Aspekte – in eine schriftliche Form – umgesetzt.

Eindrücklich ist auch Aspergers Hinweis, dass dieses Erklären bei »normalen« Kindern ein schwerer Erziehungsfehler wäre. Ich möchte in diesem Zusammenhang erwähnen, dass ich jahrelang Eltern immer davon abgeraten habe, gewisse erzieherische Notwendigkeiten den Kindern zu *erklären*. Ich habe das Erklären ausschließlich als eine Art moderne »Krankheit« bzw. als Auswuchs eines zu sehr gewährenden Erziehungsstils betrachtet. Im Nachhinein wird mir klar, dass ich den Eltern von Kindern, die autistische Züge trugen (und das waren nicht wenige!), Unrecht tat und dass ich etwas kritisierte, was sie wohl intuitiv als richtig erkannten.

Gebrauchsanweisungen sind nicht nur für die Erfüllung von alltäglichen Pflichten nützlich, sie können z. B. auch für die Entwicklung von kommunikativen Fähigkeiten eingesetzt werden.

Arbeit an Selbstkompetenzen

So 😞 macht 😐 me 😊 das !®

Gebrauchsanweisung für den Alltag   Dr. med. Th. Girsberger

„Gedanken mitteilen"   (mittel)

Gedanken sind so etwas wie Gespräche in meinem Kopf. Niemand anderes kann sie hören. Jeder Mensch hat solche Gedanken im Kopf. Sie kommen und gehen. Meine Gedanken hören die Menschen neben mir nicht. Damit sie wissen, was ich denke, muss ich es sagen.

Meine Gedanken gehören mir ganz alleine. Das ist gut so. Denn manchmal denke ich Sachen, die die anderen nicht wissen sollen.

Manchmal ist es aber auch sehr wichtig, dass die anderen wissen, was ich denke. Ich muss dann den anderen sagen. Z.B. wenn mich etwas traurig macht. Oder wenn mir etwas weh tut. Manchmal fragen mich meine Eltern, wie ich mich fühle. Dann erzähle ich es ihnen.

Auch Tiere sprechen miteinander. Hunde bellen und wedeln mit dem Schwanz. Katzen miauen und Kühe muhen.

Es freut die anderen, wenn ich mit ihnen spreche.
Jedes Mal, wenn ich von etwas erzähle, was ich erlebt habe, bekomme ich dafür .... Superpunkte.

Das Konzept S-P-A-S-S, das im Rahmen der Gruppentherapie entwickelt wurde, und das Konzept So-macht-me-das, welches aus dem Bereich der Eltern-Arbeit heraus gewachsen ist, haben einen wichtigen gemeinsamen Kern: Die Förderung und Therapie des Kindes aus dem Autismus-Spektrum kann nicht mit herkömmlichen Methoden durchgeführt werden. Entscheidend ist ein Ansatz, welcher folgende Prinzipien befolgt:

- Der wesentliche Kommunikations-Kanal ist nicht der verbal-mündliche, sondern der bildhaft-visuelle.
- Alltägliche Fertigkeiten im sozialen, emotionalen und kommunikativen Bereich werden mithilfe von konkreten, didaktisch durchdachten und auf den Entwicklungsstand des Kindes abgestimmten Arbeitsmaterialien vermittelt.
- Der Ansatz ist charakterisiert durch Nachhaltigkeit: Typische therapeutische Settings sind immer zeitlich limitiert, aber die Arbeit an den oben genannten Fertigkeiten muss über viele Jahre weitergehen.
- Das Förderkonzept ist ganzheitlich und beschränkt sich nicht auf einen Teilbereich, wie das bei vielen herkömmlichen Therapien der Fall ist.

Im Rahmen des Gruppentherapie-Programms S-P-A-S-S und insbesondere im Rahmen des Konzepts So-macht-me-das habe ich eine ganze Reihe von nützlichen Materialien (Gebrauchsanweisungen) erarbeitet, die in diesem Buch lediglich anhand einiger weniger Beispiele illustriert wurden. Für jede Altersgruppe und für eine ganze Reihe von alltagsbezogenen Themen liegen sogenannte Gebrauchsanweisungen vor, die als elektronisches Zusatzmaterial zum Download angeboten werden (▶ Übersicht über das elektronische Zusatzmaterial).

Sobald die entsprechenden Dateien auf dem eigenen Computer sind, können sie nach den besonderen Bedürfnissen des Kindes verändert und auf die eigene Familie angepasst werden.

Strukturierung der Zeit – Arbeit mit dem TimeTimer®

Kinder aus dem Autismus-Spektrum haben mit zwei verschiedenen Aspekten des Alltags Schwierigkeiten, die beide mit dem TimeTimer® (▶ Abb. 6) besser angegangen werden können: Auf der einen Seite betrifft dies das sogenannte Zeitmanagement. Grundsätzlich kann man die Zeit auf einer Uhr verfolgen oder dem Gefühl nach beurteilen. Jeder Mensch hat ein sogenanntes Zeitgefühl, das ihm sagt, wie viel Zeit ungefähr vergangen ist. Bei Kindern aus dem Autismus-Spektrum funktioniert dieses Zeitgefühl meist ausgesprochen schlecht. Dies führt zu vielen Konflikten. Um nur zwei Beispiele zu nennen: Während die Eltern der Meinung sind, das Kind sei jetzt schon eine »Ewigkeit« vor dem Computer, hat das Asperger-Kind das Gefühl, es habe doch eben erst angefangen und wolle nicht schon wieder aufhören. Oder die Eltern kündigen an, man wolle in einer halben Stunde das Haus verlassen und alle sollen sich langsam bereit machen. Das Asperger-Kind beginnt zwar mit irgendeiner Handlung, dann kommt ihm aber noch etwas anderes in den

Sinn und schon läuft die Zeit davon und die Eltern werden immer ungeduldiger. Am Schluss ist das Kind natürlich noch nicht bereit.

Abb. 6: Der TimeTimer® ist ein nützliches Hilfsmittel, um die Zeit zu strukturieren. Eine rote Scheibe kann bis zu einer Stunde oder einen Teil davon voreingestellt werden und wandert dann im Tempo eines Minutenzeigers zurück gegen Null. Der Anteil von Rot auf der Scheibe zeigt auf einen Blick, wie viel Zeit schon vergangen bzw. wie viel Zeit noch übrig ist. Man kann allenfalls auch ein Signal einstellen, welches bei Null ertönt. (Darstellung mit freundlicher Genehmigung von Robo Educational Toys BV.)

In solchen Situationen kann der TimeTimer® ein gutes Hilfsmittel sein, die Zeit zu strukturieren. Eltern und Kind vereinbaren z.B. eine Stunde Computer-Zeit. Gleichzeitig wird der TimeTimer® eingestellt und nun kann das Kind jederzeit mit einem Blick abschätzen, wie viel Zeit ihm am Computer noch zur Verfügung steht. Oder wenn es darum geht, in einer halben Stunde das Haus zu verlassen, wird wiederum der TimeTimer® entsprechend eingestellt, und wieder sehen alle auf einen Blick, wie nahe das gemeinsame Verlassen des Hauses schon gerückt ist.

Es gibt noch eine andere Schwierigkeit des autistischen Kindes, welche mit Hilfe des TimeTimers® besser gehandhabt werden kann. Es betrifft dies die Schwierigkeit mit Umstellungen von einer Tätigkeit A zu einer Tätigkeit B. Solche Umstellungen kommen jeden Tag dutzende Male vor: vom Schlafen zum Aufstehen, vom Spielen zum in die Schule gehen, vom Spielen zum Hausaufgaben machen, vom TV-Schauen zum An-den-Esstisch-Gehen usw. Vor jeder anstehenden Umstellung kann der TimeTimer® – je nach Kind und je nach Situation – auf eine bestimmte Zeit (5 Minuten, 15 Minuten usw.) eingestellt werden mit dem Hinweis, dass nach Ablauf dieser Zeit der Wechsel von A nach B ansteht. Mit Blick auf den TimeTimer® wird dann der Wechsel einfacher zu bewältigen sein als ohne.

Die positive Wirkung des TimeTimers® basiert übrigens nicht nur auf dem visuell vereinfachten Vorgang des Zeit-Ablesens, sondern ganz wesentlich auch auf einem Phänomen, das man *Externalisierung* nennt. Es sind dann z.B. nach Ablauf einer Stunde Computer-Zeit nicht die Eltern, die sagen, die Zeit sei um, sondern es ist der TimeTimer®, der das »sagt«. Zwischen Eltern und Kind ist etwas Externes, etwas Drittes geschaltet worden, welches einer gewissen objektiven Wahrheit entspricht und nicht der Meinung der Eltern! Dies kommt dem Denken des Asperger-Kindes entgegen, welches stark davon ausgeht, dass es in allen Belangen des Lebens eine objektive Wahrheit gibt.

Falls nötig, kann der Einsatz des TimeTimers® wiederum mit einem Verstärkersystem kombiniert werden. Somit wird dann jedes erfolgreiche Befolgen von Zeitvorgaben nach einer vorgefertigten Abmachung belohnt.

Umgang mit Fixiertsein (Sturheit) und Verweigerung

Pädagogisch-therapeutische Konzepte wie S-P-A-S-S und »So-macht-me-das« haben natürlich von vorneherein auch zum Ziel, dem Autismus-Spektrum-Kind in seiner Eigenart, das oft von Sturheit und Verweigerung geprägt ist, entgegenzukommen. Entsprechend sollte es mit dem Einbau solcher Konzepte in den Alltag schon präventiv zu weniger Konflikten kommen. Selbstverständlich lässt es sich aber mit noch so guten Bemühungen nicht vermeiden, dass der Egozentrismus des Asperger-Kindes und die Erfordernisse des Alltages immer wieder aneinandergeraten. Die typischen Reaktionsweisen des Kindes sind dann Widerspruch, Verweigerung und Wutanfälle.

Für Eltern wie auch Lehrpersonen ist es sehr hilfreich, wenn sie wissen, wie man am besten auf solche herausfordernden Verhaltensweisen (man nennt sie etwas weniger reflektiert auch »Provokationen«) reagiert. Übrigens ist dies nicht einfach eine sprachliche Spitzfindigkeit. Das Wort »Provokation« impliziert, dass mit dem entsprechenden Verhalten etwas Bestimmtes erreicht werden soll, z.B., dass das Gegenüber wütend wird und das Kind das irgendwie genießt. Im normalen Erziehungsalltag mag es das durchaus geben. Auch ADHS-Kinder provozieren manchmal gerne. Aber bei Kindern aus dem Autismus-Spektrum ist dieser Begriff meistens fehl am Platz. Sie wollen nicht provozieren und damit etwas Bestimmtes erreichen. Sie sind quasi »Opfer« ihrer eigenen Emotionen und ihrer eigenen Sturheit und »müssen« auf bestimmte Situationen einfach ausrasten oder sonstwie unangemessen reagieren. Die wirksamste Antwort von Seiten der Erwachsenen ist, nicht darauf einzugehen. Das ist natürlich einfacher gesagt als getan.

Löschen

Ein wichtiges Stichwort in diesem Zusammenhang heißt Löschen (aus dem Englischen »to extinct«). Gemeint ist damit ein konsequentes Ignorieren des *Problemverhaltens*, ohne dass man sich vom Kind abwendet, das heißt, man ignoriert das Verhalten und nicht das Kind. So einfach dieser Gedanke formuliert werden kann, so schwierig ist es, ihn umzusetzen. Je deftiger das Problemverhalten des Kindes ist, umso schwieriger ist die Umsetzung!

Das Prinzip des Löschens soll an einem einfachen und eher harmlosen Beispiel illustriert werden: Der 11-jährige Kevin kommt 10 Minuten zu spät in die Schule, weil ihn die Mutter erst aus dem Haus ließ, als er nach langer Diskussion den Fahrradhelm aufsetzte. Dieses Detail ist von Bedeutung, denn nach Kevins Logik war natürlich die Mutter für sein Zuspätkommen schuld. Kevin öffnet also die Klassenzimmertür, und auf den tadelnden Blick des Lehrers hin beginnt er, sich lauthals über seine Mutter zu beschweren. Der Lehrer erwidert, das sei nun wohl die Höhe, erst komme Kevin zu spät und dann meine er auch noch, sich in Szene setzen zu müssen. Nun wird Kevin erst recht wütend, beschimpft den Lehrer und schmeißt seinen Schulsack in eine Ecke usw.

Hier hat der Lehrer, sagen wir, das Verhalten A an den Tag gelegt. Nun soll zur Illustration des Löschens das Verhalten B beschrieben werden: Kevin öffnet das Klassenzimmer, und auf den tadelnden Blick des Lehrers hin beginnt er sich lauthals über seine Mutter zu beschweren. Der Lehrer sagt zunächst nichts, geht zu Kevin und begleitet ihn ruhig zu seiner Schulbank mit den Worten: »Hier ist Dein Platz, setz Dich hin, nimm das Rechenbuch und öffne es auf S. 25 «

Lösungs-Orientierung statt Problem-Orientierung

Der Unterschied zwischen Variante A und B besteht darin, dass das Problemverhalten *nicht* angesprochen wird, im Wissen, dass dies zu nichts führt, sondern dass im Sinne der Lösungs-Orientierung Kevin geholfen wird, sich in die aktuelle Situation einzufügen.

Entscheidend bei Variante B ist auch, dass der Lehrer emotional nicht mit Kevin gleichzieht (was bei einem normal entwickelten Kind völlig natürlich wäre), sondern selbst ruhig, sachlich und distanziert bleibt.

Diese Strategie ist in der Familie besonders schwierig umzusetzen, weil man genau dort gewohnt ist, mit emotionaler Bezogenheit zu »funktionieren« bzw. zu erziehen. Wenn aber die Eltern wissen, dass hier ein wesentlicher Schlüssel zum Erfolg liegt, dann können sie sehr wohl lernen, ihre gewohnten emotionalen Reaktionen abzuschwächen und bei einem tobenden Kind selbst ruhig zu bleiben.

Ich möchte zu diesem Thema das Beispiel einer »Gebrauchsanweisung« abbilden, die sich an Eltern richtet und das Thema »Ruhig bleiben« zum Inhalt hat.

Ablenken

Eine andere Strategie kann mit Ablenken anschaulich umschrieben werden. Viele Eltern kennen dies im Umgang mit sehr kleinen Kindern: Ein Kleinkind bekommt eine Süßigkeit, die es auf dem Esstisch entdeckt hat, nicht sofort, und beginnt laut zu weinen. Die Mutter geht darauf nicht ein, sondern schaut zum Fenster hinaus und ruft: »Schau mal, dieser große Lastwagen, der da gerade vorbeifährt.«

Dieses Vorgehen ist bei Kindern aus dem Autismus-Spektrum immer dann sinnvoll, wenn es auf eine relativ geringfügige Frustration emotional unangemessen reagiert. Das Kind ist dann ja nicht grundsätzlich traurig und muss getröstet werden, sondern es hat noch nicht gelernt, altersgemäß mit Frustrationen umzugehen.

Die Strategie des Ablenkens ist im Übrigen auch dann sehr angebracht, wenn das Asperger-Kind gedanklich zu stark mit etwas behaftet ist und diese belastenden Gedanken nicht »loslassen« kann. Auch ein solches Thema kann gut in einer »Gebrauchsanweisung« verarbeitet werden, wo z. B. bildhaft aus dem Kopf des Kindes ein Gedanke »herausgenommen« und ein anderer »hineingepflanzt« wird. Dabei wird angestrebt, dass das Kind selbst lernt, belastende Gedanken durch positivere zu ersetzen. Auch ein solches Vorgehen bedeutet für Eltern eine Umstellung, haben sie doch gelernt, dass gute Eltern auf ihr Kind »eingehen«, wenn es traurig ist.

Stress und Stressbewältigung

Das Thema Stressbewältigung hat in der Arbeit mit Kindern aus dem Autismus-Spektrum und ihren Familien einen ganz besonderen Stellenwert. Es darf deshalb in keiner Beratung und keiner Therapie fehlen.

Kinder aus dem Autismus-Spektrum reagieren auf Stress grundsätzlich anders als nicht-betroffene Kinder. Wie bei den sozialen Kompetenzen gilt auch bei der Stressbewältigung, dass die meisten Menschen die entsprechenden Fähigkeiten »automatisch« und intuitiv erwerben. Bei Kindern mit autistischer Symptomatik ist das nicht so. Allerdings reagieren auf Stress nicht alle gleich. Die einen werden hyperaktiv oder entwickeln stereotype Verhaltensweisen, andere reagieren mit Rückzug und Flucht, wiederum andere werden aggressiv und allenfalls gewalttätig. Oft reagiert auch der Körper mit psychosomatischen Symptomen wie Bauchweh, Übelkeit, Kopfweh usw.

Auf der Ebene des Gehirns kann man von einem »Blackout« bzw. »Absturz« reden, das heißt, vernünftiges Denken und zielgerichtetes Handeln werden völlig unmöglich. Zudem ist es wichtig zu wissen, dass auch bereits milder Stress Folgen hat und z. B. vorhandene soziale und emotionale Fähigkeiten herabsetzt.

Zudem ist es so, dass Eltern und Geschwister von Autismus-Spektrum-Kindern oft ähnliche, allerdings abgeschwächte Persönlichkeitsmerkmale aufweisen. Das heißt, auch sie reagieren oft empfindlicher auf Stress als andere Eltern. Somit besteht natürlich auch die Gefahr, dass sich Eltern und Kind gegenseitig hochschaukeln.

Hauptsächliche Ursachen von Stress beim Autismus-Spektrum-Kind sind:

- Reizüberflutung durch: Lärm, viele Menschen, grelles Licht, Geschrei usw.
- Überforderung in Konfliktsituationen
- Unvorhergesehene Veränderungen im Tagesablauf
- Subjektives Erleben von Ungerechtigkeit
- von den Eltern unter Druck gesetzt oder angeschrien werden
- usw.

Neben den oben beschriebenen unmittelbaren Reaktionen auf Stress sind unbedingt auch die längerfristigen Folgen zu beachten, die sich bei wiederholtem oder chronischem Stress einstellen: Zwänge, Ängste, Depression, Essstörungen, Schlafstörungen usw.

Aus dem Gesagten versteht es sich von selbst, dass dem Erlernen von Techniken der Stressbewältigung eine große Bedeutung zukommt. Dabei gilt es zu unterscheiden zwischen Sofortmaßnahmen und nachhaltigen Strategien.

Zu den Sofortmaßnahmen gehören z. B. die bereits beschriebenen Techniken wie das Wut-Thermometer.

»Tantrums« (Wutanfälle) und »Meltdowns« (Zusammenbrüche)

Allerdings ist es an dieser Stelle sehr wichtig, das Thema »Umgang mit Wut« genauer anzuschauen und zu differenzieren. Die folgende Unterscheidung ist maßgeblich durch Begriffe geprägt, die aus der englischsprachigen Beratungs-Literatur stammen. Sie sollen deshalb näher erläutert werden.

Der Begriff »tantrum« wird mit Wutanfall oder Trotzanfall übersetzt. Alle Eltern kennen diese Anfälle, die mit Fluchen, Toben, Schreien, Aggressionen gegen Menschen oder Sachen usw. einhergehen können. Es ist wichtig zu betonen, dass Wutanfälle mehr oder weniger bewusste bzw. zielgerichtete Handlungen darstellen, mit denen das Kind letztendlich etwas erreichen will. Es hat auch die Möglichkeit, diese Handlungen zu stoppen.

»Meltdown« hingegen meint etwas anderes und ist ein umgangssprachlicher Begriff, der am ehesten mit Kollaps oder Zusammenbruch übersetzt werden kann. Im Deutschen gibt es dafür am ehesten die umschreibenden Worte »außer sich sein«, die wohl etwas Ähnliches meinen. Im Gegensatz zu Wutanfällen haben diese »Meltdowns« eher die Qualität einer unfreiwilligen, panikähnlichen Reaktion, die der bewussten Kontrolle durch das Kind völlig entglitten ist. Auslöser für diese Art von Reaktion sind Situationen, in denen das Kind längere Zeit Reizen ausgesetzt war, denen es nicht ausweichen konnte und die schließlich zu einem sogenannten »Overload« (Überladung, Überlastung) führten. Irgendeine Kleinigkeit kann dann das Fass zum Überlaufen bringen.

Diese Unterscheidung ist sehr wichtig, weil die beiden Arten von »Anfällen« unterschiedliche Reaktionen von Seiten der Eltern erfordern.

Bei Wutanfällen können Eltern versuchen, auf das Kind Einfluss zu nehmen, indem sie Kompromissvorschläge machen oder minimale Verhaltensregeln einfordern (»Nicht schlagen!« oder »Nichts kaputt machen!«). Man kann z. B. auch auf das bereits erwähnte Wut-Thermometer hinweisen mit dem Ziel, dass das Kind den Ort des Geschehens verlässt und sich in seinem Zimmer beruhigt.

Bei sogenannten »Meltdowns« wären alle diese Versuche kontraproduktiv, weil das Kind nicht noch mehr bzw. nicht neue Informationen aufnehmen kann. Grundsätzlich ist nicht reaktives, sondern proaktives Handeln gefragt. Eltern müssen den drohenden »Overload« frühzeitig erkennen und beruhigende Gegenmaßnahmen treffen. Man versucht also nicht, das Verhalten des Kindes zu beeinflussen, sondern man trifft Maßnahmen, um die Umgebungsreize zu reduzieren.Oberstes Ziel ist, das Kind zu beruhigen, und nicht, irgendetwas erreichen oder erklären zu wollen.

Mögliche Auslöser für einen »Meltdown« gibt es viele, es seien hier ein paar typische Beispiele zusammengefasst:

- eine plötzliche und unvorhergesehene Änderung der Situation,
- sensorischer oder kognitiver Overload oder z. B. zu viele Entscheidungsvarianten,
- zu lange eine stressige Situation aushalten müssen,
- Missverständnisse in der Kommunikation mit anderen.

Nachhaltige Strategien

Im Gegensatz zu den eben beschriebenen Sofortmaßnahmen gibt es Überlegungen und Techniken, die dem Vorbeugen von Stress dienen. Einige werden in der folgenden »Gebrauchsanweisung« (Ruhig bleiben) erwähnt, die sich an Eltern richtet.

In neuerer Zeit wurde insbesondere auch das Achtsamkeitstraining (MBSR) entwickelt als eine Methode zur effektiven Stressbewältigung. Diese Methode eignet sich natürlich für alle Menschen, die den Umgang mit Stress erlernen wollen, aber besonders gut auch für erwachsene Menschen mit Autismus oder für Eltern von Kindern mit einer Autismus-Spektrum-Störung.

Die Gebrauchsanweisung für Eltern zum Thema »Ruhig bleiben« spricht ein sehr wichtiges Thema an: Im Gegensatz zur Normalerziehung, wo Emotionen erwünscht sind, ja geradezu den Kern der Erziehung ausmachen, ist bei Kindern aus dem Autismus-Spektrum ein anderer Schwerpunkt wichtig. Emotionen wie Ärger oder Zorn zu zeigen, ist meist kontraproduktiv. Viel hilfreicher ist es, wenn Eltern, auch wenn die Situation sehr konfliktreich ist, ruhig bleiben. Nur: Dies ist einfach gesagt, aber sehr schwierig umzusetzen. Und weil dies so schwierig ist, müssen Eltern über längere Zeit daran arbeiten und üben, und dazu soll auch ihnen eine Gebrauchsanweisung behilflich sein.

Achtsamkeitstraining

Es gibt viele Methoden, um im vorbeugenden Sinn im Alltag Ruhe zu finden und chronischem Stress vorzubeugen. Ich betrachte eine dieser Methoden als besonders hilfreich, sie heißt Achtsamkeitstraining und stammt ursprünglich aus dem englischsprachigen Bereich. Dort heißt sie »Mindfulness Based Stress Reduction« (abgekürzt: MBSR). Achtsamkeit hat ihre Wurzeln in der buddhistischen Philosophie

Umgang mit Fixiertsein (Sturheit) und Verweigerung

Gebrauchsanweisungen für den Alltag   Dr. med. Th. Girsberger

Ruhig bleiben   (für Eltern)

Das Zusammenleben mit Kindern mit besonderen Beürfnissen stellt uns täglich vor große Herausforderungen. Trotz allen guten Strategien und dem Verständnis für die manchmal sehr spezielle Art dieser Kinder gibt es im Alltag immer wieder Situationen, die sehr schwierig auszuhalten sind. Es kostet oft sehr viel Kraft und Nerven, diese Kinder auf ihrem Weg zu begleiten. Wir wissen alle, dass es gerade deshalb sehr wichtig ist, Ruhe-Inseln im Alltag zu haben, unsere „Tankstellen", um neue Kraft zu schöpfen, um dann vor allem auch in heftigen Situationen ruhig bleiben zu können. Manchmal gelingt uns das Ruhigbleiben sehr gut und wir können so mithelfen, eine schwierige Situation wieder zu beruhigen. Aber manchmal liegen unsere Nerven blank und wir spüren, wie der Ärger in uns immer größer wird.

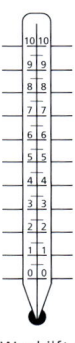

Wie geht man mit solchen Situationen um? Was kann helfen, in diesen Momenten nicht die Nerven zu verlieren?

Sehr hilfreich kann es sein, sich einmal in Ruhe zu überlegen, wie man ruhig bleiben kann oder mit welchen Hilfsmitteln und/oder Strategien wir uns schnell wieder beruhigen können. Mit Hilfe des Wut-Thermometers (siehe auch die Gebrauchsanweisung, „Wut" für die Kinder) kann die Wut in verschiedene Stufen eingeteilt werden. Dabei überlegt man sich Folgendes:

1. Was geschieht in meinem Körper, wenn ich wütend werde? Wie fühlt sich ein kleiner Ärger an, wie eine große Wut?
2. Was macht mich überhaupt wütend? In welcher Situation werde ich wütend?
3. Was kann ich dagegen tun? Wie kann ich mich in solchen Situationen wieder entspannen?

Was hilft mir wenn ich....
... **ärgerlich** bin: ... *(z.B. tief in den Bauch atmen, Akupressur, ...)**

....

... **mürrisch/„muff"** bin: ... *(z.B. Distanz schaffen, ...)**

....

... **wütend** bin: ... *(kurzer Spaziergang, Ablenkung, Körperliche Betätigung z.B. Staubsaugen, ...)**

....

... **sehr wütend** bin: ... *(z.B. Hilfe holen, Vertrauensperson anrufen, ...)**

....

Schreibt man sich diese Maßnahmen in einem ruhigen Moment auf eine Liste, kann man in der nächsten herausfordernden Situation darauf zurückgreifen und entsprechend handeln. Denn oft ist es ja so, dass wenn man erst einmal ärgerlich oder wütend ist, meistens die Idee fehlt, wie damit umgegangen werden könnte.

Wenn bei der Wochenplanung genügend Zeitpuffer eingeplant werden, kann man in schwierigen Situationen auch besser ruhig bleiben, da man auf das Kind resp. das Problem eingehen kann. Das ist leider nicht immer möglich, trotzdem lohnt es sich, wann immer möglich eine Zeitreserve bei der Terminplanung zu berücksichtigen. Denn wer unter Zeitdruck steht, hat automatisch weniger gute Nerven, um abzuwarten und ruhig zu bleiben.

Sehr wichtig ist es auch, sich im Alltag genügend Ruhe-Inseln zu gönnen, um Kraft und Energie schöpfen zu können. Auch solche Erholungszeiten sollten unbedingt in die Wochenplanung miteinbezogen werden.*

* Weitere Ideen/Tipps finden Sie vielleicht auch im Ruhe-Script. Das Ruhe-Script ist die Zusammenfassung einer Umfrage bei Eltern mit besonderen Kindern, was ihnen in herausfordernden Situationen dabei hilft, ruhig zu bleiben oder diese Situationen gar zu vermeiden.

und ist so gesehen schon tausende von Jahren alt. MBSR respektiert diese Tradition, geht aber von der Erfahrung aus, dass es hilfreich ist, philosophisch-religiös möglichst neutral zu bleiben, wenn man ein großes Zielpublikum erreichen will.

Ein sehr hilfreiches Buch der holländischen Autorin Annelies Spek zu diesem Thema ist nun auch in deutscher Sprache erhältlich: »Achtsamkeit für Menschen mit Autismus« (Spek 2012). Das Buch richtet sich primär an erwachsene Betroffene, es ist deshalb sehr übersichtlich aufgebaut und enthält eine Fülle von sehr praktischen Anleitungen inkl. des Angebots, die Übungen als Audio-Dateien aus dem Internet herunterzuladen. Das Buch ist aber auch sehr gut für Eltern von betroffenen Kindern geeignet, denn Übersichtlichkeit und praktischer Nutzen sind Tugenden, die jedem Ratgeber gut anstehen und die alle Leser schätzen.

Beim Achtsamkeitstraining geht es im Wesentlichen darum, Dinge, die wir routinemäßig im Alltag tun, sehr aufmerksam – eben achtsam – durchzuführen. Das fängt an bei so elementaren »Tätigkeiten« wie: Atmen, Sitzen, Stehen, Gehen, Hören usw. Diese Aktivitäten achtsam durchzuführen, kann man in relativ kurzen Sequenzen (5 Minuten, 10 Minuten usw.) üben. Wichtig ist die Regelmäßigkeit, mit welcher diese Übungen in den Alltag eingebaut werden. Da man diese »Dinge« aber sowieso tut, ist mit diesen Übungen gar kein zusätzlicher Zeitaufwand verbunden, und das scheint mir ein großer Vorteil zu sein.

Man kann aber auch etwas komplexere Tätigkeiten achtsam durchführen, wie z. B.: Zähneputzen, Händewaschen, Geschirrspülen usw. Achtsam heißt in diesem Zusammenhang, dass ich alle meine Sinne und Gedanken ausschließlich auf diese Tätigkeiten fokussiere und gleichzeitig an nichts Anderes denke. Das ist für den Geist sehr erholsam.

Das Achtsamkeitstraining ist sehr hilfreich zur Vorbeugung von chronischem Stress. Es hat aber für Menschen mit Autismus, Asperger-Syndrom oder auch nur einer milden Form derselben noch eine weitere Bedeutung: Achtsamkeit pflegen und praktizieren bedeutet auch, das Denken abzustellen, und sei es auch nur für relativ kurze Zeit. Betroffene neigen nämlich dazu, ständig zu denken, zu grübeln und zu analysieren. Das ist sehr anstrengend und oft auch belastend, denn der menschliche Geist hat eine starke Tendenz, an Dingen und Erinnerungen herum zu grübeln, die negativ geprägt sind. Bei Menschen mit Autismus ist dies besonders ausgeprägt.

Mit Autismus den Alltag meistern

Ausgehend von meiner langjährigen Erfahrung in der Begleitung von Familien, und unter Einbezug der Konzepte »SPASS« und »So-macht-me-das« habe ich im Kohlhammer Verlag nun ein zweites Buch publiziert. Es trägt den Titel »Mit Autismus den Alltag meistern« und wird im Folgenden kurz vorgestellt.

»Mit Autismus den Alltag meistern« ist im Gegensatz zum vorliegenden Buch stark auf die Praxis, den Alltag eben, ausgerichtet und ist ähnlich aufgebaut wie ein

Kochbuch. Es enthält eine Vielzahl von »Rezepten« und »Gebrauchsanweisungen«, welche dem Leser wiederum einzeln zum Download zur Verfügung stehen. Das Buch richtet sich in erster Linie an Eltern, die damit ihren Erziehungsalltag autismusfreundlich gestalten können. Es ist aber auch gedacht als Hilfsmittel für alle, die im weitesten Sinne therapeutisch mit einem autistischen Kind oder Jugendlichen arbeiten und dazu Anregungen gebrauchen können.

Ganz wichtige Stichworte zu diesem Buch sind: Visualisierung, Verschriftlichung, Transparenz, Verbindlichkeit. Wir leben in einer sozialen Welt, wo das Verbale – und zwar vorwiegend in mündlicher Form – dominiert. Das ist im Umgang mit autistischen Menschen ungünstig und oft unwirksam.

Thomas Girsberger
Mit Autismus den Alltag meistern
Praktische Hilfen für Kinder und Jugendliche im Autismus-Spektrum
2. Auflage, ISBN 978-3-17-043568-1

Medikamente

Ich möchte mich zum Thema Medikamente kurzfassen und nur das Wichtigste erwähnen, denn die Entscheidung für ein bestimmtes Medikament kann nur einzeln in jedem individuellen Fall getroffen werden. Allgemeingültige Empfehlungen machen keinen Sinn. Zudem kann die Entscheidung zu einer medikamentösen Behandlung ja nur in Zusammenarbeit mit einem Arzt des eigenen Vertrauens getroffen werden.

Es gibt vorläufig noch keine Medikamente, die bei der Kernproblematik des Autismus ansetzen, obwohl dies zumindest theoretisch denkbar ist und auch schon gewisse Ansätze dazu bestehen. Ich möchte hier nur am Rande das körpereigene Hormon Oxytocin erwähnen, welches das Bindungsverhalten von Menschen wie auch Tieren beeinflusst und welches bei autistischen Menschen in Zukunft möglicherweise eingesetzt werden kann.

Vorderhand werden Medikamente bei autistischen Kindern ausschließlich zur Milderung der komorbiden Symptome eingesetzt. Am häufigsten sind dies: Atypische Neuroleptika (z. B. Risperidon), Stimulanzien (Methylphenidat), Antidepressiva (vom Typ selektive Serotonin-Wiederaufnahmehemmer, genannt SSRI).

Atypische Neuroleptika

Diese Medikamente wurden ursprünglich zur Behandlung der Schizophrenie bei Erwachsenen entwickelt. Atypisch heißt, dass sie chemisch anders zusammengesetzt sind als die klassischen Neuroleptika, mit dem großen Vorteil, dass sie viel weniger Nebenwirkungen aufweisen. Die Hauptwirkung bei autistischen Kindern besteht darin, dass sie weniger der Reizüberflutung ausgesetzt sind, sich deshalb weniger schnell erregen und entsprechend ihre Wutausbrüche seltener und milder ausfallen. Für viele ist das eine große Hilfe und Erleichterung.

Stimulanzien

Unter diesem Begriff werden all jene Medikamente zusammengefasst, die für die Behandlung des ADHS entwickelt wurden und vorwiegend einer einheitlichen Stoffgruppe (Amphetamine) angehören. Viele Kinder aus dem Autismus-Spektrum weisen eine störende Unruhe und Unkonzentriertheit auf und profitieren insbesondere im Schulalltag – analog zu den ADHS-Kindern – von den entsprechenden Medikamenten.

Für Kinder, die auf Stimulanzien mit störendem Appetitverlust oder anderen Nebenwirkungen reagieren, gibt es als Alternative noch den Wirkstoff Atomoxetin, der ebenfalls bei ADHS eingesetzt wird.

Antidepressiva

Bei Kindern aus dem Autismus-Spektrum sind die Indikationen für Antidepressiva im Prinzip die gleichen wie für andere Kinder mit entsprechender Symptomatik. Neben der Behandlung von depressiven Episoden werden diese Medikamente auch zur Behandlung von Ängsten und Zwängen eingesetzt. Kinder aus dem autistischen Spektrum haben ein relativ hohes Risiko, an solchen komorbiden Störungen zu erkranken (▶ Kap. 6).

Schlafmittel

Kinder aus dem Autismus-Spektrum haben oft Probleme beim Einschlafen und manche wachen auch nachts öfters auf. Da die meisten gebräuchlichen Schlafmittel ein hohes Suchtpotential enthalten, werden sie bei Kindern und Jugendlichen nur mit größter Zurückhaltung eingesetzt.

Es gibt allerdings seit noch nicht allzu langer Zeit die Möglichkeit, ein Schlafmittel verschrieben zu bekommen, welches hinsichtlich Abhängigkeit unproblematisch ist. Es ist dies das körpereigene Hormon Melatonin, welches bei Autismus-Spektrum-Betroffenen mit hartnäckigen Schlafproblemen erfolgreich eingesetzt wird.

Hausapotheke

Und schließlich möchte ich es nicht versäumen, auch noch auf bewährte pflanzliche Beruhigungsmittel hinzuweisen, welche rezeptfrei erhältlich sind. Es sind dies z. B. Beruhigungsdragees auf der Grundlage von Pestwurz, Baldrian, Passionsblume und Melisse. (Fragen Sie wegen bestimmter in Ihrem Land erhältlicher Präparate Ihren Arzt oder Apotheker ...)

Diese Beruhigungsdragees sind sinnvoll bei nervösen Spannungszuständen aller Art und insbesondere auch bei stressbedingten körperlichen Symptomen wie Bauchweh und Übelkeit. Das gleiche Präparat kann für Kinder oder Eltern hilfreich sein.

6   Komorbiditäten

In diesem Kapitel möchte ich noch einmal betonen und deutlich machen, dass Autismus keine Krankheit, sondern eine Besonderheit des Denkens und Empfindens darstellt. Diese Besonderheit kann im Prozess der Sozialisation und generell im Alltag zu Schwierigkeiten und zu Stress führen. Deshalb müssen von Autismus Betroffene nicht in erster Linie »behandelt« werden, sondern sie müssen v. a. *lernen*. Dieses Lernen umfasst verschiedene Aspekte, welche in anderen Kapiteln ausführlicher dargestellt werden. Hier noch einmal das Wichtigste in Kürze:

- Von Autismus Betroffene müssen ihre eigenen Besonderheiten im Denken und die daraus entstehenden Nachteile besser kennenlernen: die Tendenz, auf Details zu fokussieren und das Ganze aus dem Auge zu verlieren; eine Tendenz zum Schwarz-Weiß-Denken und das Vernachlässigen von Zwischentönen; das Außer-Acht-Lassen der Sichtweisen und Meinungen von anderen usw.
- Im Umgang mit Emotionen sollten sie lernen, diese besser zu erkennen und zu dosieren.
- Im Umgang mit andern Menschen sollten sie lernen, einen angemessenen Umgang zu pflegen, Freundschaften zu schließen und den eigenen Egozentrismus »aufzuweichen«.

Allerdings bringen diese Anforderungen des Lernens und der gesellschaftlichen Anpassung für Menschen aus dem Autismus-Spektrum immer wieder Probleme mit sich, die eskalieren und zu einer Überforderung und zu großem Stress führen können.

Ich habe übrigens durchaus Verständnis dafür, dass unter Betroffenen die Frage sehr kontrovers diskutiert wird, inwiefern von Autismus Betroffene sich der Gesellschaft überhaupt anpassen sollen oder nicht. Spätestens im Erwachsenenalter ist dies ja eine Frage der Selbstbestimmung und Selbstverantwortung. Erwachsene soll und kann man zu gar nichts zwingen, man kann ihnen höchstens vorschlagen, durch Lernen von sozialen Kompetenzen ihr Handlungsrepertoire zu erweitern. Sie können dann ja immer noch entscheiden, wie weit sie ihre gelernten Anpassungsstrategien dann auch anwenden wollen.

Bei Kindern und Jugendlichen stellt sich die Frage nicht in gleichem Maße. Eltern sind für das Wohl ihrer Kinder verantwortlich und haben durch entsprechende erzieherische Maßnahmen nicht nur das Recht, sondern auch die Pflicht, ihren von Autismus betroffenen Kindern zu mehr Selbst- und Sozialkompetenz zu verhelfen.

Unabhängig von diesen Überlegungen, und unabhängig davon, wie weit gesellschaftliche Anpassung möglich und sinnvoll ist, sind von Autismus Betroffene einem erhöhten Risiko ausgesetzt, psychische Störungen bzw. Komorbiditäten zu entwickeln. Man versteht darunter Störungen mit Krankheitswert, welche sehr vielfältige Ursachen haben und meist auch völlig unabhängig von Autismus entstehen können.

Depressionen

An erster Stelle sollen hier die emotionalen Probleme in Form von Depressionen erwähnt werden. Die Depression bei autistischen Menschen hat einen sogenannten reaktiven Charakter, d. h. sie stellt eine Reaktion auf Erlebnisse dar, die mit Frustration, Enttäuschung, Einsamkeit und heruntergeschluckter Wut zu tun haben.

Es ist deshalb besonders wichtig, nicht sofort eine rein symptomorientierte Therapie anzubieten. Zuerst muss geprüft werden, ob es Lebensumstände gibt, die unnötig belastend sind und die zumindest teilweise verändert werden können.

Im Kindesalter betrifft dies in allererster Linie die Schulsituation. Viele Kinder und Jugendliche, die eigentlich diagnostisch ins Autismus-Spektrum gehören, werden nicht als solche erkannt, sondern einzig auf ihre depressiven Symptome hin behandelt. Diese Symptome sind nicht identisch mit jenen im Erwachsenenalter. Typische Symptome einer kindlichen Depression sind:

- allgemeine Unlust und Energielosigkeit,
- Reizbarkeit und vermehrte aggressiv-mürrische Äußerungen, v. a. gegenüber Familienmitgliedern,
- Unkonzentriertheit und Unruhe,
- Rückzugsverhalten und vermehrter Computer- und TV-Konsum,
- Schlafstörungen,
- Abneigung gegen schulisches Lernen, Hausaufgaben; evtl. Schulverweigerung.

Viele Eltern von Kindern aus dem Autismus-Spektrum werden eines oder mehrere der hier aufgezählten Symptome bei ihren eigenen Kindern wiedererkennen. Es ist wichtig, sich klar zu sein, dass dies nicht Symptome des Autismus sind, sondern häufig Folgen einer unbefriedigenden Schulsituation. Die Schule ist der Ort, wo ein Kind aus dem Autismus-Spektrum täglich eine große Anpassungsleistung vollbringen muss. Ist die Schulsituation zu wenig auf das Kind zugeschnitten, dann führt diese Anpassung immer wieder zu Überforderung und schließlich zur Depression. Umgekehrt kann ein betroffenes Kind – und das habe ich jetzt schon viele Male miterleben und mitverfolgen können – rasch wieder aufblühen, wenn schulische Maßnahmen getroffen werden, die dem Kind entgegenkommen und es entlasten.

Dennoch kann es selbstverständlich notwendig sein, eine vorhandene Depression zu behandeln. Zum Glück gibt es mittlerweile eine gut erprobte Generation von neuen Antidepressiva (vom Typ der selektiven Serotonin-Wiederaufnahmehemmer), die auch an Kinder und Jugendliche verschrieben werden können und die in der Regel sehr gut verträglich sind. Am besten wirken diese Antidepressiva, wenn sie mit einer Psychotherapie bzw. psychologischen Beratung kombiniert werden.

Ängste

Kinder aus dem Autismus-Spektrum sind wesentlich häufiger von Ängsten betroffen als andere Kinder. Dies hat mehrere Gründe:

1. Der Anpassungsdruck, der zu Depressionen führen kann, kann sich auch in einer gesteigerten Ängstlichkeit manifestieren.
2. Kinder aus dem Autismus-Spektrum sind »kopflastig«. Sie machen sich oft Gedanken über Dinge, die andere Kinder im gleichen Alter noch gar nicht interessieren. Gleichzeit sind sie aber in Bezug auf die emotionale Reife anderen Kindern gegenüber im Rückstand. Diese Schere zwischen Intellekt und emotionaler Reife prädestiniert für Ängste, indem sich der Kopf mit Problemen beschäftigt, denen der Bauch nicht gewachsen ist. Ein typisches Beispiel dafür ist der Umgang mit dem Thema »Sterblichkeit und Tod«.
3. Da Kinder aus dem Autismus-Spektrum Schwierigkeiten haben, sich im Alltag und unter Gleichaltrigen zurecht zu finden, sind sie stärker auf ihre Eltern und allenfalls auch auf Geschwister orientiert bzw. fixiert. Sie haben Probleme mit dem Selbständigwerden, sind selbstunsicher, was ebenfalls eine ständige Quelle von Angst darstellen kann.

Nehmen die Ängste ein gewisses Ausmaß an, so ist wie bei Depressionen als Mittel erster Wahl Psychotherapie sinnvoll. In chronischen Fällen können zusätzlich auch Antidepressiva angezeigt sein.

Zwänge

Gewisse »autistische« Eigenschaften wie Detailorientierung, Abneigung gegen Veränderungen und Mangel an Flexibilität prädestinieren zu Zwängen und zwanghaften Ritualen, die schließlich einen gewissen Krankheitswert erhalten können.
    Allerdings sollte, bevor voreilig eine Behandlung von Zwängen in die Wege geleitet wird, wiederum geprüft werden, ob nicht zunächst etwas an der Alltagssituation (Schule!) verändert werden kann/muss.

Im Weiteren ist nicht jedes zwanghaft anmutende Ritual behandlungsbedürftig. Rituale sind zunächst etwas Sinnvolles und stellen eine Art von Selbstheilung dar. Von einem Zwang mit Krankheitswert kann erst dann gesprochen werden, wenn der Betroffene selbst oder die Umgebung (!) in ihrem Handlungsspielraum eingeschränkt werden. So kann z. B. häufiges Händewaschen ein Ausmaß annehmen, wo das betroffene Kind viele Dinge wegen der Angst vor Schmutz oder Krankheitskeimen nicht mehr anfassen kann und immer mehr in einen Teufelskreis gerät. Oder ein Kind stellt den Eltern zwanghaft immer wieder dieselben Fragen, bis diese es kaum mehr aushalten.

In Situationen wie den eben beschriebenen kann ebenfalls Psychotherapie notwendig werden, meist ist dabei allerdings der Einbezug der Eltern unerlässlich, weil sie meist mehr unter einem Leidensdruck stehen als das betroffene Kind selbst. Im Übrigen können auch im Falle von ausgeprägter Zwangssymptomatik Antidepressiva hilfreich sein.

Autismus-Spektrum und Psychotherapie

An dieser Stelle sollen einige grundsätzliche Bemerkungen zum Thema »Psychotherapie« aufgeführt werden:

- Da es sich bei emotionalen und Verhaltensstörungen von Kindern aus dem Autismus-Spektrum um sogenannte reaktive Störungen handelt, braucht es in der Regel keine langdauernden Therapiekonzepte. Sinnvoll ist ein lösungsorientierter Ansatz mit der therapeutischen Frage: »Was willst Du bei mir lernen?« bzw. »Welches Ziel wollen wir definieren?«
- Von der Methode her haben sich besonders die sogenannten kognitiven Therapien bewährt. Ein gutes konkretes Beispiel dafür findet sich im ▶ Kap. 5 (Wut-Thermometer).
- Meist ist der Einbezug der Eltern notwendig und sinnvoll, denn das Kind aus dem Autismus-Spektrum hat große Probleme, Erlerntes von einem Kontext (Therapie) in einen anderen Kontext (Familie, Schule) zu übertragen. Die Eltern und allenfalls auch Lehrpersonen sollten nicht nur über die Therapieziele orientiert sein, sondern sie sollten auch Therapiematerial erhalten, das ihnen erlaubt, bei der Umsetzung in den Alltag mitzuhelfen (siehe wiederum das Beispiel mit dem Wut-Thermometer).

Essprobleme und Essstörungen

Gemäß meiner klinischen Erfahrung sind Essprobleme oder zumindest wählerisches Essverhalten bei Kindern aus dem autistischen Spektrum dermaßen häufig, dass sie schon fast als ein diagnostisches Kriterium gelten sollten. Wiederum ist es sehr wichtig, die Grundlagen dazu besser zu verstehen, dann kann man als Bezugsperson bereits besser damit umgehen. Es gibt mehrere Gründe für das schwierige Essverhalten autistischer Kinder:

1. *Probleme mit der Körperwahrnehmung und insbesondere der Wahrnehmung von Hunger und Durst.* Kinder mit autistischer Wahrnehmung haben oft gar keine richtigen bzw. keine bewussten Hungergefühle. Es ist eher zutreffend, im Zusammenhang mit Nahrung von Lust- und Unlustgefühlen zu reden. Demensprechend haben diese Kinder oft v. a. »Lust« auf das – und oft nur das – was sie *gern haben*, und das sind meistens ungesunde Nahrungsmittel wie Süßigkeiten, salzige Snacks und sogenanntes »Junk-Food«. Eher zuunterst auf der Liste der Vorlieben sind Gemüse, Früchte, Salat, Brot usw.
2. Die *Überbewertung von Details* kann dazu führen, dass Nahrungsmittel nicht wegen ihres Geschmacks, sondern wegen Kleinigkeiten betreffend das Aussehen, den Geruch, das Ablaufdatum auf der Verpackung usw. abgelehnt werden.
3. *Überempfindlichkeiten in Bezug auf taktile Reize* in der Mundhöhle (körniger Reis, Früchte-Teile in der Konfitüre oder im Joghurt usw.) können zu Ablehnung führen.
4. Bestimmte *gedankliche Vorstellungen* (z. B. Fleisch: Es mussten Tiere leiden und getötet werden!) können zum Problem werden. Kinder aus dem autistischen Spektrum entwickeln sich nicht selten zu Vegetariern.
5. Die *Abneigung gegen Unbekanntes* im Allgemeinen bzw. die Vorliebe für Routinen führen dazu, dass die betreffenden Kinder auch beim Essen am liebsten immer wieder das Gleiche wünschen. Dies steht dem Wunsch des Restes der Familie nach Abwechslung diametral gegenüber und führt zu Konflikten.
6. Schlussendlich spielen natürlich auch die *Tischsitten* eine Rolle bei der Entstehung von Konflikten. Autistische Kinder betrachten das Essen als reine Nahrungsaufnahme und haben wenig Verständnis für den sozialen Aspekt des gemeinsamen Essens. So wollen sie möglichst schnell anfangen (und nicht auf die anderen warten) und möglichst bald auch wieder vom Tisch weggehen, wenn sie selbst satt sind. Ich bin der Meinung, dass es bei solchen Konflikten sinnvoll ist, von allzu strengen Tischsitten Abschied zu nehmen!

Diese Aufzählung ist vermutlich noch nicht einmal vollständig, soll aber eindrücklich aufzeigen, warum so etwas Alltägliches wie das Essen für Kinder aus dem autistischen Spektrum beim besten Willen keine Kleinigkeit ist sondern eher ein Minenfeld …

In meiner Beratertätigkeit ist deshalb das Essen immer wieder ein großes Thema. Ganz grundsätzlich sind Eltern gut darin beraten, wenn sie von traditionellen Vorstellungen rund um das Essen und die Mahlzeiten Abstand nehmen oder zumindest jederzeit bereit sind, Kompromisse einzugehen. Dies gilt sowohl für mehr »disziplinarische« Fragen (Wie lange muss das Kind am Tisch bleiben? Muss der Teller leergegessen werden? Muss von allem probiert werden? Wie muss das Besteck gehalten werden?) wie auch für Menü-bezogene Themen (Isst das Kind dasselbe wie die andern oder bekommt es eine »Extrawurst«? Wie weit kommen die Eltern den einschränkenden Wünschen entgegen? usw.).

Entscheidend ist aus meiner Sicht, dass die Eltern immer soweit flexibel sind, dass es rund um das Essen nicht zu eskalierenden Konflikten kommt. Wenn es in diesem Bereich zu einem Machtkampf kommt, dann sitzt das Kind grundsätzlich immer am längeren Hebel. Essen ist nun einmal freiwillig und gegen einen Hungerstreik ist kein Kraut gewachsen!

Das heißt nun wieder nicht, dass die Eltern in allem nachgeben müssen. Aber wenn sie Einfluss auf das Essverhalten nehmen wollen, dann nicht über Druck und Zwang, sondern über das Schaffen von Anreizen, z. B.: »Wenn Du das, was Du Dir geschöpft hast, auch fertig isst, dann bekommst Du ein Dessert.« Oder: »Wenn Du die Abmachungen, die wir in Bezug auf das Essen getroffen haben, einhältst, kannst Du Dir Punkte verdienen.« usw.

Wenn die Eltern und das weitere Umfeld eines autistischen Kindes für dessen Probleme rund um das Essen genügend Verständnis zeigen, dann können viele Konflikte umgangen werden. Wenn dies aber nicht der Fall ist, dann können durch Chronifizierung dieser Konflikte Essstörungen im engeren Sinne entstehen. Gemeint sind damit: Mangelernährung, Magersucht und/oder Bulimie (Brechsucht). Spätestens dann, wenn eine solche Essstörung (Komorbidität mit eigenem Krankheitswert) entstanden ist (meist im Teenager-Alter), ist fachliche Hilfe unbedingt erforderlich.

Schlafstörungen

Auch Schlafstörungen, v. a. Einschlafstörungen, sind bei Kindern aus dem Autismus-Spektrum überdurchschnittlich häufig. Die Gründe dafür sind wiederum mehrfach:

1. Eine grundsätzliche Schwierigkeit mit Umstellungen, hier also die Umstellung von Tag auf Nacht, von Aktivität auf Ruhe, von zupacken zu loslassen.
2. Kinder aus dem Autismus-Spektrum haben grundsätzlich eine Tendenz zu neurophysiologischer Übererregbarkeit und haben deshalb mehr Probleme mit Entspannen und Einschlafen.
3. Vom auf Hochtouren laufenden Intellekt produzierte Ängste und Gedanken haben beim Einschlafen besonders viel Platz, sich auszubreiten. Wann kann man besser darüber sinnieren, was am nächsten Tag alles schief laufen könnte oder wie genau wohl die Welt erschaffen wurde, als vor dem Einschlafen?

Kinder aus dem autistischen Spektrum schlafen deshalb meist ungern im Dunkeln oder bei geschlossener Schlafzimmertür, sie können schlecht allein einschlafen und verlegen ihren Schlafplatz deshalb auch gerne ins Elternbett.

Auch hier können individuell ausgearbeitete Vereinbarungen und Anreize hilfreich sein, in extremen Fällen sind aber auch Psychotherapie und allenfalls Medikamente (z. B. auf der Basis von Melatonin) nötig und sinnvoll.

Verhaltensstörungen

Autistische Kinder haben meist Schwierigkeiten im Umgang mit Emotionen, insbesondere Wut, und neigen deshalb zu aggressivem Verhalten, am häufigsten Familienangehörigen gegenüber. Ein anderes für die Umgebung belastendes Problemverhalten sind extreme Wutanfälle mit Schreien, Toben, Schlagen und Zerstören von Gegenständen. Offenbar setzt der sonst so aktive Intellekt bei starken Emotionen völlig aus und die Betreffenden sind sprichwörtlich »außer sich«.

In diesem Problembereich sind sowohl die Eltern wie auch die betroffenen Kinder und Jugendlichen auf Hilfe angewiesen. Das bereits beschriebene Wut-Thermometer kann hier z. B. seine Anwendung finden. Wie bei allen anderen sekundären Störungen muss aber, wie bereits mehrfach erwähnt, immer auch untersucht werden, ob es irgendwelche Lebensumstände gibt, welche das Kind überfordern und deshalb rasch zum »explodieren« bringen. Das Ändern dieser Umstände hat Vorrang gegenüber allen anderen Maßnahmen, die je nach Fall erstaunlich rasch überflüssig werden können.

Wenn trotz aller Bemühungen keine wesentliche Besserung eintritt, so kann evtl. mit einem Medikament (z. B. Risperidon) zusätzlich geholfen werden.

ADHS

Gemäß neuesten Studien erfüllen 50–80 % aller Kinder mit einer Diagnose aus dem Autismus-Spektrum auch die diagnostischen Kriterien für ADHS. Es muss vorläufig offengelassen werden, ob es sich hier um eine Komorbidität im eigentlichen Sinne, um ein Stressphänomen (die Schule und andere Alltagssituationen bedeuten für autistische Kinder ja grundsätzlich Stress …) oder ganz einfach um eine Symptomatik handelt, die mit der autistischen Besonderheit häufig einhergeht.

Letztendlich ist dies allerdings mehr eine wissenschaftliche als eine praxisrelevante Frage. Tatsache ist, dass viele Kinder aus dem Autismus-Spektrum erfolgreich mit den gleichen Medikamenten behandelt werden (Stimulanzien) wie ADHS-Kinder. Es ist aber wichtig zu wissen, dass Kinder, die nicht nur die Diagnose »Asperger-Syndrom« oder eine andere Diagnose aus dem Autismus-Spektrum, sondern auch die Diagnose ADHS erfüllen, schulisch in der Regel schwieriger zu integrieren sind, als wenn nur eine einzelne Diagnose vorliegt. Asperger-Kinder sind in der Schule eher überangepasst, die Kinder mit Doppeldiagnose hingegen stören den Unterricht oft noch mehr als Kinder mit »nur« einer ADHS-Diagnose.

Autismus und Familiendynamik

Ich möchte in diesem Kapitel zum Schluss auf einen Zusammenhang eingehen, den man ebenfalls als Komorbidität bezeichnen könnte, nur liegt diese hier nicht »innerhalb« des autistischen Kindes, sondern in der Familie. Denn auch sie kann in gewissem Sinne, wenn der Stress zu groß wird, krank werden.

a) *Die Mutter-Kind-Beziehung*
Eine erste wichtige Dynamik, auf welche ich hier eingehen möchte, ist jene zwischen Mutter und Kind. Wenn ein Kind eine Störung aus dem Autismus-Spektrum aufweist, dann hat es von Anfang Probleme, sich zu einem selbständigen Individuum zu entwickeln. Es ist in allen Bereichen des täglichen Lebens auf mehr Hilfe angewiesen, und diese Hilfe kommt beim kleinen Kind, aber oft auch noch später fast ausschließlich von der Mutter. Als Folge davon hören betroffene Mütter, v. a. wenn noch keine Autismus-Diagnose gestellt wurde, fast ausnahmslos den Vorwurf, sie seien »überbehütend«.
Auf die Frage, warum sich das autistische Kind so stark an der Mutter orientiert, wurde im Fallbeispiel in Kapitel »Kindergarten« genauer eingegangen: Das Kind hat offenbar große Mühe, seine primäre emotionale Bindung an die Mutter zu »flexibilisieren« und altersgemäß auf einen weiteren Kreis von Personen zu erweitern!
Wenn der Vater des Kindes sich ebenfalls in der Erziehung engagiert, dann kann er bis zu einem gewissen Grad die starke Orientierung auf die Mutter relativieren, und dies ist für die Entwicklung des Kindes sehr positiv (die sogenannte Triangulierung ist ein wichtiger Beitrag zu gesunden Entwicklung). Aus verschiedenen Gründen ist dies allerdings nicht immer im gewünschten Maß möglich.

b) *Die Vater-Kind-Beziehung*
Wie bereits erwähnt, wirkt sich wie bei jedem Kind auch beim Autismus-Spektrum-Kind die Präsenz und das Engagement des Vaters grundsätzlich positiv auf die Entwicklung aus. Nicht selten ziehen sich aber Väter aus Frust über den mühsamen Charakter des Kindes zurück und wenden sich verstärkt ihrem Beruf, ihren Hobbys, oder – wenn vorhanden – vermehrt einem gesunden Geschwister zu. Sie verstärken damit die sowieso schon vorhandene Tendenz, dass das betroffene Kind stark auf die Mutter orientiert bleibt.

c) *Belastung der Paarbeziehung*
Aus der eben beschriebenen Dynamik, zu der noch zusätzliche Aspekte hinzukommen können, ergibt sich oft eine Belastung für die Beziehung zwischen den Eltern als Paar. Zusätzliche Schwierigkeiten sind: 1. Vater und Mutter geraten sich wegen erzieherischer Differenzen im Umgang mit dem schwierigen Kind in die Haare, 2. das Kind hat nicht selten einen unruhigen Schlaf und will wegen nächtlicher Ängste regelmäßig im Bett der Eltern schlafen. Durch die jahrelange Belastung ist das Risiko von Eltern eines autistischen Kindes, sich als Paar zu entfremden und schließlich zu trennen, deutlich erhöht.
Dafür gibt es im Übrigen noch einen weiteren Grund: Für Autismus gibt es eindeutig eine genetische Veranlagung. Dies bedeutet, dass nicht selten ein oder

beide Elternteile eines autistischen Kindes selbst in milderer Ausprägung entsprechende Persönlichkeitsmerkmale aufweisen. Dazu gehören u. a.: Ungeduld, Impulsivität, Schwierigkeiten mit der Empathie. Solche Merkmale stellen sowohl für die Erziehung wie auch für die Paarbeziehung Risikofaktoren dar.

Eltern eines autistischen Kindes brauchen aus all diesen Gründen nicht nur Hilfen für ihr Kind, sondern müssen auch mehr als andere Eltern sehr bewusst etwas für ihre eigene Gesundheit tun und ihre Beziehung bewusst pflegen. Es kann sehr sinnvoll sein, dafür vorübergehend auch professionelle Hilfe in Anspruch zu nehmen (Familienberatung, Familientherapie, Paartherapie). Aber auch die Teilnahme an Selbsthilfegruppen und Internet-Foren ist hier eine mögliche Unterstützung.

d) *Belastung der Geschwister*

Auch für die Geschwister stellt die Anwesenheit eines autistischen Kindes in der Familie eine erhebliche Belastung dar. Einerseits sind die Eltern stark mit dem betroffenen Kind beschäftigt und es kommt fast gezwungenermaßen zu einer gewissen Vernachlässigung der Bedürfnisse von Geschwistern. Andererseits gibt es unter den Geschwistern oft auch mehr Konflikte als in anderen Familien. Von den Geschwistern wird dann mehr Einsicht/Rücksicht und oft auch substanzielle Hilfe im Alltag erwartet. Aus meiner Sicht ist das nicht grundsätzlich falsch. Aber in der Beratung von Familien schlage ich jeweils vor, dem Geschwister für seine Rücksicht und für sein Zurückstehen wenigstens genügend Anerkennung und allenfalls auch eine Entschädigung anzubieten.

Ein kleines Beispiel dazu ist Stephanie, die größere Schwester von Daniela, einem Kind mit Atypischem Autismus (▶ Fallbeispiel Daniela (10 J.), Atypischer Autismus). Sie hat eine Punktekarte bekommen, auf welcher sie immer dann einen Punkt aufkleben kann, wenn sie der Schwester im Alltag geholfen hat. Wenn die Punktekarte voll ist, wird eine kleine Feier mit Getränken und Kuchen durchgeführt und Stephanie erhält als Anerkennung für ihre Dienste ein »Helfer-Diplom«.

e) *Die Bedeutung von Haustieren*

Unter dem Stichwort »Familiendynamik« möchte ich noch – und dies im Sinne eines *positiven* Wirkfaktors – auf die Bedeutung von Haustieren wie Katzen, Hunden oder Pferden eingehen. Es ist eine offensichtliche Tatsache, dass autistische Menschen oft einen besonderen Draht zu Tieren haben. Pferde z. B. sind nicht selten das Spezialinteresse von Mädchen aus dem Autismus-Spektrum. Und insbesondere Hunde können mit einem autistischen Kind eine intensive Beziehung entwickeln, welche sich ausgesprochen positiv auswirkt. Ein eindrückliches Beispiel wird in dem hervorragenden Buch »Ein Freund namens Henry« von Nuala Gardner beschrieben. Ein relativ neuer Ansatz ist auch, Hunde als sogenannte Assistenzhunde für autistische Kinder auszubilden. Als Begleiter im Alltag können sie so dem Kind zu mehr Selbständigkeit verhelfen und die Eltern als Aufsichtspersonen entlasten. Konkret sieht das so aus, dass das Kind mit einer Leine mit dem Hund verbunden ist und immer mindestens ein Elternteil dabei ist. Entscheidend ist dabei, dass das Kind unterwegs nicht unkontrolliert weglaufen und insbesondere nicht auf die Straße rennen kann. Sobald es dies versucht, bleibt der Hund unwillkürlich stehen und rührt sich nicht vom Fleck, bis er von der erwachsenen Person ein entsprechendes Kommando erhält. Dies entlastet die Eltern enorm, welche sonst das Kind ständig halten oder engmaschig beobachten müssten.

Tiere sind deshalb so attraktive Partner für Menschen mit autistischer Wahrnehmung, weil sie viel weniger kompliziert kommunizieren als Menschen. Die emotionale Beziehung kann so unbelastet von endlosen Diskussionen und Missverständnissen aufgebaut und gepflegt werden. Haustiere haben deshalb oft einen positiven Einfluss auf die Familiendynamik, sie können die Kommunikationsfähigkeit des autistischen Kindes verbessern helfen

Mit diesen Ausführungen über die Familiendynamik wollte ich darauf hinweisen, dass die sogenannten Komorbiditäten des Autismus oft auch die andern Familienmitglieder betreffen und dass auch diese dann auf entsprechende Hilfe/Behandlung angewiesen sein können. Bei nicht-diagnostiziertem Autismus werden die negativen Veränderungen in der Familie zudem oft als *Ursache* für die Verhaltensauffälligkeiten des autistischen Kindes betrachtet, was eine korrekte Diagnose wiederum hinauszögert.

Und was ebenso bedeutsam ist: Paar- und Familientherapie, die in Unkenntnis über eine in der Familie vorhandene autistische Problematik angewandt wird, ist oft nicht sehr erfolgreich und wird von den Betroffenen früher oder später enttäuscht abgebrochen.

Körperliche Krankheiten und Beschwerden

Die Aufzählung von komorbiden (begleitenden) Störungen in diesem Kapitel wäre unvollständig, wenn sie sich auf psychische Probleme beschränken würde. Betroffene aus dem Autismus-Spektrum weisen überdurchschnittlich häufig auch körperliche Probleme auf. Es würde den Rahmen dieses Buches sprengen, darauf ausführlich einzugehen. Die wichtigsten Aspekte seien hier in einem Überblick erwähnt:

- Autismus-Spektrum und Epilepsie: Dieser Zusammenhang ist schon lange bekannt, bei von Frühkindlichem Autismus Betroffenen kommt Epilepsie häufiger vor als beim Asperger-Syndrom.
- Störungen in Zusammenhang mit dem Immunsystem, dazu gehören auch alle möglichen Allergien, Nahrungsmittelunverträglichkeiten und Asthma;
- Störungen im Zusammenhang mit dem Verdauungssystem;
- Kopfschmerzen und Migräne.

7 Schulische Integration

Unter schulischer Integration eines autistischen Kindes wird im Allgemeinen die Integration in eine Regelklasse bzw. in die Regelschule am Wohnort verstanden. Kinder aus dem autistischen Spektrum neigen stark dazu, sich an den anderen Kindern in der Klasse zu orientieren und manchmal deren Verhalten regelrecht zu kopieren. Das hat einen vorwiegend positiven Aspekt und er liegt der Idee der Integration ins Regelklassen-System zu Grunde.

Diese bevorzugte Lösung ist aber aus verschiedenen Gründen nicht immer möglich und auch nicht immer optimal. So kann – zumindest zeitweise – die Förderung in einer Sonderschule die bessere Lösung sein. Aber auch dort scheint es mir sinnvoll zu sein, von schulischer Integration zu sprechen, denn: In *jeder* Schule, unabhängig von ihrem Status, braucht es integrative Bemühungen, damit das autistische Kind sich dort wohlfühlt. Etwas pointiert ausgedrückt möchte das Kind aus dem Autismus-Spektrum nämlich am liebsten gar nicht in die Schule gehen. Unser Schulsystem widerspricht dem autodidaktischen Drang dieser Kinder. Jeglicher Schulbesuch hat deshalb in erster Linie zum Ziel, das Kind mit Autismus in eine Gruppe bzw. in eine Gemeinschaft zu integrieren und damit zu seiner Selbstbezogenheit einen Gegenpol zu setzen.

Für die erfolgreiche schulische Förderung eines Kindes aus dem Autismus-Spektrum gibt es grundsätzlich zwei Schwierigkeiten. Die eine ist in den besonderen Eigenschaften des Kindes begründet. Darauf soll in diesem Kapitel genauer eingegangen werden. Die andere Schwierigkeit liegt jedoch in unserem Schulsystem begründet, welches sich traditionsgemäß an durchschnittlich entwickelte Kinder richtet und zum Ziel hat, am Ende des Schuljahres alle Kinder möglichst homogen an die einheitlichen Lernziele heranzuführen. Und: Kinder mit umschriebenen Defiziten sollen mit Hilfe von Förderunterricht an den Durchschnitt angeglichen werden. Das autistische Kind ist in diesem Konzept nicht vorgesehen, denn es ist alles andere als durchschnittlich entwickelt und es kann auch nicht einfach durch Förderung an alle Lernziele angepasst werden. Es ist – pointiert ausgedrückt – vielmehr das Schulsystem bzw. das unmittelbare schulische Umfeld, das sich dem autistischen Kind anpassen muss. Das kann im Einzelnen bedeuten:

- individuelle Lernziele, allenfalls nur in einzelnen Fächern,
- Nachteilsausgleich bei der Leistungsbeurteilung,
- allenfalls Befreiung von einzelnen Schulfächern,
- alternative Gestaltung der Pausen, z. B. an einem ruhigen Ort (Bibliothek),
- Assistenz bzw. Begleitung im Schulalltag,
- individuelle Absprachen bei den Hausaufgaben usw.

Dies alles ist durchaus möglich und wird vielerorts auch schon praktiziert. Allerdings sind solche Lösungen immer auch vom Wohlwollen und dem Verständnis der Lehrpersonen, der Schulleitung, der anderen Kinder und ihrer Eltern usw. abhängig.

Autistisches Denken und Schule

Für die meisten Kinder mit einer Autismus-Spektrum-Störung stellt die Schule eine ganz besondere Herausforderung dar. Das ist nicht erstaunlich, denn ein Kind verbringt ja täglich einen ganz erheblichen Teil seiner Zeit in der Schule. Und zudem ist die Schule für das autistische Kind eine doppelte Herausforderung.

Erstens, weil in der Schule (in der heutigen Zeit noch viel mehr als früher) Sozialkompetenz gefragt ist. Das bedeutet, es werden Fähigkeiten verlangt wie:

- sich in eine Gruppe/Gemeinschaft einfügen,
- mit anderen zusammenarbeiten,
- sich mit neuen, relativ wenig strukturierten Lernformen zurechtzufinden,
- Konflikte austragen und lösen,
- usw.

Und zweitens, weil in Bezug auf das schulische Lernen vom Kind etwas verlangt wird, was es besonders ungern macht. Ich zitiere H. Asperger (1944):

> »Die Leistungen eines Kindes erwachsen aus einer Spannung zwischen den beiden Polen: spontane, eigenständige Produktion und – Nachahmen eines Vorgezeigten, Erlernen von Kenntnissen und Fähigkeiten, welche die Erwachsenen bereits besitzen. [...] Die autistischen Kinder können vor allem spontan produzieren, können nur originell sein, können aber nur in herabgesetztem Maße lernen, nur schwer mechanisiert werden, sind gar nicht darauf eingestellt, Kenntnisse von den Erwachsenen, etwa vom Lehrer, zu übernehmen.«

Das bei uns vorherrschende Schulmodell geht jedoch genau von diesem dem autistischen Kind fremden Grundsatz aus: Das Kind soll Kenntnisse von den Erwachsenen, d. h. den Lehrpersonen, übernehmen und sich diese durch (mechanisches) Üben verinnerlichen.

Wo liegen die typischen Schwierigkeiten in der Schule?

Zuerst muss betont werden, dass Kinder aus dem Autismus-Spektrum so verschieden und vielfältig sind wie alle Kinder. Manche haben nur relativ wenig Probleme und brauchen überhaupt keine Unterstützung. Andere sind in einer Regelklasse auch mit intensiver zusätzlicher Betreuung nicht tragbar.

Dennoch können gewisse Problemkreise aufgezählt werden, die häufig vorkommen, sei es einzeln oder in Verbindung:

Sprachliche Verständnisschwierigkeiten (sogenannte pragmatische und semantische Sprachstörung)

Kinder aus dem Autismus-Spektrum haben oft gute verbale Fähigkeiten, wenn es um die rein formalen Aspekte geht, d. h. einen reichhaltigen Wortschatz und eine grammatikalisch perfekte Sprache. Dies verleitet automatisch zur Annahme, dass das Kind die Äußerungen anderer problemlos versteht. Dies ist aber keineswegs der Fall. Das liegt daran, dass diese Kinder die Sprache nicht primär als ein Medium zur wechselseitigen Kommunikation betrachten. Für sie dient die Sprache primär dazu, Wissen anzuhäufen und andere mit diesem Wissen zu »versorgen«. Sie neigen zu Monologen und hören schlecht zu, oft fallen sie dem Gegenüber ins Wort. Dies nennt man pragmatische Sprachstörung, d. h. es mangelt an der richtigen Anwendung der Worte/Sprache im sozialen Kontext.

Es kommt aber noch hinzu, dass autistische Kinder stark dazu neigen, Aussagen sehr wörtlich und genau zu nehmen, nonverbale Anteile des Gesprochenen (Tonfall, Mimik usw.) zu ignorieren und dadurch oft den eigentlichen Sinn von Gesagtem zu missverstehen. Den Inhalt bzw. Sinn von Gesprochenen nennt man Semantik und die entsprechende Beeinträchtigung eine semantische Sprachstörung (▶ Anhang).

Dies führt im schulischen Alltag dazu, dass Kinder mit Autismus Anweisungen der Lehrperson oft falsch verstehen und dadurch verwirrt werden. Es kann sein, dass sie dann einfach nicht mit der Arbeit beginnen oder mit der Zeit lernen, bei anderen zu schauen und zu erraten, was wohl gemeint war. Dies ist v. a. in den ersten Jahren der Primarschule noch möglich, wird aber später schwieriger. Ungünstig ist zudem, dass diese Kinder kaum nachfragen, wenn sie etwas nicht richtig verstanden haben.

Die Lehrperson achtet deshalb am besten darauf, was das Kind mit Autismus nach erfolgter Aufforderung an die ganze Klasse genau macht und gibt ihm je nach Bedarf zusätzliche Instruktionen. Auch sollte das Kind ermutigt werden, bei Unklarheiten sofort nachzufragen.

Eigenwillige Lernstrategien und eine Abneigung gegen das Üben

Für Kinder aus dem Autismus-Spektrum ist es oft wichtiger, dass sie ihre eigenen Wege bei der Lösung eines Problems gehen können, als dass sie rasch zum Ziel kommen, so nach dem Motto: »Warum einfach, wenn es auch kompliziert geht?« Sie lassen sich deshalb nicht gerne Tipps und Ratschläge geben. Zudem haben diese Kinder oft die Grundhaltung: »Wenn ich etwas begriffen habe, wieso soll ich es dann noch in hundert Variationen üben?« Da Hausaufgaben in der Regel darin bestehen, in der Schule Gelerntes zu Hause nochmals zu üben, resultiert beim Kind oft eine beträchtliche Abneigung gegen Hausaufgaben.

Motorische Schwierigkeiten

Kinder mit Asperger-Syndrom haben oft motorische Schwierigkeiten, insbesondere mit dem Schreiben und hier speziell beim Übergang zur verbundenen Schrift. Das führt dazu, dass bei praktisch allen schriftlichen Arbeiten das Arbeitstempo leidet. Unter Zeitdruck wird die Schrift besonders »hässlich« und fehlerhaft. Weil dasselbe Kind aber auch einen Hang zum Perfektionismus hat, kann es das mangelhafte Resultat nicht einfach stehen lassen und gerät unter zusätzlichen Stress. Das Kind ist dann mehr mit dem Radiergummi beschäftigt als mit dem Schreibwerkzeug.

Auch im Turnen kann es erhebliche Probleme geben, v. a. bei Bewegungsabläufen, die ein hohes Maß an Koordination verlangen (Geräteturnen, Ballspiele). Besser funktionieren hingegen in der Regel rhythmische und repetitive sportliche Tätigkeiten wie Rennen, Schwimmen, Fahrradfahren, Trampolin, Tischtennis usw.

Schwierigkeiten gibt es oft auch bei Mannschaftssportarten, wo die Kinder mit Autismus die Regeln gar nicht richtig verstehen bzw. es ihnen schwerfällt, ihren eigenen Einsatz dem Interesse der Mannschaft unterzuordnen.

Es kann richtig sein, Kinder mit einer Autismus-Spektrum-Störung von bestimmten sportlichen Tätigkeiten zu dispensieren oder bei der Benotung individuelle Lernziele zu definieren.

Probleme bei der sozialen Integration

Autistische Kinder verhalten sich manchmal zurückgezogen und scheu, oft sind sie aber durchaus an sozialem Kontakt interessiert, aber sie gestalten diesen auf eine ungeschickte und/oder egozentrische Art und Weise. Dies führt dazu, dass diese Kinder oft Opfer von Hänseleien und Mobbing werden und sich dann aus diesem Grund sozial zurückziehen. Es kann aber auch sein, dass – v. a. wenn eine gewisse körperliche Disposition dies begünstigt (Größe, Kraft) – ein übermäßig grobes und aggressives Verhalten zum Problem wird.

Die Probleme bei der sozialen Integration sind meist einer der wesentlichen Faktoren, weshalb diese Kinder schulische Unterstützungsmaßnahmen benötigen. Sie müssen von einer eigens dazu ausgebildeten zusätzlichen Fachperson (aus Heil- oder Sozialpädagogik) »Nachhilfestunden« im Sozialverhalten bekommen. Manchmal ist es auch möglich, dass die Klassenlehrperson diese Aufgabe übernimmt.

Da Kinder mit einer Autismus-Spektrum-Störung insbesondere Probleme mit unstrukturierten und unbeaufsichtigten Situationen (Pausen, Umkleideraum, Toiletten, Schulweg) haben, muss diesen Situationen eine besondere Aufmerksamkeit geschenkt werden. Es kann richtig sein, einem betreffenden Kind in der großen Pause irgendeine Beschäftigung zu vermitteln und es gar nicht auf den Pausenplatz zu schicken.

Geringe Frustrationstoleranz

Da die emotionale und soziale Reife gegenüber der intellektuellen Entwicklung deutlich im Rückstand ist, haben autistische Kinder eine geringe Frustrationstoleranz. Dies bedeutet, dass sie beim Auftauchen von Schwierigkeiten rasch aufgeben und dass sie eine Tendenz haben, alles zu meiden, was sie nicht besonders gut können. Frustration führt auch rasch zu unangemessenen emotionalen Ausbrüchen.

Geringes Selbstwertgefühl

Kinder mit einer Autismus-Spektrum-Störung sind in erhöhtem Maße Misserfolgserlebnissen ausgesetzt. Dies führt fast immer zu einem verminderten Selbstwertgefühl und dieses wiederum kann sich in diversen psychischen Symptomen ausdrücken: Ängste, depressive Verstimmungen, Zwänge, selbstverletzendes Verhalten usw.

Widerstand gegen Hausaufgaben

Hausaufgaben sind ja meist dazu da, Gelerntes noch einmal zu üben und zu vertiefen. Dafür fehlt Asperger-Kindern oft die nötige Einsicht. Zudem stellen sie sich mit ihrem unflexiblen Denken gerne auf den Standpunkt, Schule sei Schule und zu Hause sei zu Hause und somit etwas grundsätzlich anderes. Es will ihnen dann nicht in den Kopf, zu Hause noch etwas für die Schule tun zu müssen. Die Folge ist, dass die Eltern immer wieder ihre liebe Mühe haben, die Kinder zum Erledigen der Hausaufgaben zu motivieren. Hier ist es sehr wichtig, dass sich die Lehrpersonen und die Eltern gut miteinander absprechen und Richtlinien erarbeiten, wie mit unvollständigen oder nicht erledigten Hausaufgaben umzugehen ist.

Mögliche Lösungen für eine erfolgreiche Schulkarriere

Grundsätzlich gibt es zwei verschiedene Möglichkeiten, ein Kind aus dem Autismus-Spektrum zu einem erfolgreichen Schulabschluss zu führen. Die eine Möglichkeit ist die Integration in eine Regelklasse, die andere Möglichkeit ist die Förderung in einer Variante der Sonderschulung. An manchen Orten gibt es auch Privatschulen, welche auf die besonderen Bedürfnisse im Zusammenhang mit Autismus eingehen können. Grundsätzlich sollte als primäres Ziel die Integration in die Schule am Wohnort angestrebt werden. Falls sich dies aus verschiedenen Gründen als nicht möglich erweist, so ist als Alternative diejenige Sonderschule zu suchen, die den Bedürfnissen des Kindes am besten entspricht.

Unabhängig davon, ob das autistische Kind integrativ oder separativ geschult wird, ist eine gute und enge Zusammenarbeit zwischen den Lehrpersonen, den

Eltern und allfällig involvierter Fachpersonen außerordentlich wichtig. Kinder aus dem Autismus-Spektrum sind für jede Schule eine Herausforderung und neigen zu Konflikten mit den Mitschülern und den Lehrpersonen. Wenn Eltern und Schule nicht auf der Basis eines Vertrauensverhältnisses miteinander zusammenarbeiten, dann können Konflikte jeglicher Art rasch eskalieren. Im ungünstigsten Fall kommt es dann zu Schulverweigerung oder zu einem Schulausschluss.

Integrative Schulung

Damit ein Kind aus dem Autismus-Spektrum in eine Regelklasse integriert werden kann, braucht es flankierende Maßnahmen, die von der Art und der Intensität her höchst unterschiedlich sein können. Die folgende Aufzählung soll die allenfalls notwendigen Maßnahmen kumulativ aufführen, d.h. vielleicht sind davon nur die ersten zwei nötig, je nach Kind jedoch alle:

- Gemeinsam wird innerhalb der lokalen Schule nach der besten Lösung gesucht. Dazu gehören:
  1. eine Lehrperson, die die Integration eines schwierigen Kindes als interessante Herausforderung betrachtet und Bereitschaft zur Zusammenarbeit mit anderen Fachkräften zeigt,
  2. eine tragfähige Schulklasse,
  3. ein Schulhaus mit genügend räumlichen Ressourcen.
- Die Lehrpersonen, denen das Kind anvertraut ist, machen sich auf dem Gebiet des Autismus-Spektrums kundig und erwerben sich das nötige Know-How, insbesondere über jene Form des Autismus, die beim betroffenen Kind vorliegt.
- Die Lehrpersonen nehmen ein regelmäßiges Coaching durch eine Autismus-Fachperson in Anspruch.
- Das Umfeld (die anderen Schülerinnen und Schüler, deren Eltern, der gesamte Lehrkörper) werden in angemessener Form über die Besonderheiten des zu integrierenden Kindes informiert. Inwieweit eine klare Diagnose öffentlich gemacht wird, hängt von verschiedenen Faktoren ab und muss mit dem betroffenen Kind und seinen Eltern gut abgesprochen sein.
- Es werden zusätzliche personelle Ressourcen bereitgestellt. Diese können die Form einer Assistenz (Begleitperson ohne berufliche Qualifikation im Schulbereich, z.B. Sozialpädagogik) oder einer Begleitung (Heilpädagogik) annehmen. Das Arbeitspensum kann von wenigen Stunden bis hin zu einer Vollzeitstelle variieren.

Wie bereits erwähnt, kann der Aufwand, den die Integration eines Kindes aus dem Autismus-Spektrum mit sich bringt, enorm unterschiedlich sein. Zudem kann der Aufwand am Anfang größer sein und mit der Zeit sich immer mehr an die anderen Kinder in der Klasse angleichen. Die Minimalbedingung besteht darin, dass die betreffende Klassenlehrperson der Integration gegenüber positiv eingestellt ist und einen guten Draht zum betreffenden Kind findet. Der Maximalaufwand wäre das

Bereitstellen einer zusätzlichen heilpädagogischen Fachkraft. Dazwischen sind alle Abstufungen denkbar.

Die Integration ist deshalb als erste Wahl zu betrachten, weil das Kind aus dem Autismus-Spektrum sich stark an den anderen Kindern orientiert und durch »Kopieren« viele sozial angemessene Verhaltensweisen lernen kann. Dies gelingt umso besser, als es dazu auch in angemessener Weise angeleitet wird (siehe auch das Konzept »So-macht-me-das»®, ▶ Kap. 5).

Sonderschulen

Die Integration in eine Regelklasse kann aber aus verschiedenen Gründen auch scheitern bzw. von Anfang an unmöglich sein:

- Die Zusammensetzung der Klasse ist ungünstig oder die Anzahl der Schüler und Schülerinnen ist zu hoch (Reizüberflutung!).
- Die Klassenlehrperson kann nicht für die integrative Lösung gewonnen werden.
- Die personellen und/oder räumlichen Ressourcen der Schule sind ungenügend.
- Im lokalen sozialen Umfeld des Kindes haben sich bereits über längere Zeit negative Muster entwickelt, die zu Ausgrenzung oder negativem Image (schwarzes Schaf) geführt haben.
- Die Zusammenarbeit zwischen Schule, Eltern und Fachpersonen hat sich ungünstig entwickelt.

Wenn die Integration in eine Regelklasse gescheitert ist oder von vorneherein als unrealistisch erscheint, so ist es wichtig, eine geeignete Alternative zu finden.

Da die Schulsysteme in den verschiedenen deutschsprachigen Ländern recht unterschiedlich sind und auch innerhalb der einzelnen Länder große regionale Unterschiede bestehen, sollen hier nur ein paar grundsätzliche Empfehlungen gegeben werden.

Heilpädagogische Schulen

Heilpädagogische Schulen sind in der Regel für Kinder geschaffen worden, die unter sehr starken Lernbehinderungen bzw. geistigen Behinderungen leiden. Für einige Kinder des Autismus-Spektrums können diese Schulen durchaus der Ort sein, wo sie am besten gefördert werden können. Die Klassen sind deutlicher kleiner als in der Regelschule und die Lehrpersonen sind speziell geschult.

Schulen für Kinder mit körperlichen Behinderungen und Sinnesbehinderungen

In einzelnen Regionen gibt es auch spezielle Schulen für Kinder mit körperlichen Behinderungen oder Sinnesbehinderungen wie Sehschwäche/Blindheit oder Gehör- und Sprachbehinderungen. Auch solche Schulen können manchmal Kinder des

Autismus-Spektrums gut integrieren, weil die Klassen – wie bei allen Sonderschulen – kleiner und die personellen Ressourcen größer sind. Die in diesen Schulen standardmäßig integrierten Therapieangebote wie Physiotherapie, Ergotherapie, Logopädie usw. sind oft auch bei autistischen Kindern sinnvoll.

Privatschulen

Ich kann in dieser Beziehung zwar nur aus meiner beruflichen Erfahrung in der Schweiz sprechen, nehme aber an, dass es auch in anderen Ländern Privatschulen als Alternative zur Staatsschule gibt, welche autistische Kinder aufnehmen können. Privatschulen haben meistens kleinere Klassen als die Regelschule und v. a. haben sie die Möglichkeit, den Unterricht individueller auf das einzelne Kind anzupassen. Dies ist für die Förderung des Kindes aus dem Autismus-Spektrum ein Vorteil. Ein weiterer Vorteil ist die Tatsache, dass Privatschulen meist nach dem Tagesschul-Prinzip funktionieren.

In manchen Gegenden ist es möglich, ein Kind auf staatliche Kosten in eine Privatschule zu schicken, wenn der Nachweis erbracht wurde, dass die Staatsschule dem betreffenden Kind kein angemessenes Angebot machen konnte.

Auch wenn das Kind eine Privat- oder Sonderschule besucht, ist es von großer Bedeutung, dass die Lehrpersonen sich auf dem Gebiet des Autismus auskennen bzw. die Bereitschaft zeigen, sich entsprechend weiterzubilden und sich beraten zu lassen.

Homeschooling

Bei der Aufzählung der verschiedenen Lösungsansatze rund um Autismus und Schule darf m. E. das Homeschooling, das Unterrichten des Kindes zu Hause, nicht fehlen. Im deutschen Sprachraum sind die rechtlichen Rahmenbedingungen dazu sehr unterschiedlich und ich bin mir bewusst, dass das nicht überall möglich ist und dass auch die große Mehrzahl der Betroffenen das gar nicht will. Auf der anderen Seite ist es aber auch so, dass vielerorts die Bereitschaft, Kinder mit besonderen Bedürfnissen in eine Regelschule zu integrieren, nur mangelhaft ausgeprägt ist oder nur auf dem Papier besteht. Die Betroffenen stehen dann nicht selten vor der höchst unangenehmen Alternative, ihr Kind entweder mit viel Stress in die öffentliche Schule zu schicken oder eine Sonderschule zu akzeptieren, welche dem Kind mit Autismus ebenfalls nicht wirklich gerecht wird. Das Unterrichten zu Hause kann im Einzelfall eine Lösung darstellen, entweder unter Einbezug einer Lehrperson, die teilzeitlich zum Kind nach Hause kommt, oder unter Leitung eines Elternteils. Vorteile eines solchen Settings sind:

- ein sehr individualisierter Unterricht, welcher auf die Stärken und Schwächen des Kindes und auf seine besonderen Interessen Rücksicht nimmt;
- das Wegfallen von Mobbing-Risiken im Schulalltag und Stress auf dem Schulweg;

- da der Einzelunterricht sehr effektiv sein kann, bleibt relativ viel freie Zeit für andere förderliche Aktivitäten wie: Musik, Sport, Basteln, diverse andere Freizeitaktivitäten.

Zudem ist es möglich, in der unterrichtsfreien Zeit durch Teilnahme an Vereinsund sonstigen geführten Freizeitaktivitäten jene sozialen Bezüge zumindest teilweise herzustellen, die durch das Wegfallen des Schulalltags fehlen. Ich kenne mittlerweile mehrere Familien, die sich für die Option Homeschooling entschieden haben und bisher damit gut gefahren sind.

E-Learning

Schließlich möchte ich noch auf ein Thema zu sprechen kommen, welches immer mehr an Aktualität gewinnt, auch außerhalb des Autismus-Rahmens, dort aber von ganz besonderer Bedeutung ist. Es ist im Rahmen dieses Buches ja bereits mehrmals darauf hingewiesen worden, dass Individuen mit autistischen Eigenschaften sich besonders zu Bildschirm-basierten Tätigkeiten hingezogen fühlen. Leider wird dies meist ausschließlich oder vorwiegend als Problem betrachtet, was es im Sinne ausufernder Tätigkeiten, die rein der Unterhaltung bzw. dem Zeitvertreib dienen, auch ist. Hier möchte ich nun einige Argumente anführen, weshalb hingegen das Lernen am Bildschirm, das sogenannte E-Learning, für Autismus- Betroffene viele sinnvolle Anwendungen beim schulischen Lernen bieten kann.

Viele kennen auf dem Youtube-Kanal sogenannte Tutorials, wo in kürzeren oder auch längeren Filmsequenzen irgend ein Problem, Sachverhalt oder eine Tätigkeit anschaulich vermittelt wird. Auch z. B. von Universitäten wird diese Form der Wissensvermittlung immer mehr praktiziert: Vorlesungen und ganze Vorlesungs-Zyklen werden von einem professionellen Kamera-Team aufgezeichnet und nachher zum allgemeinen freien Gebrauch ins Internet gestellt. Plattformen wie »Khan-Academy« praktizieren dieses Prinzip für Schulstoff aller Fächer und Stufen der Grundschule. Waren diese Angebote ursprünglich auf die englische Sprache beschränkt, gibt es mittlerweile ein wachsendes Angebot auch in deutscher Sprache. Ich bin überzeugt, dass das Angebot rasch weiter wachsen wird. Die Vorteile solcher Angebote für Autismus-Betroffene sind immens: Sie können in aller Ruhe zu Hause eine Unterrichtseinheit verfolgen; keine störenden Mitschüler, keine störenden sensorischen Faktoren (Lärm, Gerüche, usw.). Wenn etwas nicht verstanden wurde oder es dem Lernenden etwas zu schnell ging, kann er den Film anhalten, nach Bedarf zurückspulen und sich etwas nochmals vorführen lassen. Autismus-Betroffene melden sich nicht gerne im Unterricht, um sich etwas noch einmal erklären zu lassen. Einerseits macht das niemand besonders gern, weil man negativ auffallen könnte. Autismus-Betroffene fragen noch aus einem anderen Grunde nicht gerne nach: die Lehrperson, die etwas ein zweites Mal erläutert, wird oft absichtlich beim zweiten Mal andere Worte und Wendungen gebrauchen, in der Annahme, er oder sie habe sich vielleicht nicht ganz verständlich ausgedrückt. Der Schüler mit Autismus hätte aber die Erläuterung gerne nochmals in den genau gleichen Worten gehabt, weil er sonst Gefahr läuft, verwirrt zu werden. Hier liegt der große Vorteil der Filmaufzeichnung: Nach dem Zurückspulen wird die Erklärung noch einmal genau gleich geliefert wie beim ersten Mal!

Unter E-Learning versteht man auch eine weitere Lernmöglichkeit, die vor allem für Tablets geeignet ist: Lernspiele aller Art und für alle erdenklichen Lerninhalte.

Ich bin der Überzeugung, dass für das Lernen der Zukunft und eben insbesondere für das Lernen von Autismus-Betroffenen das E-Learning wachsende Bedeutung erlangen wird, unabhängig vom schulischen Setting und unabhängig davon, ob es sich nun streng genommen in der Schule oder in der »Freizeit« abspielt. Da die Volksschule eine gewisse Trägheit gegenüber gesellschaftlichen Veränderungen an den Tag legt, scheint es mir sehr wichtig, dass Familien mit einem Autismus-Spektrum-Kind hier selber pionierhaft vorangehen und Computer, Tablets und das Internet für das Erlernen von schulischen Inhalten so weit wie möglich nutzen.

Schulbezogene Abklärungen

Jedes Kind aus dem Autismus-Spektrum (wie auch dessen Eltern) muss wohl mit der Tatsache leben, dass es aus verschiedenen Gründen immer wieder Bedarf für Abklärungen und Standortbestimmungen gibt. Diese Abklärungen können die Diagnosestellung, allfällige therapeutische Maßnahmen oder eben schulbezogene Maßnahmen betreffen.

Insbesondere bei Abklärungen, die von staatlichen Fachstellen durchgeführt werden, um über schulische Maßnahmen zu entscheiden, kann es zu Konflikten kommen. Bei solchen Abklärungen spielt nämlich die Erfassung des Intelligenz- bzw. Leistungsniveaus des Kindes eine zentrale Rolle. Das ist auch richtig so. Es gilt aber zu bedenken, dass die Erfassung der Leistungen eines autistischen Kindes mit Besonderheiten verbunden ist, die im schulischen Alltag oft einen sogenannten Nachteilsausgleich erforderlich machen (siehe nächster Abschnitt). Diese Besonderheiten spielen auch bei der Leistungserfassung in einem Intelligenztest (Ausführlicheres dazu am Ende des Buchs ▶ Anhang) eine nicht zu unterschätzende Rolle. Wenn eine untersuchende Fachperson sich nicht mit dem Autismus-Spektrum auskennt, dann kann sie bei der Beurteilung des Kindes zu Fehleinschätzungen gelangen. Es ist ratsam, Abklärungen und Empfehlungen betreffend der Schullaufbahn nicht ohne Einbezug einer Fachperson aus dem Autismus-Bereich durchzuführen.

Im Konfliktfall, wenn Betroffene mit den Empfehlungen betreffend der Schullaufbahn nicht einverstanden sind, rate ich den Eltern, nicht auf sich allein gestellt mit den Behörden oder Fachstellen auf Konfrontation zu gehen. Der Einbezug einer Fachperson aus dem Autismus-Bereich kann in vielen Fällen helfen, den Konflikt auf konstruktive Weise zu lösen und einen Entscheid zu finden, hinter welchem alle stehen können. Wenn das aber beim besten Willen nicht möglich ist, und das kann vorkommen, rate ich betroffenen Eltern, sich juristische Hilfe zu holen. Eine solche wird auch von Verbänden aus dem Behinderten-Bereich angeboten und ein persönlicher Anwalt sollte erst im Notfall beizogen werden müssen. Adressen von Stellen, welche juristische Beratung für Betroffene anbieten, können in jedem Land über die jeweiligen Autismus-Selbsthilfevereine gefunden werden.

Nachteilsausgleich

Ich möchte diesem Thema ein eigenes Unterkapitel widmen, weil es von großer Bedeutung ist und in vielen Regionen noch wenig bekannt ist. Eine Autismus-Spektrum-Störung stellt oft – nicht immer! – eine gewisse Form von Behinderung mehr oder weniger großen Ausmaßes dar. Diese Behinderung manifestiert sich insbesondere beim schulischen Lernen und stellt auch besondere Anforderungen an eine angemessene Leistungsbeurteilung.

Es gibt andere Bereiche von Behinderungen, wo dies sehr offensichtlich ist und wo auch eher schon verbindliche Richtlinien bezüglich eines Nachteilsausgleichs existieren. Als Beispiele seien erwähnt: Legasthenie, Sehbehinderungen, Gehörlosigkeit, körperliche Behinderungen usw.

Das Recht auf Nachteilsausgleich bedeutet, dass Menschen aufgrund ihrer Behinderung nicht diskriminiert und benachteiligt werden dürfen. Dies soll an einem einfachen Beispiel illustriert werden: Wenn ein Mensch mit einer starken Sehbehinderung ein Prüfungsblatt vorgelegt bekommt, welches in einer (zu) kleinen Schrift geschrieben ist, dann hat der Betreffende große Mühe oder es ist ihm gar unmöglich, die Prüfungsaufgaben zu lesen. Der Nachteilsausgleich besteht in diesem Fall darin, dass der Betroffene Anrecht auf ein Prüfungsblatt hat, welches eine größere Schrift benutzt.

Kinder und Jugendliche mit einer Autismus-Spektrum-Störung haben aufgrund ihrer Besonderheiten ebenfalls oft Mühe, in Prüfungen unter Normalbedingungen ihr Wissen und ihr Leistungsvermögen wirklich zu beweisen. Sie haben deshalb ebenfalls Anspruch auf einen Nachteilsausgleich, welcher allerdings – im Gegensatz zu den oben aufgeführten Behinderungen – sehr viel schwieriger allgemein definiert werden kann. Er muss vielmehr, entsprechend der Vielfalt des Autismus-Spektrums, individuell festgelegt werden.

Ich möchte mich im Rahmen dieses Buches auf das Wesentliche zu diesem Thema beschränken und allen Beteiligten damit eine wichtige Anregung geben. Allen Betroffenen (und ihren Eltern), denen während ihrer Ausbildung (von der Grundschule bis zum Hochschulstudium) nicht sowieso ein solcher Nachteilsausgleich angeboten wird, möchte ich dringend empfehlen, sich in ihrer Wohnregion genauer zu erkundigen und allenfalls auch juristische Beratung in Anspruch nehmen. Über die im Anhang dieses Buches aufgeführten Internet-Adressen können hilfreiche Informationen gefunden werden.

Nachteilsausgleich und Autismus-Spektrum

Die Schwierigkeiten von autistischen Kindern im Zusammenhang mit Leistungsbeurteilung lassen sich folgendermaßen zusammenfassen:

1. Kinder aus dem Autismus-Spektrum haben keinen natürlichen Bezug zu den Bereichen Wettbewerb und Leistungsorientierung. So kommt es immer wieder vor, dass sie während einer Prüfung nicht »vorwärtsmachen« und nicht »Gas geben«, sondern z. B. an einem Detail herum studieren. Bei Unsicherheiten lassen sie die Antwort lieber ganz fallen als eventuell etwas zu schreiben, was nicht ganz korrekt ist. Prüfungsblätter werden deshalb oft nur unvollständig abgegeben. Oft ist es auch so, dass wegen semantischer Verständnisprobleme Prüfungsfragen nicht richtig verstanden werden. Das betreffende Kind schreibt dann etwas völlig Falsches, was gar nicht gefragt wurde, oder es schreibt gar nichts. Bei solchen Schwierigkeiten sollte der Nachteilsausgleich darin bestehen, dass das betreffende Kind die Prüfung in einem separaten Raum mit einer Begleitperson absolvieren kann. Diese Begleitperson kann rein sprachlich-semantische Probleme lösen helfen und darauf achten, dass das Kind die Zeit nicht aus den Augen verliert. Bei Blockaden kann es ermuntert werden, weiterzumachen. Alle diese Maßnahmen haben nichts damit zu tun, dass das Kind weniger leisten muss oder dass ihm *inhaltlich* geholfen wird.
2. Andere Probleme können sich aus sensorischen Überempfindlichkeiten ergeben: optisch, akustisch usw. Auch hier ist es sinnvoll, das Kind in einem anderen Raum arbeiten zu lassen oder den Arbeitsplatz speziell anzupassen/abzuschirmen.
3. Bei vielen Kindern des Autismus-Spektrums kommt zudem eine ungünstige Kombination von Perfektionismus und motorischer Unzulänglichkeit zum Tragen. Dies wirkt sich natürlich bei schulischen Arbeiten, Hausaufgaben usw. im Allgemeinen negativ aus, ist aber insbesondere auch bei Prüfungen hinderlich. Hier kann die Gewährung von mehr Zeit sehr hilfreich sein, um Stress zu reduzieren.

Diese Liste ist nicht abschließend, sondern hebt einige Schwerpunkte hervor. Es muss an dieser Stelle noch einmal erwähnt werden, dass Autismus-Spektrum-Kinder sehr unterschiedliche Bedürfnisse haben und dass nicht alle auf einen Nachteilsausgleich angewiesen sind, oder zumindest nicht während der ganzen Schul- und Ausbildungszeit.

Schlussendlich geht es darum, Menschen mit einer Autismus-Spektrum-Störung möglichst gut in unsere Gesellschaft zu integrieren, und dazu gehört in erster Linie die Integration in die Arbeitswelt. Wenn während der Ausbildungszeit behinderungsbedingte Nachteile nicht ausgeglichen werden, dann ist die Gefahr groß, dass später auch keine angemessene berufliche Integration möglich ist. Manche Betroffene sind zwar sehr hartnäckig und gegen Enttäuschungen resistent und holen Verpasstes später nach. Aber andere lassen sich mit der Zeit von wiederholten Misserfolgen entmutigen und werden schlussendlich wegen dieser sekundären negativen Entwicklung invalid, und nicht primär wegen des zugrundeliegenden Autismus.

Anhang

Kleines ABC des Autismus – von »ADHS« bis »Zentrale Kohärenz«

ADHS, Aufmerksamkeits-Defizit-Hyperaktivitäts-Störung

Dieser Begriff stammt aus dem DSM-IV und ist charakterisiert durch die drei Symptomgruppen: Aufmerksamkeitsdefizit, Hyperaktivität und Impulsivität. Zudem werden drei Subtypen unterschieden: 1. kombiniert (Symptome aus allen drei Gruppen vorhanden) 2. vorwiegend unaufmerksam (ohne Hyperaktivität), 3. vorwiegend hyperaktiv-impulsiv.

ADHS gilt als häufige Störung mit einer Prävalenz zwischen 3 und 5%. Überschneidungen, Kombinationen und Mischformen mit Autismus-Spektrum-Störungen sind so häufig, dass in diesem Buch die Meinung vertreten wird, dass es keine scharfe Abgrenzung gibt. Man könnte z.B. das ADHS als die mildeste Form einer Autismus-Spektrum-Störung betrachten bzw. das Autismus-Spektrum zu einem Autismus-ADHS-Spektrum erweitern.

ADOS, ADI-R

ADOS ist die Abkürzung für Autism Diagnostic Observation Schedule, einem Diagnose-Instrument zur Abklärung des Autismus. Die Grundidee liegt darin, dass in einem standardisierten Setting das Verhalten des Kindes von einem geschulten Untersucher genau beobachtet und erfasst wird. Die verschiedenen Beobachtungs-Kriterien sind den Diagnose-Kriterien des DSM-IV genau nachgebildet. Für die Abklärung des Frühkindlichen Autismus ist ADOS sehr gut geeignet.

Bei Kindern mit Asperger-Syndrom hingegen fällt der ADOS nicht selten falschnegativ aus. Dies liegt v. a. daran, dass Asperger-Kinder gute sprachliche und intellektuelle Fähigkeiten haben und somit auch die Fähigkeit, sich sozial recht angepasst zu verhalten, wenn sie wissen, dass dies gefordert wird. Dies gelingt ihnen auch umso besser, wenn sie in einer 1:1-Situation von einer erwachsenen Person die volle Aufmerksamkeit bekommen, und das ist beim ADOS der Fall.

ADI-R ist die Abkürzung für Autism Diagnostic Interview – Revised. Hier handelt es sich um ein standardisiertes Interview, welches in der Regel mit den Eltern durchgeführt wird. Anhand eines vorgefertigten Schemas wird die frühe Kindheit von der Geburt an genau erhoben und auf Autismus-spezifisches Verhalten (vor dem 5. Lebensjahr) durchleuchtet. Auch dieses Diagnose-Instrument ist zur Abklärung des Frühkindlichen Autismus entwickelt worden und ist eine wichtige Ergänzung zu ADOS.

Kinder mit Asperger-Syndrom sind in den ersten 5 Lebensjahren noch nicht unbedingt sehr auffällig, da an sie noch keine allzu großen Anforderungen an die soziale Anpassung gestellt werden. Familien sind manchmal sehr flexibel und passen sich den Besonderheiten des Asperger-Kindes an. Es kommt deshalb nicht selten vor, dass im ADI-R zu wenige Hinweise für eine autistische Störung erhoben werden.

Nach meiner klinischen Erfahrung fallen ADOS und ADI-R tatsächlich bei Kindern (und insbesondere Mädchen) mit Asperger-Syndrom nicht selten negativ aus. Deshalb sollte man sich bei dieser Diagnose nicht hauptsächlich auf diese beiden Instrumente verlassen. Diese Meinung teile ich mit führenden Autismus-Experten:

»Beide Verfahren ADI-R und ADOS wurden nicht explizit konzipiert und validiert, um das Asperger-Syndrom zu erfassen, sondern sind in erster Linie für die Diagnostik des Frühkindlichen Autismus gedacht. [...] Es ist dringend notwendig, sowohl für den ADI-R als auch für das ADOS spezifische Module zu entwickeln, die auf die charakteristische Symptomatik des Asperger-Syndroms abzielen. Die diagnostischen Kriterien (ICD-10 und DSM-IV) müssen spezifiziert werden und ein für das Asperger-Syndrom spezifischer Algorithmus für die diagnostischen Instrumente entwickelt werden« (Remschmidt und Kamp-Becker 2006).

»When diagnosing a child, it is increasingly usual to use standardized method such as the ADI and/or the ADOS. [...] Such standardization of diagnostic methods was important to attempt, because previously all that was available was ›clinical judgment‹ or the doctor's opinion. However, the latest research shows that these methods are not a gold standard in that they work best when combined with ›clinical opinion‹. That is, the original hope that they could replace the subjective opinion of the doctor has not turned out to be the case, because they miss some cases of Asperger syndrome« (Baron-Cohen 2008).

»Allerdings wurden die Beurteilungsverfahren ADOS und ADI-R primär für die Diagnose Autismus, nicht für das Asperger-Syndrom, konzipiert und sind daher weniger zielgenau im Hinblick auf die subtileren Merkmale dieses Syndroms« (Attwood 2008).

Asperger, Hans (1906–1980)

Hans Asperger war österreichischer Kinderarzt und lebte und arbeitete hauptsächlich in Wien, wo er auch über viele Jahre als Professor und Leiter der heilpädagogischen Abteilung der Kinderklinik tätig war. Er widmete sein Lebenswerk einer Gruppe von Kindern, die er in seiner Habilitationsschrift von 1944 als ▶ »Autistische Psychopathen im Kindesalter« bezeichnete. Aus heutiger Sicht ist dieser Begriff natürlich sehr problematisch, was für die damalige Zeit allerdings nicht so war. Asperger wollte damit v. a. zum Ausdruck bringen, dass es sich bei den Besonderheiten dieser Kinder um angeborene, vererbte und stabile Persönlichkeitsmerkmale handelt, die zwar durch Erziehung und Therapie abgeschwächt, aber nicht grundsätzlich verändert werden können. Diese Sichtweise wird in Bezug auf Autismus-Spektrum-Störungen auch heute aufrechterhalten.

Asperger veröffentlichte seine Arbeiten ausschließlich in deutscher Sprache und in einer Zeit, wo Deutschland wegen der Nazi-Zeit international geächtet wurde. Dies führte dazu, dass die Arbeiten von Asperger jahrzehntelang von der internationalen Fachwelt nicht beachtet wurden. Dies änderte sich im Laufe der 1980er Jahre, als Asperger und seine Arbeit wiederentdeckt wurden, ironischerweise zunächst ausschließlich im englischsprachigen Raum. Die Ironie besteht darin, dass

Asperger über Jahrzehnte die einzige deutschsprachige Fachperson war, die sich auf dem Gebiet des Autismus verdient gemacht hatte. Es bedurfte der Übersetzung seiner Habilitationsschrift ins Englische, um endlich gebührend wahrgenommen und anerkannt zu werden.

Asperger arbeitete zeitlebens eng mit der Heilpädagogik zusammen und deshalb sind seine klinischen Beschreibungen auch so konkret und hilfreich. Er gibt in seinen Schriften viele erzieherische Ratschläge, die auch heute noch von Nutzen sind und die in meine eigenen Konzepte (So-macht-me-das) eingeflossen sind.

Asperger-Syndrom

Der Begriff würdigt die Pionierrolle des Wiener Kinderarztes ▶ Hans Asperger und wurde erstmals 1981 von der englischen Psychiaterin Lorna Wing geprägt. Es wird damit eine eher milde Form des Autismus bezeichnet, die meist mit normaler bis überdurchschnittlicher Intelligenz und mit guten sprachlichen Fähigkeiten verbunden ist.

Ich bin der Meinung, dass die beste Beschreibung des Asperger-Syndroms immer noch diejenige von Hans Asperger selbst ist. ▶ Tony Attwood hat in seinem Standardwerk die klinischen Beschreibungen von Asperger in einem Diagnose-Katalog zusammengefasst (Attwood 2008), den ich im Folgenden stichwortartig wiedergebe:

- Verzögerte soziale Reife; Schwierigkeiten, Freundschaften zu schließen; oft Opfer von Hänseleien
- Beeinträchtigungen bei der verbalen und nonverbalen Kommunikation, Schwierigkeiten, ein wechselseitiges Gespräch zu führen
- Ungewöhnliche Sprachmelodie, pedantische Sprache
- Wortschatz und Grammatik fortgeschritten, Gesprächsverlauf jedoch nicht altersentsprechend
- Probleme beim Ausdruck und bei der Kontrolle von Emotionen, Tendenz Gefühle zu intellektualisieren
- Die Empathiefähigkeit entspricht nicht dem intellektuellen Niveau
- Ich-bezogene, intensive Beschäftigung mit einem bestimmten Thema oder Interesse
- Aufmerksamkeits- und Lernprobleme in der Schule
- Bei Selbsthilfe- und Alltagsfähigkeiten auf mehr Unterstützung durch Bezugspersonen angewiesen, als man erwarten würde
- Probleme mit motorischer Koordination
- Manchmal Überempfindlichkeit auf Geräusche, Gerüche oder Oberflächen
- Lebenslanger Persönlichkeitstypus
- Eltern weisen manchmal ähnliche Persönlichkeitsmerkmale auf, Bedeutung der Vererbung
- Aspergers »autistische Psychopathie« ist eine Besonderheit mit fließenden Grenzen zur Normalität
- Manchmal besondere Talente, die zu einer besonders erfolgreichen Berufsausübung führen

Tony Attwood schlägt vor, sich bei der Diagnostik auf diese Kriterien abzustützen, was ich in meiner täglichen Praxis ebenfalls so handhabe. Allerdings muss dabei berücksichtigt werden, dass nie alle aufgeführten Kriterien beim gleichen Individuum vorhanden bzw. nachweisbar sein müssen.

Attwood, Tony

Tony Attwood ist der weltweit erfahrenste Therapeut auf dem Gebiet des Asperger-Syndroms. Er hat zahlreiche Bücher geschrieben, von denen die wichtigsten auch auf Deutsch erhältlich sind. Mehr erfahren Sie auf seiner empfehlenswerten Webseite: www.tonyattwood.com.au

Autismus

Der Begriff »Autismus« geht zurück auf den Schweizer Psychiater Eugen Bleuler, der im Jahre 1911 damit eines der Symptome der Schizophrenie (nämlich: starke Zurückgezogenheit) bezeichnete. In den 1940er Jahren nahmen ▶ Leo Kanner und ▶ Hans Asperger diesen Begriff unabhängig voneinander wieder auf und wandten ihn auf Kinder mit einem stark beeinträchtigten Sozial- und Kommunikationsverhalten an. Diese Kinder waren in ihren emotionalen Beziehungen sehr gestört (Kanner) bzw. sehr stark auf sich selbst bezogen (Asperger).

Der Begriff »Autismus« wurde lange Zeit sehr eng gefasst und die damit verbundene Störung als sehr selten betrachtet. Dies hat sich in den letzten 20 Jahren grundlegend verändert. Heute wird Autismus als ein sogenanntes Kontinuum betrachtet, das von der Normalbevölkerung stufenlos bis zum schwer betroffenen Individuum reicht. Man spricht deshalb heute von ▶ Autismus-Spektrum.

Autismus, Atypischer

Dieser Begriff entstammt dem ICD-10 und bezeichnet Kinder, die einige, aber nicht alle diagnostischen Kriterien für Autismus erfüllen. Meistens geht es darum, dass die Symptomatik nicht vor dem 3. Lebensjahr erkennbar war. Kinder mit Atypischem Autismus sind in ihrem Sozialverhalten in der Regel weniger stark beeinträchtigt als Kinder mit Frühkindlichem Autismus.

Autismus, Frühkindlicher

Dieser Begriff geht zurück auf den amerikanischen Kinder- und Jugendpsychiater ▶ Leo Kanner, der im Jahre 1943 seine erste wissenschaftliche Studie zu diesem Thema publizierte. Er diagnostizierte bei den von ihm beschriebenen Kindern eine »Autistische Störung des affektiven Kontakts«. Seine Arbeit wurde zur Grundlage des Begriffs »Frühkindlicher Autismus« und war viele Jahrzehnte lang auch unter dem Namen »Kanner-Syndrom« identisch mit Autismus schlechthin.

Autismus-Spektrum

Ursprünglich ging die Fachwelt davon aus, dass es prinzipiell zwei Formen von Autismus gibt: den Frühkindlichen Autismus sowie das Asperger-Syndrom. Für die wenigen Fälle, die zu keiner dieser beiden Diagnosen vollständig passten, wurde der Begriff »Atypischer Autismus« geschaffen. Da alle diese Störungen als selten betrachtet wurden, insbesondere das Asperger-Syndrom und der Atypische Autismus, war die Diagnose »Frühkindlicher Autismus« mehr oder weniger gleichbedeutend mit Autismus.

Der Begriff »Autismus-Spektrum« wurde erstmals 1981 von der englischen Psychiaterin Lorna Wing benutzt. Sie prägte auch den Begriff »Asperger-Syndrom« und wies als erste darauf hin, dass es neben dem Frühkindlichen Autismus andere Formen von Autismus gibt, die wesentlich häufiger vorkommen als bisher angenommen.

In der englischsprachigen Welt ist der Begriff »Autismus-Spektrum« schon länger sehr gebräuchlich, was bis zur Kurzform führte, ein entsprechendes Kind sei »on the spectrum«. Im deutschsprachigen Raum beginnt sich der Begriff erst seit wenigen Jahren zu verbreiten. Mit dem Begriff »Autismus-Spektrum« soll zudem deutlich gemacht werden, dass es nicht nur verschiedene Autismus-Formen gibt, sondern auch, dass diese nicht klar voneinander abgrenzbar sind, es somit fließende Übergänge gibt, und dass diese fließenden Übergänge auch zwischen autistischen und ▶ »neurotypischen« Menschen bestehen.

Autistische Psychopathen

So nannte Hans Asperger die von ihm beschriebenen Kinder mit autistischer Symptomatik. Der Begriff ist für heutige Ohren natürlich veraltet und sehr negativ konnotiert. In der Zeit, als dieser Begriff geprägt wurde, war das nicht so. Mit Psychopathie meinte man eine Abweichung von der Norm, die angeboren ist und einen lebenslangen stabilen Persönlichkeitstypus darstellt. Fortschritte können die Betroffenen nicht durch Therapie, sondern durch eine wohlwollende und auf sie abgestimmte Erziehung (mit Unterstützung der Heilpädagogik) machen.

Sinngemäß gibt es den Begriff »Psychopathie« heute immer noch, er wurde allerdings durch das Wort »Persönlichkeitsstörung« ersetzt. Es gibt in neuerer Zeit Tendenzen, diesen Begriff – im Gegensatz zu früher – auch auf die Kindheit anzuwenden.

DSM-IV

Dies ist die Abkürzung für Diagnostic and Statistical Manual of Mental Disorder (Diagnostisches und statistisches Handbuch der psychischen Störungen), die römische Zahl IV steht für die 4. Version dieses Handbuchs, welche im Jahre 1994 erschien und bis zur Ablösung durch die 5. Version gültig war. Das DSM wird von der Amerikanischen Psychiater-Vereinigung herausgegeben und wird bei einigen Störungsbildern auch in Europa häufiger benutzt als das von der WHO herausgegebene System ICD-10. Dies gilt insbesondere für die Diagnose ADHS, welche im ICD-10 »Hyperkinetische Störung« heißt.

Die diagnostischen Kriterien des Frühkindlichen Autismus sehen im DSM-IV folgendermaßen aus:

A. Es müssen mindestens sechs Kriterien aus 1., 2. und 3. zutreffen, wobei mindestens zwei Punkte aus 1. und je ein Punkt aus 2. und 3. stammen müssen:
  1. Qualitative Beeinträchtigung der sozialen Interaktion in mindestens zwei der folgenden Bereiche:
     – ausgeprägte Beeinträchtigung im Gebrauch vielfältiger nonverbaler Verhaltensweisen wie beispielsweise Blickkontakt, Gesichtsausdruck, Körperhaltung und Gestik zur Steuerung sozialer Interaktionen,
     – Unfähigkeit, entwicklungsgemäße Beziehungen zu Gleichaltrigen aufzubauen
     – Mangel, spontan Freude, Interessen oder Erfolge mit anderen zu teilen
     – Mangel an sozio-emotionaler Gegenseitigkeit
  2. Qualitative Beeinträchtigungen der Kommunikation in mindestens einem der folgenden Bereiche:
     – verzögertes Einsetzen oder völliges Ausbleiben der Entwicklung von gesprochener Sprache (ohne den Versuch zu machen, die Beeinträchtigung durch alternative Kommunikationsformen wie Gestik oder Mimik zu kompensieren)
     – bei Personen mit ausreichendem Sprachvermögen deutliche Beeinträchtigung der Fähigkeit, ein Gespräch zu beginnen oder fortzuführen
     – stereotyper oder repetitiver Gebrauch der Sprache oder idiosynkratische Sprache
     – Fehlen von verschiedenen entwicklungsgemäßen Rollenspielen oder sozialen Imitationsspielen
  3. Beschränkte, repetitive und stereotype Verhaltensweisen, Interessen und Aktivitäten in mindestens einem der folgenden Bereiche:
     – umfassende Beschäftigung mit einem oder mehreren stereotypen und begrenzten Interessen, wobei Inhalt und Intensität abnorm sind
     – auffällig starres Festhalten an bestimmten nichtfunktionalen Gewohnheiten oder Ritualen
     – stereotype und repetitive motorische Manierismen
     – ständige Beschäftigung mit Teilen von Objekten.
B. Beginn vor dem dritten Lebensjahr und Verzögerungen oder abnorme Funktionsfähigkeit in mindestens einem der folgenden Bereiche:
   – soziale Interaktion
   – Sprache als soziales Kommunikationsmittel oder
   – symbolisches oder Phantasiespiel.

Aus dieser Symptomliste wurden die beiden Diagnose-Instrumente ADOS und ADI-R abgeleitet und entwickelt. Für den Frühkindlichen Autismus sind die DSM-IV-Kriterien und die daraus entwickelten Diagnose-Instrumente völlig unbestritten und werden als »Gold-Standard« in der Autismus-Diagnostik bezeichnet.

Vergleicht man nun die Kriterien des DSM-IV für den Frühkindlichen Autismus mit jenen für das Asperger-Syndrom (bzw. Asperger-Störung), dann wird klar, dass die Asperger-Störung nicht wirklich als eine eigenständige Diagnose betrachtet wird, sondern als Spezialfall des Frühkindlichen Autismus:

- Die Punkte 1. und 3. des Abschnittes A sind identisch, Punkt 2. entfällt ersatzlos. Damit wird der Tatsache Rechnung getragen, dass Asperger-Kinder keinen bedeutsamen Rückstand in der Sprachentwicklung aufweisen.
- Auf das Fehlen eines Rückstandes in der Sprachentwicklung wird in einem Abschnitt D noch einmal ausdrücklich hingewiesen.
- In einem Abschnitt E wird zudem auf das Fehlen eines bedeutsamen Rückstandes in der kognitiven Entwicklung sowie in der Entwicklung von Selbsthilfe-Fertigkeiten hingewiesen.

Diese Definition ist sehr unbefriedigend, weil wesentliche klinische Aspekte des Asperger-Syndroms nicht erwähnt werden, z. B.:

- die Diskrepanz zwischen der rein formal gut entwickelten Sprache und gewissen qualitativen Beeinträchtigungen beim Gebrauch der Sprache: Monotonie bzw. auffällige Sprachmelodie, ▶ semantische und pragmatische Sprachstörung;
- motorische Ungeschicklichkeit.

Entsprechend werden die DSM-IV-Kriterien in Bezug auf das Asperger-Syndrom von mehreren führenden Autismus-Experten wie Remschmidt (2006), Baron-Cohen (2008) und Attwood (2008) als völlig unzureichend und unzeitgemäß bezeichnet.

DSM-5: Autismus-Spektrum-Störung

In der neuesten, fünften Version des DSM wurde der Bereich der »Tiefgreifenden Entwicklungsstörungen« grundlegend neu gestaltet. Im Zentrum steht nun der Begriff »Autismus-Spektrum-Störung«, der alle bisherigen Begriffe, insbesondere Frühkindlicher Autismus, Atypischer Autismus und Asperger-Syndrom, ersetzt. Die diagnostischen Kriterien werden vereinheitlicht und auf zwei Symptomgruppen reduziert:

Autismus-Spektrum-Störung – Diagnostische Kriterien F84.0

A. Anhaltende Defizite in der sozialen Kommunikation und sozialen Interaktion über verschiedene Kontexte hinweg. Diese manifestieren sich in allen folgenden aktuell oder in der Vergangenheit erfüllten Merkmalen (die Beispiele sind erläuternd, nicht vollständig):
 1. Defizite in der sozial-emotionalen Gegenseitigkeit. Diese reichen z. B. von einer abnormen sozialen Kontaktaufnahme und dem Fehlen von normaler wechselseitiger Konversation sowie einem verminderten Austausch von

Interessen, Gefühlen oder Affekten bis hin zum Unvermögen, auf soziale Interaktion zu reagieren bzw. diese zu initiieren.
2. Defizite im nonverbalen Kommunikationsverhalten, das in sozialen Interaktionen eingesetzt wird. Diese reichen z. B. von einer schlecht aufeinander abgestimmten verbalen und nonverbalen Kommunikation bis zu abnormem Blickkontakt und abnormaler Körpersprache oder von Defiziten im Verständnis und Gebrauch von Gestik bis hin zu einem vollständigen Fehlen von Mimik und nonverbaler Kommunikation.
3. Defizite in der Aufnahme, Aufrechterhaltung und dem Verständnis von Beziehungen. Diese reichen z. B. von Schwierigkeiten, das eigene Verhalten an verschiedene soziale Kontexte anzupassen, über Schwierigkeiten, sich in Rollenspielen auszutauschen oder Freundschaften zu schließen, bis zum vollständigen Fehlen von Interesse an Gleichaltrigen.

Bestimme den aktuellen Schweregrad:
Der Schweregrad basiert auf Beeinträchtigungen der sozialen Kommunikation sowie eingeschränkten, repetitiven Verhaltensmustern (siehe Tabelle 2).

B. Eingeschränkte, repetitive Verhaltensmuster, Interessen oder Aktivitäten, die sich in mindestens zwei der folgenden aktuell oder in der Vergangenheit erfüllten Merkmalen manifestieren (die Beispiele dienen der Erläuterung und sind nicht vollständig):
1. Stereotype oder repetitive motorische Bewegungsabläufe, stereotyper oder repetitiver Gebrauch von Objekten oder von Sprache (z. B. einfache motorische Stereotypien, Aufreihen von Spielzeug oder das Hin- und Herbewegen von Objekten, Echolalie, idiosynkratischer Sprachgebrauch).
2. Festhalten an Gleichbleibendem, unflexibles Festhalten an Routinen oder an ritualisierten Mustern verbalen oder nonverbalen Verhaltens (z. B. extremes Unbehagen bei kleinen Veränderungen, Schwierigkeiten bei Übergängen, rigide Denkmuster oder Begrüßungsrituale, Bedürfnis, täglich den gleichen Weg zu gehen oder das gleiche Essen zu sich zu nehmen).
3. Hochgradig begrenzte, fixierte Interessen, die in ihrer Intensität oder ihrem Inhalt abnorm sind (z. B. starke Bindung an oder Beschäftigen mit ungewöhnlichen Objekten, extrem umschriebene oder perseverierende Interessen).
4. Hyper- oder Hyporeaktivität auf sensorische Reize oder ungewöhnliches Interesse an Umweltreizen (z. B. scheinbare Gleichgültigkeit gegenüber Schmerz/Temperatur, ablehnende Reaktion auf spezifische Geräusche Strukturen oder Oberflächen, exzessives Beriechen oder Berühren von Objekten, visuelle Faszination für Licht oder Bewegungen).

Bestimme den aktuellen Schweregrad:
Der Schweregrad basiert auf Beeinträchtigungen der sozialen Kommu-

nikation und eingeschränkten, repetitiven Verhaltensmustern (siehe Tabelle 2).

C. Die Symptome müssen bereits in der frühen Entwicklungsphase vorliegen (Sie manifestieren sich möglicherweise aber erst dann, wenn die sozialen Anforderungen die begrenzten Möglichkeiten überschreiten. In späteren Lebensphasen können sie auch durch erlernte Strategien überdeckt werden.).
D. Die Symptome verursachen in klinisch bedeutsamer Weise Leiden oder Beeinträchtigungen in sozialen, beruflichen oder anderen wichtigen Funktionsbereichen.
E. Diese Störungen können nicht besser durch eine intellektuelle Beeinträchtigung (Intellektuelle Entwicklungsstörung) oder eine Allgemeine Entwicklungsverzögerung erklärt werden. Intellektuelle Beeinträchtigungen und Autismus-Spektrum-Störungen treten häufig zusammen auf. Um die Diagnosen Autismus-Spektrum-Störung und Intellektuelle Beeinträchtigung gemeinsam stellen zu können, sollte die soziale Kommunikationsfähigkeit unter dem aufgrund der allgemeinen Entwicklung erwarteten Niveau liegen.

Beachte: Bei Personen mit einer gesicherten DSM-IV-Diagnose einer Autistischen Störung, einer Asperger-Störung oder einer Nicht Näher Bezeichneten Tiefgreifenden Entwicklungsstörung sollte die Diagnose der Autismus-Spektrum-Störung gestellt werden. Bei Personen, die deutliche Defizite in der sozialen Kommunikation haben, deren Symptome jedoch ansonsten nicht die Kriterien der Autismus-Spektrum-Störung erfüllen, sollte die Diagnose Soziale (Pragmatische) Kommunikationsstörung erwogen werden.

Bestimme, ob:

- **Mit oder ohne Begleitende Intellektuelle Beeinträchtigung**
- **Mit oder ohne Begleitende Sprachliche Beeinträchtigung**
- **In Verbindung mit einem Bekannten Medizinischen oder Genetischen Krankheitsfaktor oder einem Umweltfaktor** (**Codierhinweis:** Verwende eine zusätzliche Codierung, um den dazugehörigen medizinischen oder genetischen Krankheitsfaktor zu kennzeichnen.)
- **In Verbindung mit einer Anderen Störung der Neuronalen und Mentalen Entwicklung oder einer Anderen Psychischen oder Verhaltensstörung** (**Codierhinweis:** Verwende zusätzliche Codierung(en), um den (oder die) dazugehörigen medizinischen oder genetischen Krankheitsfaktor(en) zu kennzeichnen.)
- **Mit Katatonie** (für eine Definition siehe die Kriterien für Katatonie in Verbindung mit einer Anderen Psychischen Störung, S. 161) (**Codierhinweis:** Codiere zusätzlich F06.1 Katatonie in Verbindung mit Autismus-Spektrum-Störung, um das Vorhandensein einer komorbiden Katatonie anzuzeigen.)

Abdruck erfolgt mit Genehmigung vom Hogrefe Verlag Göttingen aus dem Diagnostic and Statistical Manual of Mental Disorders, Fifth Edition, © 2013 American Psychiatric Association, dt. Version © 2018 Hogrefe Verlag.

Sehr wichtig ist im DSM-5, dass erstens diese Symptome (zusammengefasst in den Kategorien A und B) halb-quantitativ eingeschätzt werden müssen in: Level 1 (milde Ausprägung, Unterstützung notwendig), Level 2 (mittlere Ausprägung, erhebliche Unterstützung notwendig), Level 3 (schwere Ausprägung, intensive Unterstützung notwendig). Und zweitens ist eine Beurteilung des kognitiven und sprachlichen Entwicklungsstandes notwendig. Eine ausführlichere Beschreibung dieser verschiedenen Levels findet sich im DSM-5 in der erwähnten, hier aber nicht abgedruckten Tabelle 2.

Ich persönlich stehe diesem neuen Konzept im DSM-5 mit einem lachenden und einem weinenden Auge gegenüber. Einerseits wird das Konzept des Autismus-Spektrums konsequent umgesetzt, und das ist ein großer Fortschritt. Es wird auch explizit darauf hingewiesen, dass die Autismus-Spektrum-Störung als neurologische Entwicklungsstörung zwar von früher Kindheit an bestehen muss, es aber möglich ist, dass die Störung erst in späteren Jahren erfasst wird, wenn die sozialen Anforderungen an das Kind ein Maß angenommen haben, welches sein Anpassungsvermögen überfordert. Und – was ebenfalls sehr bedeutsam ist – es wird darauf hingewiesen, dass Symptome, die einmal bestanden haben, durch die weitere Entwicklung überdeckt werden können! Mit anderen Worten: Eine Autismus-Spektrum-Diagnose steht und fällt nicht damit, dass die einschlägigen Symptome aktuell beobachtet bzw. nachgewiesen werden können. Dies verleiht einer genauen Anamnese ein sehr großes Gewicht!

Andererseits wäre es aus meiner Sicht sehr schade, wenn der Begriff »Asperger-Syndrom«, welcher sich im englischsprachigen Raum und mittlerweile auch in Europa schon sehr etabliert hat, tatsächlich abgeschafft würde. Asperger-Syndrom steht ganz allgemein für die »milderen« Formen des Autismus und für den konsequenten Gedanken eines Spektrums, welches von schweren Beeinträchtigungen über spezielle Persönlichkeiten mit Stärken und Schwächen bis nahe zur »Normalität« reicht. Der Begriff würdigt zudem jenen Pionier, der alle modernen Konzepte zum Autismus und zum pädagogischen Umgang damit vorweggenommen hat.

Und sowieso ist zu bedenken, dass die Diagnose-Systeme DSM und ICD in erster Linie für *wissenschaftliche* Zwecke geschaffen wurden, damit die Forschung auf der ganzen Welt nach einheitlichen Kriterien verläuft. Das ist absolut sinnvoll. Aus klinisch-praktischer Sicht hingegen spricht vieles dafür, den Begriff Autismus-Spektrum-Störung voll zu übernehmen, ohne die bisherigen Diagnosen abzuschaffen. Die Diagnose (Frühkindlicher) Autismus könnte weiterhin v. a. auf jene Menschen angewandt werden, die auch für Laien auf den ersten Blick als »anders« erkennbar sind. Der sogenannte Hochfunktionale Autismus würde im Asperger-Syndrom aufgehen und somit würde diese Diagnose all jenen Menschen zugeordnet werden, die eine mehr oder weniger ausgeprägte autistische Wahrnehmung aufweisen, die sich aber sozial relativ gut anpassen können und für Laien äußerlich nicht unbedingt als »anders« erkennbar sind. Es wäre auch klar, dass die Diagnose »Asperger-Syndrom« definitionsgemäß erst im Laufe der Kindheit (ca. ab Kindergartenalter), manchmal sogar erst im Erwachsenenalter, gestellt werden kann.

Seit der Veröffentlichung der DSM-Version 5 gibt es insbesondere auch in den USA eine lebhafte Debatte über Vor- und Nachteile dieser Revision. Von vielen Fachleuten wird die Sorge geäußert, dass nach den neuen Kriterien nicht mehr alle

Betroffenen diagnostisch erfasst werden und folglich eine notwendige Unterstützung möglicherweise nicht erhalten. Es gibt auch Stimmen, die mit der gleichen Argumentation wie oben ausgeführt am Begriff »Asperger-Syndrom« festhalten möchten.

Entwicklungsstörungen

Es gibt bei Kindern eine Reihe von Problemen, die man unter dem Begriff »Entwicklungsstörungen« zusammenfasst. Für alle diese Entwicklungsstörungen gilt:

- Sie werden hauptsächlich vererbt, d. h. sie sind von Geburt an vorhanden und können in verschiedenen Phasen der Kindheit verschiedene Probleme verursachen.
- Wenn sie nicht erkannt/diagnostiziert werden, dann schreibt die Umgebung (und oft auch die Eltern selbst) die entsprechenden Probleme belastenden familiären Umständen oder Erziehungsfehlern zu.
- Sie können durch pädagogische und therapeutische Maßnahmen ganz wesentlich beeinflusst und gebessert werden, bis zu einem Punkt, wo sie für die Entwicklung und die Zukunft des Kindes kein großes Risiko mehr darstellen.
- Unerkannt und unbehandelt führen diese Entwicklungsstörungen oft zu sogenannten sekundären (d. h. daraus folgenden) Krankheitsbildern. Typische Beispiele sind: Depressionen, Ängste, sozialer Rückzug, aggressive Verhaltensstörungen, Essstörungen u. v. m. (▶ Kap. 6).
- Statt von Entwicklungsstörungen könnte man auch von Entwicklungsbesonderheiten reden, denn oft sind mit Defiziten in bestimmten Bereichen besondere Begabungen und Fähigkeiten in anderen Bereichen verbunden!

Man unterscheidet umschriebene und Tiefgreifende Entwicklungsstörungen.

- Die Umschriebenen Entwicklungsstörungen können folgende Bereiche betreffen: Sprache, Motorik, Aufmerksamkeit und schulische (= kognitive) Fähigkeiten.
- Die Tiefgreifenden Entwicklungsstörungen umfassen hauptsächlich den Frühkindlichen Autismus, das Asperger-Syndrom und den Atypischen Autismus. Falls ein Kind mit autistischer Symptomatik in keine dieser Kategorien eingeteilt werden kann, spricht man von »Nicht näher bezeichneter Tiefgreifender Entwicklungsstörung« (TES-NNB). Im Prinzip sollte man diese Kategorie nur ausnahmsweise benutzen. Da sich aber immer mehr Kinder nicht eindeutig einteilen ließen, wurde die Kategorie TES-NNB v. a. in den USA immer häufiger angewandt.

Der Begriff »Tiefgreifende Entwicklungsstörung« ist mit dem Begriff »Autismus-Spektrum-Störung« praktisch identisch.

Entwicklungsstörungen, umschrieben

Umschriebene Entwicklungsstörungen betreffen hauptsächlich *einen* der folgenden Bereiche der kindlichen Entwicklung:

- Sprache: Die diesbezüglichen Diagnosen lauten z. B.: Expressive Sprachstörung, Artikulationsstörung (z. B. Lispeln), Stottern usw. Das dazugehörige therapeutische Angebot ist die Logopädie.
- Motorik: z. B. graphomotorische Störungen, Koordinationsstörungen, feinmotorische Probleme usw. Diesbezügliche therapeutische Angebote sind Psychomotorik, Physiotherapie und Ergotherapie.
- Schulische Fertigkeiten: Hierher gehören Diagnosen wie Legasthenie und Dyskalkulie. Allerdings wurden mittlerweile an vielen Orten Angebote wie Legasthenie-Therapie oder Dyskalkulie-Therapie schrittweise verlassen, weil sich das Konzept der Behandlung solch umschriebener Lernstörungen nicht wirklich bewährte.
- Aufmerksamkeit: Die Aufmerksamkeits-Defizit-Hyperaktivitäts-Störung gilt heute ebenfalls als eine Umschriebene Entwicklungsstörung. In ihrer einfachen Form ist sie in der Regel mit entsprechenden Medikamenten und speziellen pädagogischen Konzepten gut behandelbar.

Allen Umschriebenen Entwicklungsstörungen ist gemeinsam, dass sie lediglich ein ganz bestimmtes Gebiet betreffen und die übrige kindliche Entwicklung normal verläuft. Diese Störungen sind in diesem Sinne vergleichsweise »harmlos« und nur während einer gewissen Phase der Kindheit wirklich relevant. Allerdings hat diese strikte Einteilung an sich etwas Künstliches und in der Praxis ist es so, dass es bei diesen Umschriebenen Entwicklungsstörungen auch viele Überschneidungen und Kombinationen gibt.

Entwicklungsstörungen, tiefgreifend

Die Tiefgreifenden Entwicklungsstörungen umfassen im Gegensatz zu den umschriebenen mehrere Bereiche (Sprache, Motorik, schulische Fertigkeiten, Aufmerksamkeit, soziale und emotionale Kompetenzen) und haben deshalb auch tiefgreifendere Konsequenzen für die kindliche Entwicklung. Es sind über lange Zeit unterstützende und begleitende Maßnahmen nötig und ein mehr oder weniger vollständiges Abklingen kann nicht erwartet werden.

Der Begriff Tiefgreifende Entwicklungsstörung ist praktisch identisch mit dem Begriff Autismus-Spektrum-Störung. Unter dem entsprechenden Stichwort wird ausführlicher auf die dazu gehörenden Symptome eingegangen.

Exekutive Funktionen

Mit diesem Begriff werden in der Neuropsychologie mentale Funktionen bezeichnet, mit denen Menschen ihr Verhalten unter Berücksichtigung der Bedingungen ihrer Umwelt steuern: das Setzen von Zielen, Planung, Entscheidung für Prioritäten, Impulskontrolle, emotionale Regulation, Aufmerksamkeitssteuerung, zielgerichtetes Beginnen und aufeinander Abstimmen von Handlungen, motorische Steuerung, Beobachtung der Handlungsergebnisse und Selbstkorrektur. Es handelt sich also um die »höheren« mentalen bzw. kognitiven Prozesse, die der Selbstregulation und zielgerichteten Handlungssteuerung des Individuums in seiner Umwelt dienen. Auch motivationale Funktionen wie Willensbildung und Initiative werden den exekutiven Funktionen zugerechnet.

Die Voraussetzung für eine gute Funktionsfähigkeit dieser kognitiven Leistungen ist auf Gehirnebene ein intaktes Frontalhirn (Frontallappen, insbesondere präfrontaler Cortex) sowie ein ausbalanciertes Zusammenspiel bestimmter in Regelkreisen angeordneter Nervenbahnen und der zugehörigen Neurotransmitter. Diese neuronalen Regelkreise umfassen neben dem Frontalhirn u. a. Teile der Basalganglien und den Thalamus.

Es gilt heute als allgemein anerkannt, dass die exekutiven Funktionen bei Kindern aus dem Autismus-Spektrum und auch beim ADHS beeinträchtigt sind.

Konkrete Folgen bei Problemen in den exekutiven Funktionen:

- eingeschränkte Handlungsplanung, Mühe, komplexe Handlungen in Teilschritte gliedern zu können, Mühe, Prioritäten zu setzen,
- Mögliche Störungen im Bereich der Inhibition und Impulskontrolle,
- Geringe geistige Flexibilität,
- Schwierigkeiten in der Generierung von neuen Ideen und Verhaltensformen.

Frühkindlicher Autismus

Leo Kanner diagnostizierte bei den von ihm beschriebenen Kindern eine »Autistische Störung des affektiven Kontakts«. Seine Arbeit wurde zur Grundlage des Begriffs »Frühkindlicher Autismus« und dieser war viele Jahrzehnte lang auch unter dem Namen »Kanner-Syndrom« identisch mit Autismus schlechthin. Kinder mit Frühkindlichem Autismus fallen zunächst durch eine fehlende oder stark verzögerte Sprachentwicklung auf. Später kommen ein stereotypes und eingeschränktes Spielverhalten sowie eine Einschränkung des Kommunikations- und Beziehungsverhaltens hinzu. Bei Kindern dieser Kategorie sind frühe und intensive Förderprogramme von entscheidender Bedeutung und können die Entwicklung ganz wesentlich positiv beeinflussen.

FSK – Fragebogen zur Sozialen Kommunikation

Der FSK ist ein sogenannter Screening-Fragebogen, das heißt, er dient dazu, zunächst eine Verdachtsdiagnose »Autismus-Spektrum-Störung« zu stellen oder zu verwerfen. Er kann für Kinder ab ca. 4 Jahren angewandt werden und kann sowohl von Eltern wie auch von anderen mit dem Kind vertrauten Bezugspersonen ausgefüllt werden. Da er sich stark an die ▶ DSM-IV-Kriterien anlehnt, ist der FSK in Bezug auf die Verdachtsdiagnose »Asperger-Syndrom« nicht sehr zuverlässig.

Anhang

Gauss'sche Glockenkurve

Carl Friedrich Gauss (1777–1855) war ein deutscher Mathematiker und hat wichtige Beiträge auf dem Gebiet der Statistik erarbeitet. Die nach ihm benannte Kurve (siehe nachfolgende Abbildung) stellt die sogenannte Normalverteilung eines Merkmals innerhalb der Bevölkerung dar. Am Beispiel des Merkmalspaares kreativ–nachahmend bedeutet das: Links befinden sich die sehr kreativen Menschen, sie sind selten, deshalb ist die Kurve hier nahe bei null. Rechts befinden sich die Menschen, die gar nicht kreativ sind und durch Nachahmen lernen. Auch sie sind selten. Am häufigsten sind jene, die Kreativität und Nachahmen in einem durchschnittlichen Maß in sich vereinen. Das ist der »Normalfall«, also der Durchschnittsmensch, und er ist am häufigsten.

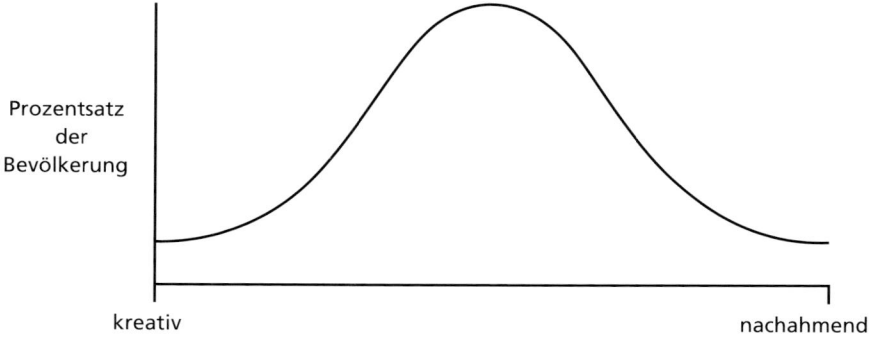

Man könnte zur Illustration des Gesagten z. B. auch die Körpergröße nehmen. Auch sie folgt in der Bevölkerung einer Normalverteilung. Demnach wären links auf dem Diagramm die sehr kleinen Menschen (selten) und rechts die sehr großen (ebenfalls selten). In der Mitte, dort wo die Kurve am höchsten ist, wären die Menschen mit der Durchschnittsgröße (von ca. 1,75 m).

Die Erkenntnis, dass Autismus ein Merkmal ist, das in der Bevölkerung wie die Körpergröße einer Normalverteilung folgt, ist geradezu revolutionär. Das heißt, zwischen autistisch und nicht-autistisch gibt es alle erdenklichen Zwischenstufen.

HAWIK

Dies ist die Abkürzung für Hamburg-Wechsler-Intelligenztest für Kinder. Der HAWIK gehört seit Jahrzehnten zu den weltweit am häufigsten angewendeten Verfahren zur Intelligenzmessung bei Kindern. Er wird periodisch überarbeitet und jedes Mal mit einer fortlaufenden römischen Ziffer versehen.

Der HAWIK ist, wie auch die ▶ IDS, kein reiner Intelligenztest, sondern er prüft neben der Intelligenz auch eine Reihe von praktischen Fähigkeiten, die eher mit Geschicklichkeit, Ausdauer und Motivation zu tun haben. Dies macht aber insofern Sinn, als der HAWIK vor allem auch erlauben soll, eine realistische Prognose für den

Schulalltag zu stellen, und beim Schulerfolg spielen eben neben der reinen Intelligenz noch eine Reihe anderer Fähigkeiten eine wesentliche Rolle.

Die zurzeit aktuelle Version ist der HAWIK-IV. In meiner Praxis habe ich lange am HAWIK-III festgehalten, und zwar aus folgendem Grund:

Die Verwendung des gleichen Tests über einen längeren Zeitraum erlaubte es mir, Daten zu sammeln, die schließlich auch statistisch zuverlässig ausgewertet werden konnten. Auf dieser Grundlage habe ich eine eigene wissenschaftliche Studie erarbeitet und veröffentlicht (Girsberger 2009). Die wichtigste Erkenntnis aus dieser Studie ist die, dass Kinder mit Asperger-Syndrom im HAWIK-III oft ein typisches Muster erzielen: Sie schneiden in sprachlichen Aufgaben deutlich besser ab als in handlungsorientierten Aufgaben. Und: Sie schneiden in jenen Untertests relativ schlecht ab, wo eine gute ▶ Zentrale Kohärenz gefordert ist.

Auch im HAWIK-IV gibt es gewisse Muster, die für das Asperger-Syndrom typisch sind. Kurz zusammengefasst liegen die Stärken meist in den Bereichen »Sprachverständnis« und »Wahrnehmungsgebundenes logisches Denken« und die Schwächen in den Bereichen »Arbeitsgedächtnis« und »Arbeitsgeschwindigkeit«.

Das Testverfahren wird seit einiger Zeit nicht mehr unter dem Namen HAWIK, sondern unter dem englischen Originalnamen WISC (Wechsler Intelligence Scale for Children) in Deutschland, Österreich und der Schweiz vertrieben. Die WISC-V ist die derzeit aktuelle Auflage der Wechsler-Testreihe.

ICD-10

Dies ist die Abkürzung für International Classification of Diseases, einem Diagnosesystem der WHO für sämtliche medizinische Bereiche. Die Zahl 10 steht für die entsprechende heute noch gültige Ausgabe, welche im Jahre 1994 erschien und erstmals auch den Begriff »Asperger-Syndrom« enthielt. Da gerade in den letzten 15 Jahren viele neue Erkenntnisse zum Autismus-Spektrum gewonnen wurden, ist das ICD-10 in diesem Bereich in keiner Weise mehr zeitgemäß.

Was das Asperger-Syndrom betrifft, so sind die Mängel praktisch die gleichen wie beim DSM-IV: Das Asperger-Syndrom wird auch im ICD-10 als ein Spezialfall des Klassischen Autismus betrachtet, mit dem Hinweis, dass kein Rückstand in der sprachlichen und intellektuellen Entwicklung besteht.

Frühkindlicher Autismus (F84.0) gemäß ICD-10:

Diese Form der tiefgreifenden Entwicklungsstörung ist durch eine abnorme oder beeinträchtigte Entwicklung definiert, die sich vor dem dritten Lebensjahr manifestiert. Sie ist außerdem gekennzeichnet durch ein charakteristisches Muster abnormer Funktionen in den folgenden psychopathologischen Bereichen: in der sozialen Interaktion, der Kommunikation und im eingeschränkten stereotyp repetitiven Verhalten. Neben diesen spezifischen diagnostischen Merkmalen zeigt sich häufig eine Vielzahl unspezifischer Probleme, wie Phobien, Schlaf- und Essstörungen, Wutausbrüche und (autodestruktive) Aggression.

Asperger-Syndrom (F84.5) gemäß ICD-10:

Diese Störung von unsicherer nosologischer Validität ist durch dieselbe Form qualitativer Abweichungen der wechselseitigen sozialen Interaktionen, wie für den Autismus typisch, charakterisiert, zusammen mit einem eingeschränkten, stereotypen, sich wiederholenden Repertoire von Interessen und Aktivitäten. Die Störung unterscheidet sich vom Autismus in erster Linie durch fehlende allgemeine Entwicklungsverzögerung bzw. den fehlenden Entwicklungsrückstand der Sprache und der kognitiven Entwicklung. Die Störung geht häufig mit einer auffallenden Ungeschicklichkeit einher. Die Abweichungen tendieren stark dazu, bis in die Adoleszenz und das Erwachsenenalter zu persistieren. Gelegentlich treten psychotische Episoden im frühen Erwachsenenleben auf.

Zurzeit ist die nächste Version (ICD-11) noch in Vorbereitung. Es ist absehbar, dass sich das ICD-11 in der Neukonzeption des Autismus-Bereichs eng an das DSM-5 anlehnen wird.

ICF

ICF ist die Abkürzung für »Internationale Klassifikation der Funktionsfähigkeit, Behinderung und Gesundheit« und wird durch die WHO herausgegeben. Im Gegensatz zum ICD orientiert es sich nicht an medizinisch-psychiatrischen Diagnosen, sondern an ganz konkreten Beschreibungen der vielfältigen Fähigkeiten des Menschen. Im Folgenden werden jene Kapitel auszugsweise wiedergegeben, welche für die Beschreibung von ADHS und Autismus-Spektrum von Bedeutung sind, weil dort entsprechende Beeinträchtigungen vorkommen können.

Interessant sind schon einmal die folgenden Zahlen: Es wurden insgesamt 57 Funktionen gefunden, die bei Menschen des Autismus-Spektrums oder Menschen mit ADHS beeinträchtigt sind. Lediglich 3 davon betreffen ausschließlich ADHS, 23 kommen sowohl bei ADHS wie beim Asperger-Syndrom vor, und 31 betreffen ausschließlich das Asperger-Syndrom! Dies illustriert recht gut, dass ADHS (max. 26 betroffene Funktionen) als umschriebene und das Asperger-Syndrom (max. 54 betroffene Funktionen) als Tiefgreifende Entwicklungsstörung bezeichnet wird. Was ebenfalls gut zum Ausdruck kommt: ADHS und Asperger-Syndrom haben auf einer phänomenologischen (beschreibenden) Ebene etliche Gemeinsamkeiten (23 Funktionen).

Kurz zusammengefasst sind gemäß ICF bei ADHS folgende Funktionen selektiv beeinträchtigt:

- Aufrechterhalten einer Daueraufmerksamkeit (b1400),
- Fokussieren der Aufmerksamkeit (d160),
- Problemlösungsvermögen (b1646).

Sowohl bei ADHS als auch beim Asperger-Syndrom sind zusammengefasst folgende Bereiche betroffen:

- globale mentale Funktionen, Temperament und Persönlichkeit sowie psychische Energie und Antrieb (b117–b130),
- Affektkontrolle (b1521),
- Wahrnehmungsfunktionen, v. a. auditiv und räumlich-visuell (b156),
- höhere kognitive Funktionen (auch ▶ exekutive Funktionen genannt) (b164),
- Selbstwahrnehmung, Körperschema und Zeitwahrnehmung (b180),
- Mehrfachaufgaben übernehmen, tägliche Routine durchführen, mit Stress und anderen psychischen Anforderungen umgehen (d220–d240),
- Selbstversorgung und auf Gesundheit achten (d520–d570).

Spezifisch beim Asperger-Syndrom beeinträchtigt sind zusammengefasst folgende Bereiche:

- Wechsel der Aufmerksamkeit, geteilte Aufmerksamkeit, mit anderen geteilte Aufmerksamkeit (b140),
- Situationsangemessenheit von Emotionen, Spannweite von Emotionen (b152),
- Kognitive Flexibilität und Einsichtsvermögen (b1643–b1644),
- Bewegungsmuster beim Gehen (b770) sowie Stereotypien und motorische Perseverationen (stereotype Bewegungsmuster) (b7653),
- nachahmen, üben, Fertigkeiten aneignen (elementares Lernen) (d130–d155),
- Entscheidungen treffen (d177),
- Kommunizieren als Empfänger und als Sender (d310–d335),
- Konversation und Diskussion (d350),
- mit Fremden umgehen, formelle und informelle soziale Beziehungen (d730–d750).

Der große Vorteil des ICF besteht darin, dass es eine Art »Sprache« für die Kommunikation zwischen ganz verschiedenen Fachgebieten zur Verfügung stellt und dass die Frage, wo genau die Defizite liegen und wie sie angegangen werden können, auf einer sehr konkreten Ebene beantwortet wird. Es kommt noch hinzu, dass jede beeinträchtigte Funktion auch quantitativ erfasst werden kann.

Da ich immer wieder von Eltern gefragt werde, wo denn nun die Unterschiede zwischen Asperger-Syndrom und ADHS liegen, hoffe ich, dass die »Sprache« des ICF auch auf dieser Ebene eine gewisse Antwort geben kann. Ich bin mir dabei bewusst, dass man bei vielen der oben eingeteilten Stichworte diskutieren kann, ob sie nun wirklich richtig zugeordnet sind. Aber dies spiegelt irgendwo auch die Realität wider, dass es »reine« ADHS und »reine« Asperger-Syndrome gar nicht gibt.

IDS

Dies ist die Abkürzung für Intelligence and Development Scales, einem in Basel entwickelten neuen Intelligenztest für Kinder im Alter von 5–10 Jahren.

Wie der Name schon sagt, handelt es nicht nur (genau genommen nicht einmal in erster Linie) um einen Intelligenz-, sondern um einen Entwicklungstest. Geprüft werden die Fähigkeiten eines Kindes in einem sehr breiten Spektrum: Intelligenz, Sprache, Motorik, sozio-emotionale Kompetenzen.

Die IDS stellen eine völlig überarbeitete und um den wichtigen Bereich der sozio-emotionalen Kompetenzen erweiterte Fassung des Kramer-Tests dar.

Bei Kindern mit dem Verdacht auf eine Autismus-Spektrum-Störung sind die IDS wegen des breiten Beurteilungsspektrums sehr gut geeignet. Eine Detailanalyse hat zudem gezeigt, dass sich Kinder mit der Diagnose »Asperger-Syndrom« in einzelnen Untertests des Kapitels »sozio-emotionale Kompetenzen« signifikant von anderen Kindern unterscheiden.

Der Altersbereich 5–10 Jahre ist insofern ideal, als viele Kinder, die auf eher milde Formen von Autismus abgeklärt werden, genau in diese Altersgruppe fallen.

Im Jahr 2018 ist nach langjähriger Vorarbeit die stark veränderte Version IDS-2 erschienen. Der große Fortschritt besteht darin, dass das Altersspektrum auf 5–20 Jahre erweitert wurde.

Inklusion

Der Begriff Inklusion umschreibt die Zielsetzung, dass Menschen mit Behinderungen und Besonderheiten möglichst vollständig an der Gesellschaft teilnehmen können sollen.

Um die Missverständnisse rund um den Begriff ▶ Integration zu überwinden, wird unter Fachleuten und von Selbsthilfegruppierungen vermehrt der Begriff der Inklusion verwendet, da er eine noch deutlichere Absage an das Konzept der Separation (Ausgrenzung) darstellt als der Begriff Integration.

Inklusion beschreibt die Gleichwertigkeit eines Individuums, ohne dass dabei seine Anpassung an die ›Normalität‹ angestrebt wird. Die einzelne Person ist nicht mehr gezwungen, nicht erreichbare Normen zu erfüllen, vielmehr ist es die Gesellschaft, die Strukturen schafft, in denen sich Personen mit Besonderheiten einbringen und auf die ihnen eigene Art wertvolle Leistungen erbringen können.

Integration

Das Ziel der gesellschaftlichen Integration von Menschen aus dem Autismus-Spektrum und von Menschen mit einer Behinderung im Allgemeinen ist heute grundsätzlich weitgehend unbestritten. Integration bedeutet Teilnahme und nicht Separation und beginnt selbstverständlich in der Kindheit, d. h. in Kindergarten und Schule.

Sobald es allerdings ganz konkret wird mit der Integration, zeigt es sich, dass es immer auch Widerstand gibt. Aber das ist nur eine der Schwierigkeiten, die mit dem Begriff der Integration verbunden sind. Eine weitere Schwierigkeit liegt im Begriff selbst. Die Konzepte der Integration teilen die Gesellschaft immer in zwei Teile: einen Teil (= die große Mehrheit), der Andere integriert, und einen Teil, der integriert werden soll. Integration hat die Tendenz, von Menschen mit einer Behinderung die Einpassung in ein vorgegebenes Umfeld zu fordern und die Menschen, die diese Leistung nicht erbringen können, trotzdem zu separieren. Diese Denkweise gilt es zu überwinden und die Gesellschaft für einen bedingungslosen Einschluss von Menschen mit einer Behinderung zu gewinnen.

Dies ist im Bereich des Autismus-Spektrums wichtig, weil Autismus (außer bei den Schwerbetroffenen) nicht so sehr eine Behinderung oder eine Krankheit, sondern v. a. ein *Anderssein* darstellt. Und diese Menschen bzw. ihre Fürsprecher (Eltern, Fachleute) fordern mit Recht, dass sie in und mit ihrem Anderssein akzeptiert und eingegliedert werden möchten.

Intelligenztests

David Wechsler, der Schöpfer des ▶ HAWIK, definiert Intelligenz wie folgt:
»Intelligenz ist die zusammengesetzte oder globale Fähigkeit des Individuums, zweckvoll zu handeln, vernünftig zu denken und sich mit seiner Umgebung wirkungsvoll auseinanderzusetzen« (Wechsler 1964).

Diese Definition scheint mir äußerst sinnvoll und zeigt auf, dass autistische Kinder in zwei der drei genannten Aspekte der Intelligenz beeinträchtigt sind. Die meisten Kinder aus dem autistischen Spektrum haben keine Probleme mit dem Teilbereich »vernünftig denken«, und genau dieser Aspekt wird ja landläufig mit Intelligenz gleichgesetzt. Das ist ja auch nicht ganz falsch, denn wenn ein Kind als »normal intelligent« oder »normal begabt« bezeichnet wird, dann ist vor allem das vernünftige (oder: logische) Denken gemeint. Einer der Teilbereiche, die jedoch deutlich eingeschränkt sind, ist jener des »zweckvollen Handelns«. Damit ist vor allem die neuropsychologische Kategorie der ▶ Exekutiven Funktionen angesprochen, die bei Kindern aus dem Autismus-Spektrum (wie übrigens auch bei Kindern mit ADHS) beeinträchtigt sind. Der andere Teilbereich betrifft die Fähigkeit, »sich mit seiner Umgebung wirkungsvoll auseinanderzusetzen«. Dies spricht ja die eigentliche Kernsymptomatik des Autismus an.

Und wenn man auch noch die Formulierung »zusammengesetzte oder globale Fähigkeit« genauer betrachtet, dann taucht darin das Konzept der ▶ Zentralen Kohärenz auf, ebenfalls eines der Hauptprobleme des Autismus.

So gesehen sind Intelligenz und Autismus zwei Begriffe, die in einer komplizierten Beziehung zueinanderstehen. Die Frage, ob ein Kind aus dem Autismus-Spektrum normal intelligent sei oder nicht, kann eigentlich immer nur mit »Ja, aber …« beantwortet werden.

Dennoch macht die Durchführung von Intelligenztests, in welchem Rahmen auch immer, Sinn: Der in solchen Tests (wie z. B. ▶ HAWIK und ▶ IDS) gemessene IQ ist ein Gradmesser dafür, inwiefern das autistische Kind trotz seiner Besonderheit in der Lage ist, sich an seine Umwelt anzupassen. Man könnte etwas pointiert sagen: die Höhe des gemessenen IQ korreliert negativ mit Autismus: je höher der gemessene IQ, umso weniger ausgeprägt ist das autistische Wahrnehmen und Denken.

An diesem Punkt muss aber wiederum auf die große Bedeutung der Diagnose »Autismus« hingewiesen werden: Ein niedriger IQ hat bei einem autistischen Kind andere Konsequenzen als bei einem ▶ neurotypischen Kind mit demselben IQ. Das betreffende neurotypische Kind braucht schulische Fördermaßnahmen im klassischen Sinne, das autistische Kind hingegen braucht spezifische Programme, die auf eine Verbesserung der Kommunikation und der sozialen Kompetenz abzielen!

Zum Thema »Autismus und Intelligenztests« ist noch ein letzter Aspekt erwähnenswert. Nach meiner klinischen Erfahrung sind die Testresultate bei Kindern aus dem Autismus-Spektrum großen Schwankungen unterworfen: Einerseits kann das Resultat beim gleichen Untersucher stark variieren, mehr oder weniger unabhängig davon, welcher Zeitraum zwischen den beiden Tests liegt. Und anderseits kann das Resultat von Tests, die von zwei verschiedenen Testleitern durchgeführt wurden, stark variieren. Ich erkläre mir diese Tatsache im ersten Fall daraus, dass Kinder aus dem Autismus-Spektrum oft kein ausgeprägtes Leistungsdenken haben und – je nach Laune oder Tagesform – nicht bereit sind, sich genügend Mühe zu geben. Oft ist ihnen ja auch nicht bewusst, dass Tests irgendwelche Konsequenzen haben könnten. Im zweiten Fall kann die Variabilität dadurch erklärt werden, dass autistische Kinder mehr von der Persönlichkeit des Untersuchers abhängig sind als andere Kinder und deshalb je nach Vertrauen und Sympathie besser oder schlechter arbeiten.

Die wichtigste praktische Schlussfolgerung aus diesen Ausführungen zu Intelligenztests ist aber meines Erachtens die Folgende: Testresultate, die von einer Fachperson erhoben wurden, die keine oder nur wenig Erfahrung mit dem Autismus-Spektrum hat, sollten mit größter Vorsicht genossen werden. Auf keinen Fall dürfen Resultate aus Intelligenztests die alleinige oder hauptsächliche Grundlage dafür sein, in welche Schule und welches Schulniveau ein Kind aus dem Autismus-Spektrum eingeteilt wird. Notwendig ist eine ganzheitliche Betrachtungsweise und insbesondere das Suchen nach Fähigkeiten in Teilbereichen und nach Sonderinteressen, welche eine wichtige Ressource darstellen.

Invalidenversicherung (IV)

Die IV ist eine für die Schweiz spezifische Institution und soll hier für Leserinnen und Leser aus Deutschland und Österreich kurz erläutert werden. Vermutlich gibt es in allen deutschsprachigen Ländern ähnliche Regelungen, wenn es darum geht, behinderungsbedingte Nachteile abzuklären und medizinische und oder integrative Maßnahmen zu finanzieren. Für Betroffene ist es ratsam, sich für Beratung und Hilfe in versicherungstechnischen Fragen an Selbsthilfegruppen, -vereine und -Foren zu wenden.

Die IV anerkennt unter bestimmten Bedingungen Autismus-Spektrum-Störungen und in schweren Fällen auch das ADHS als sogenannte Geburtsgebrechen und finanziert entsprechende medizinische Behandlungen. Später, wenn nach Ende der obligatorischen Schulpflicht berufliche Integrationsmaßnahmen notwendig werden, fallen diese ebenfalls in die Zuständigkeit der IV. Es ist wichtig zu wissen, dass für berufliche Integrationsmaßnahmen ausschließlich die konkrete Hilfsbedürftigkeit von Bedeutung ist, und nicht die vorgängige Anerkennung eines Leidens als Geburtsgebrechen.

Kanner, Leo

Leo Kanner war ursprünglich Österreicher, beendete sein Medizinstudium 1919 in Berlin und wanderte 1924 in die USA aus. Ab 1930 baute er am Johns Hopkins Hospital in Baltimore die Abteilung für Kinder- und Jugendpsychiatrie auf. Er gilt als Begründer der Kinder- und Jugendpsychiatrie in den USA. 1943 beschrieb er als erster den heute sogenannten Frühkindlichen Autismus (▶ Kanner-Syndrom). Lange Zeit galt die von Kanner beschriebene Form des Autismus als alleiniges Vorbild für dieses Störungsbild. Gefördert wurde diese eingeschränkte Sichtweise auch ganz maßgeblich durch den Film »Rain Man«.

Kanner-Syndrom

Dieser Begriff ist identisch mit dem Begriff ▶ »Frühkindlicher Autismus«, wird aber aktuell kaum mehr verwendet.

MBAS

Diese Abkürzung steht für »Marburger Beurteilungsskala zum Asperger-Syndrom«. Dieser Screening-Fragebogen kann nur von den Eltern ausgefüllt werden und ist für die Altersgruppe zwischen 6 und 24 Jahren geeignet. Es ist zum Zeitpunkt der Veröffentlichung dieses Buches das einzige deutschsprachige Screening-Instrument, das spezifisch für das Asperger-Syndrom ausgearbeitet wurde. Für eine entsprechende erste Verdachts-Diagnose ist es deshalb ausgesprochen nützlich.

M-CHAT

Diese Abkürzung kommt aus dem Englischen und steht für: Modified Checklist for Autism in Toddlers. Es handelt sich um ein Screening-Instrument für kleine Kinder im Alter zwischen 16 und 30 Monaten. Es ist ein Fragebogen für Eltern und enthält insgesamt 23 Fragen wie z. B. »Zeigt Ihr Kind Interesse an anderen Kindern?« oder »Hat Ihr Kind jemals den Zeigefinger benutzt, um auf etwas zu zeigen oder um Interesse an etwas zu bekunden?«. Der M-CHAT soll bewusst so gehandhabt werden, dass schon bei drei auffälligen Antworten eine weitere Abklärung durch einen Spezialisten vorgesehen ist, insbesondere, wenn zwei dieser Antworten auf Items entfallen, die als besonders sensitiv gelten (wie die beiden oben erwähnten).

neurotypisch

Dieser Begriff wird in neuerer Zeit in der Autismus-Literatur und vor allem auch in Internet-Foren von Betroffenen verwendet. Mit »neurotypisch« sind die »normalen« Menschen gemeint, in Abgrenzung zu den Menschen mit autistischer Wahrnehmung. Das Wort »normal« wird bewusst vermieden, um darauf hinzuweisen, dass Menschen mit autistischer Wahrnehmung nicht »abnormal« sind, sondern eher

»besonders« oder »anders«. Auch soll darauf hingewiesen werden, dass »anders« nicht mit krankhaft oder defizitär gleichgesetzt werden kann und dass die autistische Wahrnehmung gegenüber der neurotypischen auch gewisse Vorteile aufweist. Um diesen Aspekt möglichst breit bekannt zu machen, haben sich Betroffene in entsprechenden Organisationen zusammengeschlossen (z. B. »Aspies for Freedom«) und den 18. Juni zum »Autistic Pride Day« erklärt.

PDAS

Der englischsprachige Begriff »Pathological Demand Avoidance Syndrome« wird im Folgenden abgekürzt PDA-Syndrom oder PDAS genannt. Die deutsche Übersetzung bedeutet sinngemäß ein Syndrom, das geprägt ist durch ein »extremes« Ablehnen/Verweigern von Anforderungen.

Das PDAS wurde erstmals Anfang 1980 von Elizabeth Newton als eine Tiefgreifende Entwicklungsstörung beschrieben, die sich erheblich von Autismus unterscheidet. Sie wird in neuerer Zeit aber ebenfalls dem Autismus-Spektrum zugeordnet. Das Hauptproblem für Menschen mit PDAS besteht darin, dass sie großen Widerstand gegen alltägliche Forderungen entwickeln, die andere an sie richten. Sie geraten unter großen Stress, wenn sie merken, dass sie die Situation nicht bestimmen bzw. kontrollieren können.

Vom PDAS Betroffene haben meist deutlich bessere soziale und kommunikative Fertigkeiten als andere innerhalb des Autismus-Spektrums, und sie wissen diese Fähigkeiten denn auch zu ihrem eigenen Vorteil zu nutzen. Probleme im sozialen Kontakt mit anderen gibt es aber trotzdem, eben weil sie die Interaktion unter Kontrolle halten müssen. Oft beherrschen sie es sehr gut, sich zu verstellen und in Rollen zu schlüpfen, bis zum Punkt, wo sich in ein und derselben Person scheinbar mehrere unterschiedliche Charaktere oder Persönlichkeiten vereinen.

Die Hauptsymptome des PDAS sind:

- hartnäckiger Widerstand gegen alltägliche Forderungen,
- oberflächliche soziale Anpassung, aber fehlendes Verständnis für echte soziale Gegenseitigkeit (was von den Eltern oft schon früh bemerkt wird),
- starke Stimmungsschwankungen, die ganz schnell eintreten können,
- in der Kindheit starke Neigung zu Rollenspielen und So-tun-als-ob-Spielen, manchmal sogar in einem extremen Ausmaß,
- zuweilen leicht verzögerte Sprachentwicklung (als Resultat einer gewissen Passivität), welche später aber wieder aufgeholt wird,
- ein zwanghaftes Verhalten, welches eher andere Menschen und nicht Gegenstände involviert.

Oft herrschte in der frühen Kindheit eher eine gewisse Passivität vor, das muss aber nicht immer so sein. Manchmal gibt es auch diskrete neurologische Zeichen wie eine auffallende Ungeschicklichkeit.

Von PDAS Betroffene können sehr aufsässig und dominierend sein, wenn sie unter Stress stehen und die Kontrolle über die Situation nicht haben. Auf der anderen Seite können sie aber auch sehr liebenswürdig und entgegenkommend sein, wenn sie sich wohl fühlen und alles unter Kontrolle ist. Viele der betroffenen Eltern beschreiben deshalb ihre Kinder als »Dr. Jekyll und Mr. Hyde« (entsprechend jener berühmten Romanfigur, welche tagsüber als Hausarzt bekannt und beliebt war und sich nachts in einen brutalen Mörder verwandelte). Es ist sehr wichtig zu wissen, dass die Beeinträchtigung dieser Kinder nicht auf den ersten Blick sichtbar ist, im Gegenteil, für Außenstehende erscheinen sie zunächst sehr »normal«. Entsprechend fühlen sich viele Eltern von PDAS-Kindern zu Unrecht kritisiert und wegen ihres scheinbar schlechten Erziehungsstils für das Verhalten des Kindes verantwortlich gemacht. Diese Eltern brauchen selbst sehr viel Unterstützung, denn ihre Kinder können in ihrem Verhalten sehr schwierig sein und eine große erzieherische Herausforderung darstellen.

Nicht selten verhält sich ein Kind mit PDAS zuhause sehr schwierig und in der Schule sehr angepasst (gelernte Anpassungsstrategie). In solchen Fällen fühlen sich die Eltern oft unverstanden und allein. Manchmal sind aber auch die Ausbrüche in der Schule heftiger, weil dort die Anforderungen viel höher sind, und dies kann schon früh zu wiederholten Ausschlüssen führen. Einige Kinder wiederum entwickeln angesichts des Stresses eine zunehmende Schulverweigerung.

Im Gegensatz zu Autismus und Asperger-Syndrom, wo viel mehr Buben als Mädchen betroffen sind, ist das Geschlechter-Verhältnis beim PDAS ausgeglichen und beträgt ca. 1 : 1. Man weiß noch nicht genau, wie häufig PDAS ist, aber die genetischen Faktoren scheinen ähnlich zu sein wie beim Autismus-Spektrum und nicht selten hat ein Geschwister eine entsprechende Diagnose erhalten.

Es ist sehr wichtig, das PDAS von anderen Diagnosen abzugrenzen, um Eltern und Schule in Bezug auf pädagogisch wirksame Strategien erfolgreich beraten zu können. Der entsprechende Ansatz unterscheidet sich deutlich von Methoden, die sich sonst beim Autismus-Spektrum bewährt haben. So ist z. B. die Verwendung von strukturierten Lernmethoden, die bei Autismus und Asperger-Syndrom so erfolgreich sind, bei PDAS-Betroffenen viel weniger hilfreich. Auch Belohnungssysteme greifen weniger gut.

Zusammengefasst kann man sagen, dass es beim PDAS weniger auf bestimmte Methoden als auf den Stil und die Persönlichkeit des Erziehers/der Erzieherin ankommt. Bewährt hat sich ein sogenannter indirekter Ansatz, bei welchem jede direkte Konfrontation mit dem Kind vermieden und immer ein gewisser Verhandlungsspielraum bezüglich der an das Kind gestellten Anforderungen offen gelassen wird. Auf gewisse notwendige Grenzen wird natürlich trotzdem Wert gelegt, aber möglichst mit Ruhe und Gelassenheit. Da es sich beim Gebiet des PDAS noch um ausgesprochenes Neuland handelt, würden ausführlichere Erziehungsratschläge den Rahmen dieses Buches sprengen. Für Interessierte soll hier auf das soeben erschienene englischsprachige Buch von Phil Christie et al. (2011) verwiesen werden.

POS

Seit Beginn meiner kinder- und jugendpsychiatrischen Tätigkeit, d. h. seit ca. 30 Jahren, befasste ich mich regelmäßig mit der Diagnose und Therapie von POS-Kindern. Die Abkürzung POS steht für »Psychoorganisches Syndrom« und geht auf den Schweizer Kinder- und Jugendpsychiater R. J. Corboz zurück (1966). Im englischsprachigen Raum gab es damals ähnliche Konzepte, die bei bestimmten Kindern eine minimale Hirnschädigung (»minimal brain dysfunction«) vermuteten. In den internationalen Diagnose-Systemen ICD und DSM wurden diese Konzepte anfangs der 1990er Jahre verlassen und durch die Begriffe »Hyperkinetisches Syndrom« bzw. »Aufmerksamkeits-Defizit-Hyperaktivitäts-Störung« (ADHS) ersetzt.

Dass der Begriff POS in der Schweiz bis zum heutigen Tag gebräuchlich ist, hat ganz entscheidend mit der Invalidenversicherung (IV) zu tun. Dort wird das POS als Geburtsgebrechen anerkannt und entsprechend werden von der IV während der ganzen Kindheit medizinische und therapeutische Maßnahmen finanziert.

Die Grundpfeiler der POS-Diagnose sind gemäß Invalidenversicherung Störungen in folgenden 5 Bereichen:

- Verhalten (emotionale und Verhaltensstörungen)
- Antrieb (Hyperaktivität oder Hypoaktivität)
- Erfassen (Wahrnehmungsstörungen bzw. umschriebene kognitive Defizite)
- Konzentration
- Merkfähigkeit

Vom POS zum ADHS

Die klinische Erfahrung wie auch wissenschaftliche Studien zeigten zunehmend, dass das POS-Konzept mit seiner Annahme einer zugrundeliegenden minimalen Hirnschädigung nicht aufrechterhalten werden konnte. Bei einer Mehrzahl von POS-Kindern konnten in der Vorgeschichte keine Hinweise für eine prä-, peri- oder postnatale Hirnschädigung gefunden werden. Vielmehr einigte man sich schließlich darauf, dass genetische Ursachen in der Entstehung des POS die Hauptrolle spielten.

Als sich in neuerer Zeit auch im Bereich der Psychiatrie und Kinderpsychiatrie internationale Diagnosesysteme durchzusetzen begannen (DSM-IV bzw. Kapitel V des ICD-10), wurde in der Schweiz der Begriff POS schleichend durch den Begriff ADHS ersetzt. Bei genauerem Hinsehen erwies sich dieses Vorgehen aber als fragwürdig: ADHS ist eine rein beschreibende Diagnose und bezieht sich lediglich auf die Symptomgruppen Aufmerksamkeitsdefizit, Hyperaktivität und Impulsivität, wobei, je nach Subtypus, nur zwei dieser Kategorien erfüllt sein müssen. Manfred Döpfner, einer der führenden Experten auf diesem Gebiet, nennt denn auch in einer seiner neuesten Publikationen das ADHS eine *Umschriebene* Entwicklungsstörung!

Vom POS zu den Tiefgreifenden Entwicklungsstörungen

Der Diagnose-Katalog des POS hingegen umfasst fünf verschiedene Symptomgruppen und es werden zur Erhebung der Diagnose neben Störungen von Antrieb, Konzentration und Merkfähigkeit auch Störungen im kognitiven und emotionalen Bereich gefordert. Dies entspricht in der Begrifflichkeit von ICD-10 und DSM-IV am ehesten einer Tiefgreifenden Entwicklungsstörung.

Semantisch-pragmatische Sprachstörung

Dieser auf den ersten Blick sehr komplizierte Begriff bedeutet Folgendes: Kinder mit Asperger-Syndrom verfügen, oberflächlich betrachtet, oft über eine gute sprachliche Ausdrucksfähigkeit. Dies verleitet das Gegenüber zu der falschen Annahme, es seien auch entsprechend gute kommunikative Fähigkeiten vorhanden. Dies ist aber nicht so.

Die Semantik betrifft die *Bedeutung* des Gesprochenen bzw. Geschriebenen. Kinder mit Asperger-Syndrom kennen die Bedeutung der einzelnen Wörter gut, aber sie haben Schwierigkeiten, die Bedeutung eines ganzen Satzes zu verstehen, insbesondere, wenn dabei nonverbale Aspekte wie z. B. ein ironischer Unterton beachtet werden müssen.

Unter Pragmatik versteht man die richtige Anwendung der Sprache im sozialen Kontext. Typische pragmatische Fehler im Zusammenhang mit der Sprache wären z. B.: jemand Fremden auf der Straße etwas zu fragen, ohne vorher einen minimalen Kontakt herzustellen (etwa: »Kann ich Sie etwas fragen?«) oder: in einem Gespräch eine an mich gestellte Frage ignorieren und einfach abrupt das Thema wechseln. Die hier unter dem Stichwort »Semantisch-pragmatische Sprachstörung« aufgeführten Probleme sind gerade auch für das nächste Stichwort (Social communication disorder) von großer Bedeutung.

Social communication disorder

Diese Diagnose (deutsch: Störung der sozialen Kommunikation) wurde mit dem Wechsel vom DSM-IV zum DSM-5 neu eingeführt. Sie steht in engem Zusammenhang mit der Überarbeitung des Autismus-Begriffs. Milde Formen von Autismus, welche bisher »Nicht näher bezeichnete Tiefgreifende Entwicklungsstörungen« (TES-NNB) genannt wurden, werden nun dieser neuen diagnostischen Kategorie zugeordnet. Es sind dies in erster Linie jene Kinder, Jugendlichen und Erwachsenen, welche Beeinträchtigungen in der sozialen Kommunikation und Interaktion aufweisen, aber nicht so sehr durch Stereotypien und Zwänge eingeschränkt sind. Auch all jene Betroffenen, welche ich in diesem Buch als »Menschen mit Asperger-Profil« bezeichne, werden in Zukunft wohl am ehesten die Diagnose »Social communication disorder« erhalten. Dies natürlich unter der Annahme, dass sich die Neuerungen des DSM-5 auch international durchsetzen werden.

Sozialtraining

Menschen aus dem Autismus-Spektrum haben ihre größten Probleme bzw. Defizite im Bereich des Sozialverhaltens. Das liegt daran, dass sie die ungeschriebenen Gesetze im zwischenmenschlichen Bereich schlecht erkennen und insbesondere nicht intuitiv erspüren/erfassen können.

Das Konzept des Sozialtrainings geht davon aus, dass die Betroffenen dennoch lernen können, über Einsicht und über konkretes Üben gewissermaßen das »nachzuholen«, was neurotypische Menschen automatisch lernen.

Weil es also in erster Linie um Lernen und Üben geht, spricht man von Training und nicht etwa von Therapie. Und dieses Lernen findet am besten im Gruppensetting statt. So kann das das, was gelernt werden soll, konkret und unmittelbar geübt werden.

Es gibt im deutschsprachigen Raum mittlerweile eine ganze Reihe von Angeboten im Bereich Sozialtraining. Für Betroffene ist es wichtig, das für sie im Einzelfall geeignete Angebot zu finden. Am besten wendet man sich dabei an Selbsthilfe-Vereine (▶ Anhang), welche entsprechende Adresslisten führen.

SRS – Social Responsiveness Scale

Dies ist ein sogenannter Screening-Fragebogen zur Erfassung einer allfälligen Störung aus dem Autismus-Spektrum. Der Begriff »social responsiveness« bedeutet zu Deutsch »soziale Reaktivität« bzw. »soziale Gegenseitigkeit«. Der SRS eignet sich für die Altersgruppe zwischen 4 und 18 Jahren und kann neben den Eltern auch von Lehrpersonen ausgefüllt werden. Der Fragebogen enthält 65 Fragen, die nicht alle Autismus-spezifisch sind. Es gibt auch Fragen, die bei ADHS-Kindern zutreffen oder z. B. bei Kindern, die einfach über ein schwaches Selbstwertgefühl verfügen. Dennoch ist der Fragebogen sehr zuverlässig. Je höher die erreichte Punktzahl ausfällt, umso wahrscheinlicher ist das Vorliegen einer Autismus-Spektrum-Störung, die dann allerdings noch weiterer Abklärung bedarf.

Neu ist am Konzept der SRS, dass die erzielte Punktzahl nicht mit einem Grenzwert abgeglichen wird, um festzustellen, ob eine Autismus-Spektrum-Diagnose vorliegen könnte. Vielmehr wird ausgesagt, ob die sogenannte soziale Gegenseitigkeit in schwachem, mittlerem oder starkem Ausmaß beeinträchtigt ist.

Theory of Mind (ToM)

Darunter versteht man eine höhere Hirnfunktion, die die Fähigkeit beinhaltet, die Gedanken, Ideen und Absichten anderer Menschen zu erkennen und manchmal auch vorherzusehen. »Theory of Mind« weist Überschneidungen mit dem Begriff der Empathie auf, betont aber vor allem den kognitiven, bewussten Anteil.

Menschen aus dem Autismus-Spektrum haben mit diesem Bereich erhebliche bis große Schwierigkeiten. Sie neigen dazu, anderen Menschen die gleichen Ideen und Absichten zuzuschreiben, wie sich selbst. Oder sie kommen schon gar nicht auf den

Gedanken, die Absichten und Ideen anderer in ihr eigenes Denken und Handeln mit einzubeziehen.

Dieses Phänomen kann mit einem einfachen Test veranschaulicht werden, der in den 1980er Jahren in England entwickelt wurde und als »Sally-and-Anne-Test« berühmt wurde. In diesem Test wird dem zu prüfenden Kind eine Geschichte erzählt bzw. mit Puppen vorgespielt. Am Schluss der Geschichte wird das Kind gefragt, wo Sally wohl ihren Ball suchen wird (der Ball wurde in Sallys Abwesenheit an einem anderen Ort versteckt, was sie aber nicht wissen kann). Kinder aus dem Autismus-Spektrum antworten vorschnell, Sally suche den Ball am versteckten Ort. Auf die Frage, warum sie das wohl tue, antwortet das Kind. »Na, weil der Ball *dort ist!*« Das Kind macht also den Fehler, das eigene Wissen mit demjenigen von Sally gleichzusetzen. Das heißt, seine »Theory of Mind«, seine Fähigkeit, die Gedanken anderer einzuschätzen, ist eingeschränkt bzw. entspricht nicht seinem intellektuellen Niveau.

Verhaltenstherapie, kognitive

Es gibt eine große Zahl von verschiedenen Therapieverfahren und es ist im Rahmen dieses Buches natürlich nicht möglich, ausführlich darauf einzugehen. Auf der einen Seite gibt es sogenannte psychodynamische Verfahren, welche Wert darauf legen, innerpsychische Zusammenhänge und negative Erlebnisse aufzuarbeiten. Diese Verfahren sind für Autismus-Betroffene eher nicht geeignet. Bei ihnen hat sich vielmehr ein Ansatz bewährt, welcher auf eine Änderung des Denkens und des Verhaltens abzielt und lösungsorientiert arbeitet. Besonders wichtig ist auch das Erarbeiten von schriftlichen und/oder bildhaft-symbolischen Hilfsmitteln. Verfahren, welche in diesem Sinne arbeiten, werden unter dem Begriff »Kognitive Verhaltenstherapie« zusammengefasst.

In diesem Buch werden konkrete Anwendungen dieser auf das Denken und Verhalten ausgerichteten Methode ausführlich dargestellt. Sowohl das Konzept »So-macht-me-das« als auch die im Gruppen-Training verwendeten Materialien gehen von einem Konzept der Kognitiven Verhaltenstherapie aus. Bei Kindern aus dem Autismus-Spektrum steht dabei der Aspekt des regelmäßigen Übens mehr im Vordergrund als ein therapeutisches Vorgehen im klassischen Sinn. Es ist also sehr wichtig, im Therapiekontext Erarbeitetes in den Alltag zu transferieren, unter Einbezug von Materialien und Bezugspersonen.

Zentrale Kohärenz

Dies ist ein Begriff aus der Neuropsychologie und bezeichnet eine wichtige höhere Hirnfunktion: die Fähigkeit, einzelne Wahrnehmungselemente in einen übergeordneten Zusammenhang zu stellen und diesen einzelnen Elementen in ihrem Zusammenhang eine Bedeutung zu verleihen. Menschen mit Autismus bzw. Asperger-Syndrom haben in diesem Bereich Schwierigkeiten, sie haben eine sogenannte »schwache Zentrale Kohärenz«.

Die Zentrale Kohärenz beginnt bei einfachen Aufgaben wie: einzelne Flecken auf einem Papier zu einem Bild zu integrieren, das irgendetwas darstellt. Komplexer wird die Aufgabe, wenn es darum geht, ein Gesicht zu erkennen: hier müssen verschiedene Details, die schlussendlich ein Gesicht ausmachen (Augen, Mund, Nase usw.), zu einem Ganzen integriert werden und es müssen irrelevante Details, die sich verändern können, ausgeblendet werden: z. B. eine Veränderung der Frisur, das Tragen einer Kopfbedeckung, ein Dreitage-Bart usw. Noch komplexer wird es, und entsprechend ist eine besonders starke Zentrale Kohärenz gefordert, wenn menschliches Verhalten richtig interpretiert werden soll. Dazu müssen Informationen aus verschiedenen Sinnesbereichen integriert werden: der Gesichtsausdruck, die Qualität der Stimme, das Beachten gewisser Unstimmigkeiten (Gesichtsausdruck und Stimme passen z. B. nicht zueinander) usw. Ein konkretes Beispiel dazu ist eine ironische Bemerkung: Woran erkenne ich, dass das Gesagte nicht 1 : 1 interpretiert werden soll, sondern dass das genaue Gegenteil gemeint ist? Es sind Nuancen im Gesichtsausdruck oder im Tonfall, welche nicht zum Inhalt passen und den Unterschied zu etwas Ernstgemeintem ausmachen.

Zusammengefasst kann man sagen, dass die Zentrale Kohärenz bei komplexen Aufgaben wie der Organisation des Alltags oder der Kommunikation mit einer anderen Person besonders stark gefordert ist und dass deshalb Menschen aus dem Autismus-Spektrum hier ihre größten Schwierigkeiten haben. Der Zusammenhang zwischen schwacher Zentraler Kohärenz und Autismus würde folgende Phänomene des Autismus gut erklären:

- Stärken bei der Verarbeitung von Details,
- Schwächen bei der Verarbeitung von globalen und kontextuellen Aspekten,
- mögliche Erklärung für Inselbegabungen,
- mögliche Erklärungen für ein ausgeprägtes Ordnungsstreben, stereotype Verhaltensweisen und eng begrenzte Interessen,
- Probleme der sozialen wie auch emotionalen Kommunikation und Interaktion
- Probleme bei der Gesichtserkennung und der Deutung von Mimik.

Neuere Forschung hat allerdings Hinweise dafür gefunden, dass auch autistische Personen die Fähigkeit zur globalen Informationsverarbeitung besitzen. Es wird also in dieser Hinsicht nicht mehr von einem Kerndefizit ausgegangen, sondern eher angenommen, dass diese Menschen eine besondere Stärke für die lokale Informationsverarbeitung aufweisen.

Dies würde wiederum dafür sprechen, dass es bei Autismus nicht in erster Linie um Defizite geht, sondern vielmehr um einen kognitiven Stil. Das bedeutet, dass autistische Personen die lokale Informationsverarbeitung der globalen vorziehen, grundsätzlich aber in der Lage sind, beide Informationsverarbeitungsrichtungen zu bewältigen (Happé und Frith 2006).

Zusatzmaterial zum Download

Die »Gebrauchsanweisungen für den Alltag«[1] können Sie unter folgendem Link herunterladen:

 https://dl.kohlhammer.de/978-3-17-045373-9

---

[1] Wichtiger urheberrechtlicher Hinweis: Alle zusätzlichen Materialien, die im Download-Bereich zur Verfügung gestellt werden, sind urheberrechtlich geschützt. Ihre Verwendung ist nur zum persönlichen und nichtgewerblichen Gebrauch erlaubt. Jede Verwendung außerhalb der engen Grenzen des Urheberrechts ist ohne Zustimmung des Verlags unzulässig und strafbar. Das gilt insbesondere für Vervielfältigungen Übersetzungen, Mikroverfilmungen und für die Einspeicherung und Verarbeitung in elektronischen Systemen.

Literatur

Asperger H (1944) Die »Autistischen Psychopathien« im Kindesalter. Archiv für Psychiatrie und Nervenkrankheiten 117. Berlin und Heidelberg: Springer. S. 76–136.
Asperger H (1948) Determinanten des freien Willens. Wort und Wahrheit, Heft 10. S. 251–256.
Asperger H (1950) Die medizinischen Grundlagen der Heilpädagogik. Monatsschrift für Kinderheilkunde, Band 99, Heft 3. S. 105–107.
Attwood T (2008) Ein ganzes Leben mit dem Asperger-Syndrom. Stuttgart: Trias-Verlag.
Attwood T (2005) Asperger-Syndrom. Wie Sie und Ihr Kind alle Chancen nutzen. Stuttgart: Trias-Verlag.
Baron-Cohen S (2004) Vom ersten Tag an anders. Das weibliche und das männliche Gehirn. Düsseldorf: KG Walter Verlag.
Baron-Cohen S (2008) Autism and Asperger Syndrome. Oxford: Oxford University Press.
Christie P et al. (2011) Understanding Pathological Demand Avoidance Syndrome in Children. London: Jessica Kingsley Publishers.
Fitzgerald M (2007) Genius Genes. How Asperger Talents Changed the World. Kansas: APC.
Fitzgerald M (2010) Young, Violent, and Dangerous to Know. New York: Nova Science Publishers.
Gillberg C, Fernell E (2014) Autism plus versus autism pure. Journal of autism and developmental disorders 44(12): S. 3274–3276. doi: 10.1007/s10803-014-2163-1.
Girsberger T (2009) Der HAWIK-III – ein nützliches Instrument bei der Abklärung des Asperger-Syndroms. Forum der Kinder- und Jugendpsychiatrie und Psychotherapie 4: S. 94–104.
Girsberger T (2010) Die Früherfassung des Asperger-Syndroms. Forum der Kinder- und Jugendpsychiatrie, Psychosomatik und Psychotherapie 3: S. 41–51.
Girsberger T (2012) So-macht-me-das. Ein Ratgeber für Eltern. Gelterkinden: Kirja-Verlag.
Girsberger T (2023) Mit Autismus den Alltag meistern. Praktische Hilfen für Kinder und Jugendliche im Autismus-Spektrum. 2. Auflage. Stuttgart: Kohlhammer.
Gray C (2011) Comic Strip Gespräche. Illustrierte Interaktionen – Wie man Schülern mit Autismus und ähnlichen Beeinträchtigungen Konversationsfähigkeiten vermitteln kann. Fuchstal: Sequenz Medien Produktion.
Grob A et al. (2009) IDS – Intelligenz- und Entwicklungsskalen für Kinder von 5–10 Jahren. Bern: Verlag Hans Huber.
Happé F und Frith U (2006) The weak coherence account: Detail focused cognitive Style in Autism Spectrum Disorder. Journal of Autism and Developmental Disorders 36: S. 5–25.
Remschmidt H und Kamp-Becker I (2006) Asperger-Syndrom. Heidelberg: Springer.
Spek A (2012) Achtsamkeit für Menschen mit Autismus. Bern: Verlag Hans Huber.

Nützliche Adressen im Internet

Das Internet ist für Eltern von Kindern mit Autismus-Spektrum-Störungen wie auch für erwachsene Betroffene eine große Hilfe.

Es werden hier für jedes Land Internet-Adressen von Selbsthilfe-Vereinen und -Foren aufgezählt, über welche dann wiederum eine Vielzahl von Informationen, Angeboten, Abklärungsstellen usw. gefunden werden können.

Elternvereine und Selbsthilfegruppen

www.aspergerhilfe.ch
www.autismushilfe.ch
www.autismus.ch

www.autismus.de
www.aspies.de

www.autistenhilfe.at

Internet-Foren

www.autismusforumschweiz.ch
www.asperger-forum.ch

www.asperger-forum.de

www.autismus.at

2. Auflage 2023
170 Seiten mit 50 Abb. Kart.
€ 31,–
ISBN 978-3-17-043568-1

Familien mit Kindern oder Jugendlichen aus dem Autismus-Spektrum sind im Alltag mit vielfältigen Herausforderungen konfrontiert. Dieses praktische Buch bietet konkrete Hilfestellungen für alle erdenklichen Situationen und Probleme, wie etwa sozialer Umgang, Erziehung, Schule und Lernen, Freizeit, Zeitmanagement u. v. m. Neben fachlichen Hintergrundinformationen bildet eine Sammlung von „Rezepten" den Schwerpunkt des Buchs. Die modellhaften Handlungsabläufe folgen einem bestimmten Erziehungsansatz und sind für junge Menschen im Autismus-Spektrum besonders geeignet.
Die spielerischen Handlungsanleitungen zum Download können individuell angepasst werden und helfen so dabei, gemeinsam den Alltag zu meistern.

Auch als E-Book erhältlich.
Leseproben und weitere Informationen: shop.kohlhammer.de

2., aktual. Auflage 2024
232 Seiten mit 32 Abb. und
1 Tab. Kart.
€ 29,–
ISBN 978-3-17-044076-0

Wer ist hier eigentlich autistisch? – Die Antwort auf diese provokante Frage steht am Ende einer Entdeckungsreise in Welten der Wahrnehmung, des Denkens und Erlebens von Menschen aus dem Autismus-Spektrum und auch sogenannter „neuro-typischer", also „nicht-autistischer" Menschen. Anhand anschaulicher Modelle werden Grundlagen menschlicher Wahrnehmung und Entwicklung verständlich dargestellt. Auf dieser Basis können Besonderheiten im Erleben, Denken und Verhalten von Menschen aus dem Autismus-Spektrum nachvollzogen werden. Leser, die selbst vom Autismus betroffen sind, bekommen zugleich neue Zugänge angeboten, um das ihnen oft seltsam anmutende Denken und Handeln von „Nicht-Autisten" besser zu verstehen. Sie können sich damit auf Expedition begeben und die Welt ihrer Mitmenschen in neuer Weise erkunden, ohne sich selbst dabei zu verlieren. So baut dieses Buch Brücken zwischen Erlebenswelten sogenannter „nicht-autistischer" und sogenannter „autistischer" Menschen.

Auch als E-Book erhältlich.
Leseproben und weitere Informationen: **shop.kohlhammer.de**

3., erw. und überarb. Auflage 2023
227 Seiten mit 6 Abb. und
16 Tab. Kart.
€ 36,–
ISBN 978-3-17-041158-6

Autismus und ADHS erleben ein ungebrochenes gesellschaftliches Interesse. In DSM-5 und ICD-11 werden sie gemeinsam mit den Tic-Störungen als Entwicklungsstörungen allen anderen psychischen Störungen vorweggestellt.
Es mehren sich aber auch warnende Stimmen, sie würden zur Modediagnose. Jede erkennbare Persönlichkeitseigenschaft werde zur Krankheit umgedeutet. Die 3. Auflage ist um das Thema Tic-Störungen erweitert und greift folgende Fragen auf: Was ist überhaupt normal? Was ist Persönlichkeit? Wann werden Symptome und Eigenschaften zu einer Krankheit? Autistische Symptome können ebenso wie ADHS-Eigenschaften und Tics sowohl Ausdruck einer normalen Entwicklung sein als auch einer neuropsychiatrischen Krankheit oder Persönlichkeitsstörung. Dies zu begreifen, kann sowohl für Betroffene als auch ihre Mitmenschen von großer Bedeutung sein und helfen, Ängste und Vorurteile abzubauen.

Auch als E-Book erhältlich.
Leseproben und weitere Informationen: **shop.kohlhammer.de**